英国新马克思主义哲学研究丛书

乔瑞金　丛书主编

Study on
British New Marxism

伊格尔顿文化批判思想研究

薛　稷　著

Study on
Terry Eagleton's
Cultural Criticism

北京师范大学出版集团
BEIJING NORMAL UNIVERSITY PUBLISHING GROUP
北京师范大学出版社

总　序

　　承运时势，潜备十载，此系丛书，应习近平总书记召唤，借深研 21 世纪世界马克思主义之契机，得各方鼎力相助，终究面世，甚幸！所言英国新马克思主义，意指 20 世纪 50 年代以后，在英国新左派运动中勃发的一种新马克思主义类型，涵括诸多思想家、理论家和革命家，著述数百，笔耕不辍。他们关注社会形态变革，追求社会主义在英国的成功，对世事之历史、文化、社会、政治、经济诸领域给出理性理解，开展革命运动，所言所为，均以马克思的思想为基础，以人类解放为目标，以思想批判为手段，以重建符合人的社会生活秩序为己任，独树一帜，颇有影响，不失借鉴之意义。20 世纪末以前，中国对英国马克思主义的理论研究，几近空白，零星所见，也散落在文学评论、历史学或社会学中，不入哲学和马克思主义视域，究其原因，多半在于觉得英国学者似乎也没有写出像模像样的"哲学著作"，而是以历史陈述代替了宏大叙事，以话语分析淹没了逻辑论断，以小人物抹杀了"英雄"，其著作均缺乏哲学内涵。20 世纪末期，情势反转。苏东巨变，全球化的冲突与斗争不断发生，金融危机引发的世界经济危机和社会危机，提出诸多亟待解决的重大问题，马克思主义必须对此做出正确的判断和回答，而英国新马克思主义联系历史和现实，在"回归马克思"的意识指引下，于 20 世纪50 年代中叶以来开展的对发达资本主义和苏联教条主义的两方面批判，理论建构，多有启迪意义，与我们先前的理解大相径庭，促使人们聚焦目光于该领域，迄今，已取得可观的研究进展和成果，集中反映于此系丛书中。此系丛书的面世，必将有助于激发更深入的理论研究，有益于马克思主义的时代发展，有功于推进中国特色社会主义现代化强国建设。

乔瑞金
2019 年仲夏于山西大学

目　录

导　言

英国《卫报》曾指出："今天仍用英语写作的文化批评家中，无人能与伊格尔顿比肩。"[①]这段话虽然有些绝对和夸张，但是也说明了一个问题：尽管对其学术思想的争议不断，褒贬不一，伊格尔顿依旧在英美学术界享有很高的学术知名度。

特里·伊格尔顿是英国当代著名文学理论家、文化批评家和马克思主义理论家，"英国 60 年代出现的'新左派'"（文宝），他以激进的风格、犀利的文体、独特的批评理论闻名于当代西方马克思主义批评界，成为"英国'新左派'第二代佼佼者"（郭国良、陆汉

[①]　Terry Eagleton，*After Theory*，New York：Basic Books，A Member of the Perseus Books Group，2003，back cover.

臻）。他开阔的理论视野、启发性的思想观点、激进的论战姿态时常在学术界激荡起波澜，他的涉猎范围早就远远超出了平常人所认定的文学领域。

在西方学术界，他是被引用最多的批评理论家之一，被称为"当代最敏锐的公共知识分子"[①]，也是饱受争议的学术人物，查尔斯王子曾高度评价他在学术界的地位，称他为"可怕的伊格尔顿"（Dreadful Eagleton）[②]，2000 年当他出版《文化的观念》时，媒体惊呼："伊格尔顿回来了。"[③]《泰晤士报文学增刊》不无夸张地评价他的作品："《文学理论导论》出版之前，英语文学根本没有什么必读教科书。"

"敏锐"是指他尖锐激进的政治风格、犀利泼辣的写作文体、刨根问底的学术态度、另辟蹊径的研究范式以及涉猎广泛的研究场域；"争议"[④]主要是因为在大的西方社会背景下，伊格尔顿依旧坚定维护马克思主义的基本立场，对现代性进行深刻反思（将现代性作为一种整体性的历史现象和意识形态的主导话语），展示了重建现代性的可能途径，从而形成自己风格独特而又多变歧义的批判理论体系；"可怕"则彰显了一种难能可贵的质疑态度和批评勇气，他坚持自己的学术良心，自对其

---

① Sabah A. Salih，Terry Eagleton，*The English Novel：An Introduction*（*Book Review*），Internation Fiction Review，Jan1，2007.

② ［英］特里·伊格尔顿：《马克思为什么是对的》，李杨、任文科、郑义译，1 页，北京，新星出版社，2001。

③ David Alderson，*Terry Eagleton*，Palgrave Macmillan，2004，p.4.

④ 这是一个学界现在公认的对伊格尔顿的评价，笔者在此用以说明他思想的错综复杂。

导师威廉斯进行"有些俄狄浦斯的味道"①式的批判开始，对"利维斯主义""斯大林主义""结构主义""后结构主义""后现代主义"等各类所谓"主流思想"发出振聋发聩又引人深思的声音，这一切理论发端无不昭示着他始终坚守马克思主义阵地，"马克思主义是一种关于人类社会以及改造人类社会的实践的科学理论；更具体地说，马克思主义所要阐明的是男男女女为摆脱一定形式的剥削和压迫而进行斗争的历史"②。不仅在学术上如此，在实践中伊格尔顿从 20 世纪 50 年代参加欧洲核裁军运动，积极介入成人教育工作，对撒切尔政府提出针锋相对的批评，在剑桥大学、牛津大学、曼城大学、耶鲁大学等世界名校都留下自己特立独行的足迹和振聋发聩的余响，成为最近 5～10 年里英国 100 位最有影响的公众知识分子之一。③

一、学术历程

1943 年 2 月 22 日，伊格尔顿出生。

伊格尔顿成长于英国曼彻斯特北郊附近萨尔福德(Salford)小镇的一个爱尔兰工人移民家庭。虽然早在其祖父辈就已移居英格兰，但浓郁的

---

① David Lodge, *Modern Criticism and Theory Reader*, London and New York, Longman, 1988, pp. 384-385.

② [英]特里·伊格尔顿：《马克思主义与文学批评》，文宝译，2 页，北京，人民文学出版社，1980。

③ [英]彭伦："英国知识分子杂志《前景》(*Prospect*)月刊于 2004 年 7 月号为纪念创刊 100 期的评选结果……"，载《文汇读书周报》，2004(7)。

爱尔兰文化背景仍然深深地笼罩着他，他的父亲是当地一家最大的机械制造厂的技术工人，同时也是一位忠实的社会主义者，他则在当地的天主教会中学读书，不知不觉地浸染了天主教的气息，这些人生经历对他后来的学术研究道路产生了诸多影响。

在自传式的回忆录《看门人》(*The Gatekeeper*：*a Mirror*，2002)里，他生动地回忆了自己童年时接受天主教生活的经历，单调乏味的萨尔福德小镇有个封闭守旧的加尔默罗会修女社区，年轻的伊格尔顿曾经在一段时间为修女们担任祭坛助手(即他所说的"看门人")。他的工作就是帮助修女传递信息和物品、引导一些游客到一般禁入的会客室，然后让他们自己透过栅栏与"神秘的里面"进行对话交流。用世俗的标准来观察，修女们过的是一种近似于荒谬可笑的自我否定的隐修生活，而正是他亲眼目睹的这样一种克尔凯郭尔式的荒诞，恰恰佐证了当下现实世界的堕落，其实这也是天主教的一些教义所宣讲的东西，这个世界会产生很多邪恶的事情，可我们所能采取的最好方法就是从中自觉地主动退出，然后去为之祈祷或者等待被拯救，除此之外别无他法。这种经历给少年伊格尔顿留下了深刻的印象，自那时起他开始寻求解决这种困惑的途径，在以后的学术历程中逐渐尝试去摆脱年幼时被灌输的简单信仰，用政治经济来取代原罪的概念，认为人应该在现实中解放而不是像宗教那样盼望来世得到救赎。所以伊格尔顿觉得："人们可以相当自由地从信仰天主教转变为信仰马克思主义，用不着经历自由主义阶段。"①

---

① Terry Eagleton, *The Gatekeeper*：*A Mirror*，New York，St. Martin's Press，2002，p. 35.

伊格尔顿 1961 年考入剑桥大学三一学院（Trinity College），在那里伊格尔顿发现自己虽然身处象牙塔，但精神仍然游离于主流文化之外，"那个时候的剑桥比现在更是上层阶级的文化聚集地，工人阶级出身的学生占很少比例，而且大部分处于防御状态，像在他国的飞地上"①。因伊格尔顿出身于爱尔兰裔工人阶级家庭，在剑桥那种精英文化占主导地位的学校更加凸显出他文化边缘人的身份，但这丝毫不妨碍他深受其导师——英国"文化研究"代表人物雷蒙德·威廉斯的赏识，伊格尔顿在 1964 年取得博士学位后留校任教，开始在基督学院做研究和教学辅助工作。

初到"牛高马大，不可一世"②的剑桥，伊格尔顿积极加入当时如火如荼的欧洲"核裁军"（CND）运动，自发参加了一个以天主教马克思主义理论为共同信念的校外组织（在斯波德庄园 Spode House 召开）——"十二月小组"（The December Group），1966 年主编出版《新左派教会》一书，并在 1969—1970 年单独主持"新左派教会"专题研讨会。

1969 年，伊格尔顿离开剑桥大学在牛津大学凯瑟琳学院任诗歌辅导员。后来伊格尔顿曾在一个访谈中提到自己离开剑桥的两点主要原因：一方面，是仍对剑桥具有一种从开始就产生并且挥之不去的心理上的反感，讨厌它自以为是、装腔作势的贵族气氛；另一方面，是考验自己离开威廉斯能否独立开展学术研究工作。此外，经济方面的考虑也是

---

① Andrew Martin and Patrice Petro，"Interview with Terry Eagleton"，in *School Text*，No. 13/14（winter-spring），Duke Press，p. 83.

② ［英］特里·伊格尔顿：《纵论雷蒙德·威廉斯》，王尔勃译，载《马克思主义美学研究》，394—395 页，桂林，广西师范大学出版社，1998。

他当时做出这一选择的重要因素①。

2001 年，伊格尔顿前往曼彻斯特大学任教。2008 年由于他已经达到英国法律规定的退休年龄，伊格尔顿失掉了曼彻斯特大学的教席。虽然退休不是一个硬性的规定，劳资双方可以协商决定是否续约，但是受全球经济危机影响，曼彻斯特大学（2007 年刚与曼彻斯特科技大学合并成为英国最大的高校）宣布了一系列应付财政危机的计划，包括卖地、削减科研经费、裁掉 650 个岗位等，伊格尔顿因此遭遇与曼彻斯特大学的"七年之痒"，而他再一次认为不再续聘与政治无关，主要还是经济问题。伊格尔顿的学校教师职业生涯主要经历了剑桥、牛津和曼切斯特时期，这位爱尔兰后裔的"边缘人"认为自己虽然学术影响蜚声国际，但始终与名校的贵族氛围"格格不入"，这次从曼彻斯特大学离职不过是在重复以前的告别和分手，表示自己只会是一个过客而不会是归人，很期望开始一段新的学术生活。

2008 年 5 月至 2009 年，他选择前往一所位于滨海小镇，虽然偏僻但学术实力不弱的兰开斯特大学短暂任教。2009 年前往美国开始在圣母大学担任一个为期五年的客座教授，并集结自己讲座内容出版新作：《耶鲁演讲集——理性、信仰与革命：反思关于上帝的论争》，同时总结与"新无神论者"的辩论，进一步放宽了自己学术领域的视野，重新拓展在宗教伦理方面的阵地构筑营垒。

---

① Andrew Martin and Patrice Petro, *Interview with Terry Eagleton*, in School Text, No13/14(winter-spring), Duke Press, p. 84.

伊格尔顿一生热衷争论、勤于写作，著述颇丰①，他曾经的同事斯蒂芬·里根高度评价他："论及声望和作品数量，现今仍笔耕文坛的文化批评家无人能与他媲美。"②有鉴于此，下文将对其内容对其标志性成果进行概述分析，以便明晰其研究对象。

1967 年伊格尔顿出版了第一部个人理论专著《莎士比亚与社会》（*Shakespeare and Society：Critical Studies in Shakespearean Drama*），开始表现出最初的理论探寻，基本上是在威廉斯"文化与社会"的问题框架中进行的，该书扉页上也明确表示，这本习作式的处女作就是献给敬爱的"威廉斯老师"。

1968 年伊格尔顿发表论文《共同文化的观念》（"The Idea of Common Culture"），但因为该文机械性地照搬《文化与社会》中的观点而受到威廉斯严厉的批评，充分表明其研究范式依旧摆脱不了威廉斯"文化与社会"的窠臼。

1970 年伊格尔顿出版著作《放逐与侨居：现代文学研究》（*Exiles and Emigraion：Studies in Modern Literature*）和《作为语言的身体：新左派"神学"提纲》（*The Body as Language：Outline of A "New Left" Theology*）。1975 年出版著作《权力的神话：关于勃朗特姐妹的马克思主义研究》（*Myths of Power：A Marxist Study of the Brontes*，该书在 2019 年被翻译为中文，下文另有介绍）。在这三本著作中，伊格尔顿试

①　目前翻译成中文的伊格尔顿的著作有三十七种，除去同一著作有不同的译本也有三十种之多，具体明细在参考文献伊格尔顿主要著作中分别列出。

②　Stephen Regan，*The Eagleton Reader*，Oxford，UK Blackwell Publish，1998，Preface，p. viii.

图将他从小浸染的天主教的价值观和威廉斯人文主义的马克思主义理论调和在一起，并对政治和英国现代批评史表现出巨大的热情。以上三本伊格尔顿的早期著作依旧带有鲜明的"威廉斯式"的理论痕迹，我们看出他后来的理论研究很大程度上是在与威廉斯的"文化唯物主义"进行持续性和创造性的反思、批判、对话中建立起来的。

1975 年伊格尔顿出版著作《勃朗特姐妹：权力的神话》(*Myths of Power：A Marxist Study of the Brontes*)。18、19 世纪之交的英国，浪漫主义时代已近尾声，工业资本主义时代即将开始，她们是自由的反叛者，又是浪漫的保守派。伊格尔顿从小说文本和勃朗特姐妹所生活的历史背景与家庭环境出发，用英语世界兴起的"唯物主义分析新形式"来解读她们的几部为人所熟知的作品——《简·爱》《呼啸山庄》《谢莉》《教师》《维莱特》《艾格妮丝·格雷》等，试图回答这样一个问题：在勃朗特姐妹的小说和她们所处的社会之间，作为英国文学史上的一个"神话"，我们该如何用唯物主义的眼光来理解她们的小说与英国社会转型的关系？

勃朗特姐妹生活在 18、19 世纪之交，即从田园牧歌式的浪漫主义向英国工业资本主义开始转型的时代。一方面，身为牧师的女儿，她们有机会接受体面的教育，却因为迫于生计不得不做家庭教师，寄人篱下；另一方面，工业革命正在她们家的门口如火如荼地展开，大规模的劳工运动也就此复兴。这种时代的交替在她们身上留下明显的烙印，"对异见者既同情又恐惧，对当局既心存不满又满怀敬仰"，恰如其分地体现了她们作为中低阶层在转型时代所特有的一种摇摆立场。

站在新时代的端口，在迈向城市化的英国社会里，人们正在学习新的感受方式，压抑、顺从和形塑自我；人们也有新的主体模式，既热情不断又挫折不断，既孤立无依又聪明自立，此般分裂式的处境在她们的小说中有充分而自由地展现。当然，我们不能忽略勃朗特姐妹的爱尔兰出生地和她们之间的迥异个性，在传统的维多利亚想象中，女人和爱尔兰人有时会被放在一起，被等同于"充满孩子气的外人"，感情强烈但缺乏理性，这也造就了她们的小说内容的不同发展趋势。相比夏洛特·勃朗特的"适度妥协"，艾米丽·勃朗特的性格则更显"激烈决绝"，正如她们的小说主人公在《简·爱》和《呼啸山庄》中表现出来的一样。

本书于 1975 年在英国首次出版，当时这种把作品放到作家生活的历史背景中去看的眼光还是独到而先锋的。对于经历过 1968 年巴黎文化运动（青春风暴）洗礼的年轻人，《权力的神话》是伊格尔顿阿尔都塞阶段的作品，其中运用的马克思主义理论来自吕西安·戈德曼（Lucien Goldmann），还是一种不成熟的构想，伊格尔顿在该书中试图努力创造出他理想中的多元主义方法论，犹如政治疾风中的一节苇草。到了 1988 年再版时，这本书开始引起了众多人的重视，女性主义者已开始批评伊格尔顿的作品忽视了勃朗特姐妹的性别特征。2005 年又出了 30 周年纪念版，伊格尔顿在序言中坦陈女性身份的特质确实应作为分析作品的重要因素。

1976 年伊格尔顿出版著作《批评与意识形态》(*Criticism and Ideology*：*A Study in Marxist Literary Theory*) 和《马克思主义与文学批评》(*Marxism and Literary Criticism*)。这两本书的出版极大的震动了英国学术界，在《批评与意识形态》一书中他毫不留情地直接批判他的导师威廉斯，指责其认识论是唯心主义的，方法论是经验主义的，因此认为威廉斯顶多是个左倾的"利维斯主义者"。伊格尔顿在那个时代深受阿尔都塞结构主义的马克思主义影响，开始尝试建构其唯物主义文学理论的基本范畴，用理论概念来表述文学构成与意识形态之间的关系结构，提出了一系列兼顾一般生产方式和文学生产方式与诸多意识形态成分的新批评方法，从而引发了他"俄狄浦斯式"的"反叛"，引来非议种种。

为了冲破撒切尔主义阴冷保守的统治气候，主要是针对撒切尔政府提倡的经济自由化和私有化，大幅削减英国已经建立的一些诸如福利国家、财富再分配、普及高等教育以及社会民主等机制的经费支持等政策，这些政策导致了私有制的重新抬头和公有制经济的锐减，1981 年到 1984 年伊格尔顿连续出版了几部具有"轰动性效应"的著作，并由此迸发出强烈的政治实践意味。

1981 年出版著作《瓦尔特·本雅明或走向革命的批评》(*Walter Benjamin, or Toward a Revolutionary Criticism*)。该书已经开始表现出与皮埃尔·马舍雷(P. Macherey)等法国思想家理论之间的差异，这也是伊格尔顿开始对自己已有思想作一次全面的清理和总结。他尝试用本雅明取代阿尔都塞，用"政治实践"取代"理论实践"，倡导一种"革命批评"，而这种批评意味着要对当下资本主义文化逻辑进行彻底揭露和内在批判，而其根本动力源自于马克思主义革命原理与本雅明历史哲学的结合。因此，这种"从阿尔都塞/马舍雷转向本雅明/布莱希特，事实上更多的是一次'返回本原'，而不是一次理论上的突破。"①

1982 年伊格尔顿出版著作《被强暴的克拉丽莎：塞缪尔·理查逊小

---

① ［英］雷蒙德·威廉斯：《现代主义的政治——反对新国教派》，周宪、许钧编，阎嘉译，31 页，北京，商务印书馆，2002。

说中的书写、性欲和阶级斗争》(*The Rape of Clarissa*，*Writing*，*Sexuality and Class Struggle in Samuel Richardson*)。该书首次以专著的形式对 18 世纪理查逊的小说《克拉丽莎》进行了深入解读，认为理查逊或许是英国文学史上最被忽视的伟大的小说家，一代又一代的研究者和批评家对他的小说似乎形成了定论，认为他的小说不仅冗长得令人难以忍受，而且自负并掺杂着色情成分。伊格尔顿并没有被先前的评论所左右，而是以其匠心独用的"政治批评观"进行文本解读，充分体现出伊格尔顿出色的文本分析和理论提升能力，他熟练地将多种理论符号和概念灵活嫁接，狂欢式地"书写"出一种强劲的批评方式[1]，即马克思主义的文化政治批评方式。这里应该强调指出的是，在当时政治被消解的后现代时空里，伊格尔顿同样对女性主义批评给予了高度重视，认为女性主义是一种非常有意义的政治形式，彰显出他的学术敏锐性。

1983 年伊格尔顿出版著作《文学理论导论》(*Literary Theory*：*An Introduction*)[2]。此书对 20 世纪西方文论的主要流派做了精辟的简介和概论，伊格尔顿对"文学"概念和"英文研究"传统有着自己独特而深刻的社会政治剖析，对理论研究史中意识形态主导作用进行了揭示。他认为文学与文学理论完全是一种社会意识形态，批评必须具有政治性。甚至

---

[1]　马海良：《文化政治美学——伊格尔顿批评理论研究》，26 页，北京，中国社会科学出版社，2004。

[2]　这本著作又译为《文学原理引论》《二十世纪西方文学理论》，在中国大陆有 5 个版本，分别为陕西师范大学出版社 1986 年版，文化艺术出版社 1987 年版，中国社会科学出版社 1988 年版北京大学出版社 2007 年版、2018 年版。

直接提出"一切批评在某种意义上都是政治批评"①的激进命题,而政治批评的视野必然是整个文化,但是政治批评又不同于用文化来解释一切的文化批评。

1984 年伊格尔顿出版著作《批评的功能》(*Function of Criticism*: *From the Spectator to Post-structuralism*,该书在 2018 年被翻译为中文,下文另有介绍)。在此书中伊格尔顿进一步强调批评的社会功能和政治作用,通过对英国乃至整个欧洲现代批评史的回顾,发现批评从一开始就是"文化的"和"政治的",是反对专制政权的"公共领域"(Public Sphere)的重要组成部分,所以批评始于政治且始终应当以政治为核心,当代政治批评的功能就应当回归其传统的政治批判功能。

1990 年伊格尔顿发表了一部集哲学、美学、政治学和社会学等学科于一体的恢弘大气之作——《审美意识形态》(*The Ideology of the Aesthetic*)。在这本书中他对 18 世纪以来西方美学资产阶级意识形态的实质作了批判性的分析,试图建构自己的理论框架。他在序言里声明要从社会历史、政治经济、伦理规范方面探讨现代欧洲的主要美学理论是如何为政治霸权服务的,提出整个西方现代美学史就是一部意识形态话语史。伊格尔顿开始重塑"身体"的重要地位,将"身体"作为美学研究的物质基础,从感性经验和身体话语的角度去思考审美启蒙和生活世界的关系,以试图走出阿尔都塞结构主义思想的困境,来抵抗资本主义审美意识形态对身体感性的虚无化,从而回归到威廉斯"文化唯物主义"的理

① [英]特里·伊格尔顿:《当代西方文学理论》,王逢振译,303 页,北京,中国社会科学出版社,1988。

论思路，着重从个体经验和时间角度，探寻在生活世界中获得启蒙和实现人的全面解放途径。①

1991 年伊格尔顿出版著作《意识形态导论》（*Ideology：An Intro-duction*）。该书对"意识形态"概念的历史谱系进行了深入梳理研究，进而涉及马克思主义内部的一些重要争论，成为他标志性的"意识形态理论"建构的奠基之作。

1994 年伊格尔顿出版著作《意识形态》（*Ideology*）。再次充分证明伊格尔顿对这个复杂的哲学范畴不懈坚持的高度重视，在当时充斥着后现代主义高扬的"意识形态终结论"成为流行话语的学界，他的这一学术立场和研究成果尤其引人注目。

1996 年伊格尔顿出版著作《后现代主义的幻象》（*The Illusions of Postmodernism*）。该书充分表达了伊格尔顿对后现代主义的拒斥和批判立场，这是一本总论后现代主义的代表作，在对后现代主义一些有益成果大胆吸收的同时，也从马克思主义理论的角度出发对后现代主义理论的合法性和有效性进行了深度剖析和批判，将伊格尔顿式的论战风格表现的越发突出，更加激烈、辛辣、凌厉、不依不饶。在他看来，后现代主义在认识论上是片面的、简单的、绝对化的，是形而上学的翻版；在政治上是怯懦的、不负责任的，甚至是反动的，但是同样伊格尔顿也指出，在当下以及不久的将来，后现代主义与马克思主义进行批判式的对话充满可能性。

2000 年伊格尔顿出版著作《文化的观念》（*The Idea of Culture*）。伊

----

① 方珏：《伊格尔顿意识形态理论探要》，21 页，重庆，重庆出版社，2008。

格尔顿在此书中以词典编撰者的身份出现，对"文化"再一次进行考察，同时这也是对威廉斯《关键词》一书的理论回应。此书一方面致力于马克思主义文化研究的实践，另一方面又对文化研究保持一种适度的怀疑精神。尽管他对"文化"的梳理并没有超出威廉斯对"文化"和"文明"所作的区分范围，但已对"文化"在 20 世纪 60 年代以来的发展（在这里以美国学术界为代表）进行了着重考察，从而拓展了研究视野。伊格尔顿将"文化"一词追溯到德国浪漫主义传统，从"各种意义的文化"论及当下资本主义社会中处于"危机之中的文化"，认为全球性的"文化之战"即一般文化与具体文化的冲突不仅仅是一个学术问题，而且是现实政治问题。①

2003 年伊格尔顿出版著作《甜蜜的暴力》(Sweet Violence：The Idea of The Tragic) 和《理论之后》(After Theory)。《甜蜜的暴力》是一部融合文学、哲学、伦理学和神学的政治理论著作，其论述广泛吸收了西方众多思想家的精髓。在这部著作中，伊格尔顿对从埃斯库罗斯到爱德华·阿尔比的悲剧进行了全方位的研究，其中既有理论探讨又有批评实践，来回穿梭在不同的悲剧观念与具体作家和作品之间。伊格尔顿的研究摆脱了传统悲剧理论束缚，不仅论及舞台戏剧，还涉及悲剧一书和现实生活悲剧，旨在揭示出全球化时代悲剧与现实生活悲剧之间深层次的联系。此外，作者还特别考察了小说中的悲剧观念，所以其研究对象包括几乎所有重要的小说家，主要有麦尔维尔、霍桑、司汤达、福楼拜、

---

① 方珏：《伊格尔顿意识形态理论探要》，15 页，重庆，重庆出版社，2008。

托尔斯泰、陀思妥耶夫斯基、卡夫卡、曼佐尼、歌德和托马斯·曼等①。

詹姆士认为"如果说《甜蜜的暴力》一个突出的主题是发出号召，要求重新考量不时髦的'形而上学'话题，以开辟对于人类斗争诸方面进行概念化和表述的新方式，那么《理论之后》则代表着这一转向的顶峰。"②

2008 年伊格尔顿出版著作《陌生人困境：伦理学研究》(*Trouble with Stangers：A Study of Ethics*)，着重讨论了亚里士多德的德性伦理学和康德的伦理学体系，他开宗明义地亮出自己的鲜明立场和态度：自己并不反对英国经验主义道德观，始终坚持认为美学是一种虚假(Psseudo)的知识，但因为更欣赏亚里士多德的德性伦理学而激烈地反驳康德的伦理学体系建构，最终遗憾得出"糟糕"的结论，认为亚里士多德的诗学、伦理学、形而上学思想正是 21 世纪以来伊格尔顿所要建构理论的来源、借鉴、承继与发展。

2011 年伊格尔顿出版著作《马克思为什么是对的》(*Why Marx Was Right*)。伊格尔顿带着一股追求真理的冲劲，用极富煽动性的夸张语句、饱含激情的幽默、对真理坚定不移的忠诚，通过大量实证内容反驳了世人对马克思主义的诸多错误认识，进一步阐明了在马克思主义理论指导下来运作市场经济体系的可行性，他提出的许多论据来支持这一观

---

① 当代著名文学批评家霍米·巴巴对该书有如下评价："伊格尔顿与悲剧缪斯的重要约会圆满完成了一位始终都在执着探讨美学和政治意识形态的学者的生涯。……这是一部出色的、令人兴奋的著作，它沟通了伊格尔顿那世俗的、社会主义的理想与其形而上学的、神学的渴望之间的联系。"

② Smith James, *Terry Eagleton，A Critical Introduction*，Cambridge：Polity，2008，p. 150.

点，做到了连左翼分子都认为，有关卡尔·马克思的十大谬传现在都在悄悄地消散，再一次使得公众重启"回到马克思"的信心。

2012年伊格尔顿出版著作《人生的意义》(*The Meaning of Life*)。虽然伊格尔顿认为，"本书的许多读者很可能会像怀疑圣诞老人的存在一样怀疑人生意义"，但是他同时又指出，在需要寻求共同意义的现代社会，我们有必要回答这个思考背后的诸多问题。在这部著作中，伊格尔顿将一系列问题排列出来：我们都曾对人生的意义感到困惑？但是我们又需要这个东西。这个问题是否有答案，答案又是什么呢？答案是取决于我们，还是取决于我们之外的东西呢？或者它没有实际意义，只不过是一个伪问题呢？他在这部充满睿智和生趣又能激发人们思考的作品中，展现了文化史上主要的思想者如莎士比亚、叔本华、马克思、萨特以及贝克特等人对人生意义问题的探索。

2012年伊格尔顿还出版著作《文学事件》(*The Event of Literature*)，该书由耶鲁大学出版，伊格尔顿在书中尝试用英美分析哲学的方法去探讨"Event"(事件)一词究竟应该如何界定，新作强调的"文学事件"与他30多年前《文学理论导论》中提出的"政治批评"是否存在某种意义上的关联，新作中出现的"文学哲学"的意指又何在，其与总体的马克思主义文学批评有什么关系，他不但叫停文学的边缘化，还力图让文学回到那个重视文学和虚构的本体论、认识论问题的"高理论"时代。因此，该书花费大量笔墨和力气逆潮流而行，理论交锋涉及结构主义、符号学、现象学、后现代主义、马克思主义等，试图从实在论与唯名论的辩难出发，从概念上界定文学，总结出文学的五个特质——虚构性、道德性、语言性、非实用性和规范性以及提出相应的策略，这与用哲学思路来讨论真实/虚假，道德/判断，语言/直观，实践/形式，规律/差异，必然/偶然等问题殊途同归。

该书另一个逆潮流而行的举动是讨论文学的道德价值，他认为如今怀疑和颠覆的思维模式已成为新的迷信崇拜，文学宣扬的道德训导和教诲就可能成为新的变革性力量。伊格尔顿虽年逾古稀，反骨与傲骨的本色丝毫不减，在某种程度上我们还可以思考一下按其原意将该书译作《文学的发生》会带来何种意味深长的效果？

2014 年伊格尔顿出版著作《异端人物》（*Figures of Dissent：Reviewing Fish，Spivak，Zizek and Others*），伊格尔顿沿袭了其犀利、尖锐、毫不留情、痛快淋漓的英式幽默风格，以咖啡馆式畅谈的方式，对毫不相关的主题比如爱尔兰历史与法兰克福学派，浪漫主义文学与性或身体，以及一些鼎鼎大名却"身份迥异"的人物进行了解读和评介，无时不刻地渗透出他的"左派标签"和"爱尔兰身份认同"特征。伊格尔顿在书中深度考察了从奥斯卡·王尔德、乔治·卢卡奇、T. S. 艾略特、理查德·霍加特到维特根斯坦、以赛亚·柏林、盖娅特丽·斯皮瓦克、斯图亚特·霍尔、斯拉沃热·齐泽克等几十位西方历史中经典作家和思想家，甚至捎带上了大卫·贝克汉姆这样的明星人物，他带着调侃和嘲讽的语调以及一贯好辩的作派，并在一定程度上保持着相当友善和公平的态度，去剖析公共领域一些貌似复杂的人和事，以彰显"异端"的某种奇特魅力。

2014 年伊格尔顿出版著作《论邪恶——恐怖行为忧思录》（*On Evil*），讨论了应该如何看待形形色色的恐怖活动这一主题。对于大部分人来说，按照他们以往绝对的判断和形而上学的标准，会毫不犹豫将其贴上

"邪恶"标签。伊格尔顿认为这种观念从根本上和现在这个时代不相适应，真正要探究的应该是"邪恶"对当下时代景观的内在影响，不无忧虑地希望探明西方文明危机、东西方文明冲突的源起和内容，消解后现代本质主义的匮乏，加强对人主体性、道德自觉、自省、自治的考量。

伊格尔顿在这部 216 页的著作中通过文学、神学、心理学的资源，以他插科打诨、嬉笑怒骂的批评风格，从对当代世界文明冲突的现实入手，深入到对西方文化传统内部，对当今各种邪恶、恐怖行为进行了理性的忧思：邪恶，它并不是一个纯粹的中世纪的东西，相反的，它是一个在我们的当代世界完全可以看得到、摸得着的真实现象。在这个过程中，他提出了一系列富有启发性的问题，比如，邪恶真的就是一种空无吗？为什么它所表现出来的东西，总是如此具有吸引力？为什么善良看起来非常无聊？人类真的会在无意义的毁灭当中感受到欢乐吗？并结合历史与现实中的惨案，如纳粹大屠杀等，深度揭露人类被故意遮蔽的"阴影"，让我们看到一个邪恶运转的体系性复杂结构，对人类之所以做出邪恶之举作出深刻的诠解。

2014 年伊格尔顿与马修·博蒙特一起合作出版了对话录《批评家的任务——与特里·伊格尔顿对话》（*The Task of the Critic：Terry Eagleton in Dialogue*），特里·伊格尔顿是一位文学理论家、小说家和戏剧家，同时他也是一位不受时代思潮约束的坚定的社会主义者。在过去的四十年里，由于他的干预，使得一种枯燥乏味而又墨守成规的文化变得有生机起来。他的笔锋，就像他的学术同仁哈罗德·布鲁姆、佳亚特里·斯皮瓦克、霍米·巴巴等所熟知的那样，是犀利和不留情面的。这卷包罗广泛、纵横捭阖的访谈集涵盖他的个人阅历以及学术思想与政治见解的发展过程，既生动又深刻。不仅会吸引那些对伊格尔顿本身感兴趣的读者，也会吸引那些对现代主义、文化理论、思想史、社会学、语义学考察、马克思主义理论现状感兴趣的群体。

2015 年伊格尔顿在《文化与上帝之死》(Culture and the Death of God)中研究了现代社会寻找上帝替代者过程中的种种矛盾、困难与意义。"这本书与其说是在谈上帝，不如说更多的是探讨由于上帝的明显缺位而引发的危机。"伊格尔顿通过启蒙运动至今的众多思想、思想家与事件，探讨了"9·11"事件前后的宗教状态、围绕西方资本主义的反讽，以及在后启蒙时代所创造出的并不令人满意的一系列上帝代理人。在该书末尾，伊格尔顿正确地引述安德鲁·沃尼克的话说道，后现代主义包含着上帝的第二次死亡，即轮到组合于现代时期的各种神的代理者被拆卸了。如果说，上帝的第一次死亡并非由于我们的弑杀，而在于我们的伪善，那么后现代主义则以一种巨大的知性真诚揭露了我们的伪善，并戳破各种各样的上帝的世俗面纱。在对宏大叙事的瓦解中，以及在它的反本质主义、反基础主义的激进主张中，后现代主义成功地摧毁了上帝这一庞然大物，使其化为碎片，任何宏大的图景不再可能建筑起来。"如果说后现代的文化是无深度的、反悲剧的、非线性的、反神圣的、非基础的以及反普遍主义的，质疑绝对以及反对内在性，那么或许可以宣扬其是真正后宗教的(Post-Religious)。"尼采曾在自己所处时代的末尾宣称，一个虚无主义的时代不可避免正在到来。当时的人们斥之为"疯子"，而现在，我们终于不得不认真聆听和反复咀嚼这一先知般的教诲。从此，我们开始真正生活在一个无信仰的空白时代。这个世界一边是人们无意义的享乐和游戏，一边是机械永不停歇的轰鸣。这样一个时刻，再次宣布"上帝之死"，或许不再是欢呼，而是一次丧钟。

2015 年伊格尔顿出版著作《文学阅读指南》(*How to Read Litera-ture*)①，是什么让文学作品或好或坏？读者如何可以自由解释呢？诸如《咩咩黑羊》之类的童谣，是否可以充满隐藏的厌恶、反感以及侵略？一般文学史学家不屑一顾的哈利·波特系列作品我们该做什么样的认识？特里·伊格尔顿在这本书中用开头、人物、叙事、解读、价值五部分内容饶有趣味地提出了解决这些问题的途径，试图让大家领略一下文学之所以为文学的特质，发现或重新找到慢读对于人生的意义和乐趣。

2016 年伊格尔顿出版著作《如何读诗》(*How to Read a Poem*)，伊格尔顿在这本书开篇写"献给彼得·格兰特(Peter Grant)，他教给我诗和许多其他的东西"。然后伊格尔顿从实践自己学到的文学批评和以"细读"的方法入手，开始阐释文学理论如何是诗的理解的基础，强调"音节""语调""句法""修辞"等同样对如何感悟诗的文学性和政治性具有不

---

① 《文学阅读指南》对于文学研究的学生，以及所有其他感兴趣的读者而言，都是一部加深他们理解、丰富他们阅读体验的理想选择。《文学阅读指南》比所有其他书评人的作品都更出色、更耀眼。它还能——恕我斗胆——逗人大笑。很显然，你应当拿起特里·伊格尔顿的这部近作，仅仅是因为你能从中收获颇丰。毕竟，这人堪称当今世上伟大的批评家与教师之一，且拥有歇洛克般的天赋，能从一句话甚至一个词中，追溯梳理出其隐藏的含义。而《文学阅读指南》所以别具一格，还在于伊格尔顿独有的机智与幽默，字里行间流露出他的随和与友善。这不仅仅是一部学习之书，更是一部枕边之书，一部享受之书。——米切尔·德兰达(《悦读经典》作者)

这不只是一部消遣的书，这更是一部重要的书。在尼采之后，伊格尔顿所说的"慢阅读"，作为一种人类活动，似乎濒临灭绝的危险。他引导我们回归基础，在尖锐分析的基础上，重视智力阅读的本质层面。我喜爱他灵动的风格，易于接受且具体可感；此外，他从不牺牲细节或微妙之处。这是为所有读者准备的书，不仅仅是初学者。当然，它的作用在课堂上能得到更大程度的展现。——杰·帕里尼(《诗为什么重要》作者)

可忽略的意义，他在书中对西方文学史中代表人物作品进行了旁征博引，以揭示何为诗意。本书从批评的功能、什么是诗、形式主义者、寻求形式、如何读诗五个方面切入，通过对叶芝、弗洛斯特、马尔维、奥登、狄金森等人的诗精妙而细致的阅读，清晰有力地勾勒出了诗歌批评的功能；另外，还通过对威廉·柯林斯的《夜颂》、威廉·华兹华斯的《孤独的收割者》等四位诗人的四首自然诗的解读，作出了很好的例证，证明了"大多数人之所以不理睬大多数诗，是因为大多数诗不理睬大多数人"。

2018 年伊格尔顿出版著作《批评的功能》(*The Function of Criticism*)，该书 1984 年由伦敦维索出版社出版，他在书中用"公共领域"来隐喻政治意识形态，回应现代批评已经深陷无批评的危机泥淖。面对这一严峻问题，在任何时期、任何文化中，批评理所应当地扮演督促社会进步的角色。他以 18 世纪以来英国批评制度的演变过程为经，以尤尔根·哈贝马斯的"公共领域"概念为纬，史论交织，犀利而精确地对批评本身进行细致的剖解，直抵其病灶，作振聋发聩之声言："现代批评是在反对绝对主义(专制)政权的斗争中产生的，除非现在把它定义为反对资产阶级政权的斗争，否则它可能根本没有前途。"作为一位反对被圈养起来的纯理论、纯学术和自由人文主义的批评家，他的《批评的功能》其实也包括其整个文学批评体系，都是一种"革命批评"的话语体系。

2018 年出版著作《论文化》(*Culture*)，主要内容从文化与文明、后现代的偏见、社会无意识、文化的信徒、赫尔德到好莱坞五部分展开，最后以文化的傲慢作为结语。伊格尔顿探寻了文化在现代社会中的意义与价值，以散文诗一般的语言，风趣而又尖锐的文风，串起了关于"文化"的几个核心议题,再一次回到了他的老师雷蒙德·威廉斯所期盼的那种"共同文化"场域,《论文化》或许是读者了解传统的英式"鲁迅杂文"的好时机。

文化使人成为人。然而,"什么是文化?"却是很难回答的问题,因为文化承载着人性的欲望、矛盾、困惑。以文化之名,我们抒发,我们追问,我们怀念,我们反抗。人类世界的一切繁华和残酷,归根到底,是因为文化吗?抑或文化只是物质世界的精神点缀?伊格尔顿通过剖析人们赋予"文化"的矛盾内涵,让"文化"成为一面镜子,照出人类文明精神深处的意志与迷茫。"文化"的理念远不如我们想象的那般古老,而是产生于人类现代文明的"诞生之痛"中。在层出不穷的流血、压迫、失控的冲击之下,各种样貌的"文化"成为人们赖以存身立世的信念:著名英国政治家埃德蒙·伯克曾从文化的立场上批评法国大革命的暴力和英国对印度的殖民压迫;民族主义的思想奠基人赫尔德用文化的理念来呼唤德意志民族的觉醒与尊严;而奥斯卡·王尔德周旋于英国和爱尔兰文化、精英文化、传统与流行之间,却最终因为冒犯了权威而身陷囹圄……伊格尔顿用经典的历史案例和妙语连珠的讨论,揭示了文化在社会历程中微妙而又关键的地位。

二、研究现状

(一)国外研究现状

伊格尔顿是当代西方思想界继雷蒙德·威廉斯之后英国最杰出的文

学理论家、文化批评家和马克思主义学者之一，也是著作被译成中文最多的思想家之一，尽管他是一位活跃在世界范围内的多产的批评理论家，他的话语也总是被人当作权威性的语录来引用，但因为他经常使用冷嘲热讽、插科打诨、玩世不恭的语言进行所谓的"非主流"写作，时常用尖锐犀利、刨根问底甚至大义灭亲的方式向整个学界开战而引来各种争议，所以有关伊格尔顿的专题研究国内外理论界有时显得有些不知所措反应迟缓。伊格尔顿往往在理论论战和批评实践中呈现其批评思想，很少构建一种"体系式"的理论框架。因为他没有设计自己所谓的"理论体系"，所以他选择尝试多方面接受各种思想的研究路径，从结构主义到文化研究再到新历史主义等错综复杂的话语理论转变中，不断与各种新兴理论进行碰撞交锋，使得学界无法给其理论建树定位，因此国外学术界对他的研究趋于平淡。

"这样一位重要作家被孤立的状态，一部分原因只是在于，他的绝大部分著作都是以文学批评的形式产生出来的。而正如佩里·安德森指出的，这也是英国马克思主义文化不够繁盛的结果。"①伊格尔顿依然逃不脱这样的命运，1988 年伊格尔顿在牛津大学"后现代主义的政治"学术研讨会上做了题为"现代主义、神话和垄断资本主义"的演讲，一石惊起千层浪，瞬间引来众说纷纭。1992 年伊格尔顿受邀在牛津大学与茱莉亚·克里斯蒂娃、爱德华·萨义德一起进行有关"解构主义与人权"的讨论。1993 年美国特拉华州立大学的史蒂文·黑尔姆林撰文讨论伊格

① ［英］戴维·莱恩：《马克思主义的艺术理论》，艾晓明译，180 页，长沙，湖南人民出版社，1987。

尔顿美学思想中含有喜剧和快感成分，1998 年 3 月在牛津大学举办了一场有关伊格尔顿著作的研讨会，拉曼·塞尔登认为《批评与意识形态》抛弃了马舍雷、阿尔都塞的艺术"特权论"，只是借用了他们对意识形态的一般论述；坡林·琼斯也认同伊格尔顿明显接受阿尔都塞理论的一般观点（General Outlook），即使他批评其功能主义特点；伯查尔充分肯定了伊格尔顿坚持文学与社会文化、意识形态的联系，反对将之简单化的观点，指出他理论的弱点在于提出许多悬而未决的问题，（在现实主义与现代主义争论方面）显得过于简单化，在理论和政治上都有含混不清之处；雷蒙·泰里斯认为他的《文化与观念》没有超出威廉斯《关键词》的范围，对其后现代式的文风颇为不满，"他善于在阐说和指责之间滑来滑去"，"他惯用一种圈内人的心知肚明来代替真正的学问，把大片的思想史领地用望远镜一扫，只给予某种会心的首肯"[1]，等等。

1993 年为纪念伊格尔顿 50 岁生日，一些学者通过撰文阐述其学术思想，不过近些年有关伊格尔顿思想的研究在国外已经开始起步。菲利普·戈尔德斯坦（P. Goidstein）的《文学理论的政治学》中有一章题为"Marxist Versions of the Formal Method：Terry Eagleton"首次提及伊格尔顿的马克思主义思想；在 1995 年举行"文化研究：中国与西方"国际研讨会（中国大连）上，伊格尔顿首次宣读"后现代主义的矛盾性"（"The Contradictions of Postmodernism"）一文。1998 年由斯蒂芬·里根（Stephen Regan）选编的《伊格尔顿读本》在布莱克威尔公司出版，这

---

① ［英］雷蒙·泰里斯：《伊格尔顿"论文化"受批评》，载《外国文学评论》，2001(1)。

是第一部由别人选编的伊格尔顿读本，此书别开生面，首次集中呈现其大量论文、讲座及评论选稿，对伊格尔顿关于文学批评理论、政治理论、美学、意识形态观等方面的思想做了很好的展示，伊格尔顿本人对此作出评价："斯蒂芬·里根比我本人更了解我的作品。"①2000年，伦敦大学伯贝克学院科学哲学教授约翰·杜普雷（John Dupre）在《新文学史》上发表《评论伊格尔顿之〈再论基础与上层建筑〉》的文章，主要讨论"功能与目的"的问题，结合亚里士多德和马克思的思想来研究伊格尔顿；2004年，戴维·阿德森（David Alderson）撰写了第一部有关伊格尔顿思想研究的专著，详细讨论了伊格尔顿那些关于爱尔兰文化思想研究的文章并评价其在马克思主义理论与后现代主义交战中的得失，但是这些都尚未深入讨论他和信仰基督教的左派的关联，更未涉及哈贝马斯、巴赫金等著名思想家的理论对其影响，也没对本雅明对他的启迪等话题进行研究，所以显然应该只是一部关于其文学批评理论的著作。

近年来有一些关于伊格尔顿的访谈录、演讲开始频繁出现在英语世界，比如2000年11月22日，伊格尔顿在开罗举行的世纪之交文学理论批评研讨会上做了题为"文化之战"的演讲，王宁将之翻译为中文发表在《南方文坛》。2008年5月15日，南京大学王杰、徐方赋在英国曼彻斯特大学对伊格尔顿做了"我的平台是整个世界"的访谈；2008年5月伊格尔顿在曼城大教堂做了题为"耶稣是不是一个革命者"的演讲；随后在耶鲁大学做了关于耶稣、福音书、论邪恶、基督要义等内容的一系列演讲，最后集结成著作《理性、信仰与革命：反思关于上帝的论争》（耶鲁

---

① Stephen Regan, *The Eagleton Reader*, Blackwell Publishers, 1998, 封底。

演讲集)等。

(二)国内研究现状

就国内来说，伊格尔顿是中国改革开放后最早介绍进来的西方马克思主义理论家之一。经过翻译者的努力，截至目前，国内翻译出版伊格尔顿的专著已经有三十多部（见本文参考文献），基本包含了伊格尔顿各个时期的代表性作品。在这些译著的基础上，国内学者对伊格尔顿的文化批判思想进行了系统的整理和研究，并逐渐形成了自己的认识，如冯宪光、朱立元认为，在研究文本意识形态的基础上，伊格尔顿探究了作为意识形态的艺术与作为生产的艺术之间的关系及其生产过程，揭示了意识形态在文学艺术文本生产中的作用及其与社会各因素的复杂关系，这种研究是对西方马克思主义的一大贡献；马驰认为，伊格尔顿唯物主义的伦理学，从人的身体出发去探讨主体的审美性及其实践活动的特征，有助于马克思主义美学理论的发展等。

国内有关伊格尔顿思想研究的著作也有很多，这些研究著作对伊格尔顿的批判理论和意识形态理论做了较为系统的梳理和研究，取得了一定的学术成果。其中马海良的《文化政治美学：伊格尔顿批评理论研究》是第一部对其批评理论做总体性概述的著作，阐述了伊格尔顿关于文化批评与审美意识之间的关系，论述较为充分，分析也比较为全面；方珏的《伊格尔顿意识形态理论探要》可以说是国内第一部从哲学视角探讨伊格尔顿文化思想研究的专著，他从其"意识形态"这个哲学术语入手，系统地梳理了伊格尔顿有关意识形态问题的理论，揭示这一理论的哲学渊源和独特个性，并为继续深入伊格尔顿哲学思想的个案研究和对西方马克思主义的宏观把握提供了一个样本；柴焰的《伊格尔顿文艺思想研究》主要从文艺学、文学理论的角度来阐释其文学研究思想；王天保、段吉方也从文学、美学的角度来研究伊格尔顿的文艺思想；肖琼的《伊格尔顿悲剧理论研究》从本体论、文学形态、美学观念、现代性、革命性等方面着力阐释其悲剧理论的理论指向；王伟的《伊格尔顿文艺理论研究》从文学主张、批评观念、文化研究、悲剧理论、政治之爱，剖析伊格尔顿的文论思想；阴志科最新的《回归古典：新世纪伊格尔顿文论研究》主要讲述自 2000 年以来，伊格尔顿对不同学科话题的探讨看似天马行空，实则有章可循，亚里士多德的诗学、伦理学、政治学、修辞学、形而上学思想正是 21 世纪伊格尔顿文论思想的主要源头，他对亚里士多德思想进行了非常明确的借鉴、承续与发展。这些学术成果为深入研究伊格尔顿文化批判思想提供了较为丰富的资料，但是总体上而言，这些著作着重于从文学和美学层面去研究伊格尔顿的文化批判思想，而在唯物史观的层面，则显得不够深入和全面，因此，对于伊格尔顿文化批判思想进行马克思主义的审视和分析显得较为重要。

在学术论文方面，目前为止，国内产生了研究伊格尔顿理论的大量博士论文，如浙江大学段吉方的《意识形态与文学批评——伊格尔顿文学思想研究》，从梳理伊格尔顿文本作品入手细致地分析了其文学批评与意识形态之间的关系，阐述了伊格尔顿文学艺术意识形态的理论；四川大学温恕的《从布莱希特到伊格尔顿》主要阐释了伊格尔顿文学生产理论的历史脉络，展现伊格尔顿在文学生产理论中的创新和贡献；中国人民大学胡友珍的《犀利的文化瞩望者——伊格尔顿的文化批评观》试图从总体上把握伊格尔顿学术历程中的文化批评特点，揭示其文化批评思想与"文化唯物主义"的紧密联系，从而将自己的研究领域拓展到马克思主义文化批评；南京大学李永新的《美学与文化批评中的领导权理论研究：论威廉斯与伊格尔顿对葛兰西领导权理论的接受与发展》重点分析葛兰西"领导权"思想对英国马克思主义文化学派的影响及其发展，伊格尔顿仅仅作为该学派一个人物来作为其理论构建的组成部分。他们主要的着眼点仍是从文学、意识形态、文艺学、美学、宗教学、伦理学等具体方面来表现伊格尔顿的思想，鲜有从整体上把握其哲学思想的研究成果。近年来还出现了研究伊格尔顿学术思想的硕士论文五十余篇，比如广西大学李子芯的《审美与政治的交融——伊格尔顿意识形态理论研究》、华中师范大学王天保的《伊格尔顿文学理论思想研究》、山东大学夏露的《中文视野下的伊格尔顿》、江西师范大学黄艳兰的《文化诗学视域下伊格尔顿文本观述评》等，他们依旧沿袭文学、文艺学、文学评论、悲剧理论、美学意识形态这样的路径进行一种概述性的介绍和阐释，从而忽视文化批判思想在其理论体系当中的重要地位。

近十年来，国内虽然出现了一批学者开始关注伊格尔顿，并撰写相关研究文章，但是他们主要还是局限于文学、文艺学、文艺批评、美学等方面，而鲜有涉及哲学领域论述，即使从哲学角度来分析和探讨伊格尔顿，大多是就他的意识形态理论进行简单介绍和概括。这些文章主要分为三个方面：

第一，介绍伊格尔顿的学术思想，对伊格尔顿的文化思想引入中国学界起到了开创性作用，主要关注点依旧局限于其文化研究的内容，如马驰的《伊格尔顿：英国"新左派"的旗帜》（载于《西安教育学院学报》，1997 年第 4 期）、马海良的《伊格尔顿的思想历程》（载于《山西大学学报》，2000 年第 2 期）、段吉方的《伊格尔顿文艺批评观念的理论意义及其局限》（载于《甘肃社会科学》2007 年第 4 期）、吴晓燕的《文学理论的政治倾向——谈特里·伊格尔顿的〈文学理论导论〉》（载于《学术研究》2007 年 11 期）、李永新的《文化批评和美学研究中的领导权理论——兼论威廉斯和伊格尔顿对葛兰西文化领导权理论的接受与发展》（载于《文艺理论研究》2008 年第 2 期）、贾洁的《特里·伊格尔顿爱尔兰文化研究中的去殖民策略论》（载于《文艺理论与批评》2010 年第 4 期）、柴焰的《抵抗后现代主义与保卫马克思——伊格尔顿的资本主义文化批判》（载于《山东社会科学》2012 年第 10 期）、孙士聪的《文化马克思主义之后——以伊格尔顿"自发的马克思主义"为中心》（载于《学习与探索》2013 年第 12 期）、刘静和冯伟的《摆正文化的位置——伊格尔顿的文化观探析》（载于《理论月刊》，2018 年第 2 期）、吴之昕和袁久红的《多元文化论、"文化主义"与社会主义共同文化——伊格尔顿对后现代主义文化观念的批判反思》（载于《南京社会科学》，2018 年第 9 期）、姚文放的《在精神领域进行的意义生产——伊格尔顿的生产性文学批评理论》（载于《社会科学辑刊》，2019 年第 3 期）等；

第二，从意识形态的角度解读伊格尔顿的文化批判思想，较为深入地分析伊格尔顿意识形态的内涵及其功能，但是对于伊格尔顿意识形态的哲学分析较为薄弱，主要有李永新的《身体是审美意识形态的物质基础——伊格尔顿审美意识形态中的身体理论》（载于《马克思主义美学研究》，2006 年第 9 期）、罗良清和格明福的《意识形态：从阿尔都塞到伊格尔顿》（载于《哲学研究》，2006 年第 8 期）、方珏的《美学意识形态和身体政治学——略论伊格尔顿意识形态理论》（载于《国外社会科学》，2008

年第 3 期)、杨生平的《试论伊格尔顿意识形态理论》(载于《教学与研究》,2010 年第 11 期)、方珏的《精神分析学视阈中的马克思意识形态概念——伊格尔顿的意识形态概念辨析》(载于《黑龙江社会科学 》,2012 年第 12 期)、陈慧平的《伊格尔顿的文化辩证法探要》(载于《哲学动态》,2013 年第 11 期)、张志峰的《伊格尔顿审美视域下意识形态领导权阐释》(载于《贵州社会科学 》,2016 年第 5 期)、王健的《伊格尔顿:意识形态的伦理维度》(载于《道德与文明》,2017 年第 1 期)、阴志科的《身体文化、身体美学、身体政治——伊格尔顿身体理论的三个层面》(载于《人文杂志》,2019 年第 1 期)等;

第三,从文学视角解读伊格尔顿的文化批判理论,甚至提出"回归古典"(阴志科),与亚里士多德思想接壤,促进了对伊格尔顿文学意识形态的理解,但是对于文学意识形态在唯物史观层面的审视相对不足,这方面主要有:王天保的《伊格尔顿的文学意识形态论》(载于《外国文学研究》,2004 年第 2 期)、柴焰的《马克思主义当代形态的批评实践——特里·伊格尔顿对〈克拉莉莎〉的解读》(载于《山东社会科学》,2004 年第 9 期)、肖寒的《由"文本科学"到革命的"修辞学"》(载于《社会科学辑刊》,2008 年第 3 期)、徐方赋的《生活的意义:爵士乐队精神——特里·伊格尔顿〈生活的意义〉解读》(载于《外国文学研究》,2009 年第 4 期)、段吉方的《理论之后的批评旅途——伊格尔顿"理论之后"观念的文化解析与批判》(载于《文艺理论与批评》,2010 年第 4 期)、韩雷的《理论面向现实的勇气与力量——评段吉方的〈意识形态与审美话语——伊格尔顿文学批评理论研究〉》(载于《文艺评论》,2011 年第 11 期)、阴志科的《从"理论之后"到"文学事件"——新世纪伊格尔顿的文学伦理学立场》

（载于《贵州社会科学》，2014 年第 12 期）、李永新的《"葛兰西转向"与英国后马克思主义文论的诞生》（载于《南京社会科学》，2015 年第 7 期）、赵光慧的《论特里·伊格尔顿的文化与文明观》（载于《外语研究》，2016 年第 1 期）、彭城广的《批判与解构：伊格尔顿追寻文学本质的建构策略及其当代价值》（载于《北方论丛》，2017 年第 11 期）、江守义的《文学事件不能只归于策略——对伊格尔顿〈文学事件〉的思考》（载于《文艺研究》，2019 年第 1 期）等文章。

从以上对伊格尔顿学术成果的归纳总结可以看出，中国的学者对伊格尔顿展现出越来越浓厚的研究兴趣，开始对他的思想脉络在文学和美学等方面进行了较为深入的分析和挖掘，但是他极为看重的"文化政治批评"思想还没有引起学界足够的重视和全面研究，对其研究在哲学高度和唯物史观层面上的探讨则相对薄弱，所以对存在于主流学界边缘的伊格尔顿的社会文化批判理论进行考察，将大大有助于我们了解这一理论的历史背景、逻辑建构与哲学内涵，有助于洞彻其理论研究的价值和意义。

三、核心理念

意识形态：意识形态是伊格尔顿文化批判理论的核心范畴，他指出，文化的核心就是意识形态，意识形态在各种文化形式中或明或暗的起着一种指导性的作用。伊格尔顿的意识形态思想受到马克思、葛兰西、阿尔都塞、麦克利兰等人意识形态观点的影响，但是并没有完全沿袭他们的意识形态理论方向，而是加以综合运用，来构建自己的意识形态思想。在他的意识形态内涵中我们可以看到他对于经济基础和上层建筑的思考、对于意识形态与社会权力结构的审视以及对于文化霸权思想的反思。但是对于意识形态，伊格尔顿有着自己的处理方法。"有些令人怀疑的，人们认为意识形态肯定存在着某些恒定的特点。我们不是太希望找到意识形态的某些本质，而是更为渴望找到存在于不同表意系统之间的'家族相似'的意义重叠网络。"①

　　因此，伊格尔顿并没有对意识形态做出一个严格的定义，而是采取一种开放性、策略性的手段列举了意识形态的十六种主要定义，让这些定义自己回答意识形态是什么，并进而自己总结出意识形态的六个方面的内涵。考察伊格尔顿总结的意识形态的内涵，主要可以归纳为三个方面：第一，意识形态是一种社会思想观念系统，它是对社会存在和社会秩序的反映，这种反映不是直接的、真实的反映，而是一种阶级利益驱使之下的扭曲的、虚假的反映，但是同时也反映了一定的社会历史真相；第二，作为一种话语系统，意识形态是联结社会结构和社会个体的中介，人们要想融入社会，进行正常的生活，必须要有意识或无意识的践行意识形态的规则和内涵，意识形态就是一种主流的社会价值观念、心理认知和流行的思维模式，离开了意识形态的中介作用，社会主体就会被排斥于社会生活之外；第三，意识形态是社会权力结构的重要因素，它存在于社会结构和权力系统之中，执行着维护社会统治的功能，与物质权力结构具有内在的一致性或"家族相似性"，实际上是一种符号

---

① 张亮编：《英国新左派思想家》，330页，南京，江苏人民出版社，2010。

暴力。尽管伊格尔顿深入考察了意识形态的定义并总结了意识形态的内涵，但是伊格尔顿并没有建构一套关于意识形态完整的科学理论，而是更加注重意识形态的社会功能，从而对资本主义进行马克思主义意识形态批判，以促进社会主义运动和人类的解放。

文本批判：文本批判是意识形态批判的深入化和具体化，伊格尔顿认为文本也具有意识形态的因素，文本生产与意识形态的生产紧密相关。文本生产是物质生产和精神文化生产的统一，体现了社会生产力和社会思想观念生产的内容和特征，在文本生产过程中，一般生产方式、文本生产方式、一般意识形态、审美意识形态、作者意识形态、文本六个要素之间互相影响、彼此制约，体现了文本生产的复杂性和整体性，也显示了文本生产的意识形态性。不仅文本生产的内容受到意识形态的制约，而且文本的形式也受到意识形态的影响。以文学为例，其形式的变化受到社会生产方式和意识形态的重大影响，"文学形式的重大发展产生于意识形态的重大变化。它们体现感知社会现实的新方式以及艺术家与读者之间的新关系。"[1]也就是说，文本生产也就是一种意识形态的生产，即文本意识形态的生产。伊格尔顿又指出，文本意识形态是一种特殊的意识形态形式，它以远离意识形态的姿态制造自己客观中立的假象，从而潜移默化地实行意识形态的功能。伊格尔顿认为，我们必须进行文本批判，揭露文本中的意识形态内涵，这就需要修辞学的文本批评。修辞学文本批评注重于文本批评的社会效果和政治影响，在资本主

---

[1] Terry Eagleton, *Marxism and Literary Criticism*, London: Methuen, 1976, pp. 24-25.

义社会中，通过修辞学文本批评，一方面揭露文本中的资本主义意识形态内容，进行意识形态批判，另一方面建立马克思主义的文本批评，生产包含社会主义意识形态的文本形式，宣传马克思主义理论，促进社会主义革命运动的发展。为了保证文本批判的效果，伊格尔顿推崇"修辞学"批评，主张方法论上的多元主义，利用一切可加以利用的资源来进行马克思主义的文本批判，最大程度的实现其政治效用。

唯物主义审美观：传统审美观点认为，审美具有无功利性和无目的性，是人类普遍的先天能力，但是伊格尔顿指出了审美活动的社会性和阶级性。审美活动植根于日常的社会生活之中，是活生生的生活经验。但是后来审美对象被抽象为一种脱离现实生活的纯粹形式，成为一种人类对于他者世界的美好想象，成了一种彼岸的世界。伊格尔顿深刻指出了这种审美形式化的矛盾：一方面，审美成为意识形态的工具，意识形态将自己的内容镶嵌在审美理论之中，通过审美来灌输自己的思想观点；另一方面，审美具有想象性和彼岸性，同样能够唤起人们对于美好世界的向往，因此，审美也是一种现实社会批判的工具。伊格尔顿重点考察了现代审美意识中的资本主义意识形态，指出现代审美意识中确立的主体性的新形式，建构了资本主义意识形态中关于自由的内涵，实际上就是一种价值交换的自由，从属于资本的逻辑。为了反对审美形式化的趋向，伊格尔顿以感性的身体为中心试图建构一种唯物主义的审美学，以实现审美的具体性和实践性。针对资本主义社会中，资本压榨之下人的残缺不全的身体，资本主义审美意识形态对身体感性的虚无化，伊格尔顿主张通过对马克思主义经典文本和思想的进一步考察，充分肯定社会主义革命必然会消除资本主义制度，将身体从资本的逻辑中解脱出来，以促进人的感性身体的丰富性和实践性的回归。

四、研究意义

自 20 世纪四五十年代起，马克思主义革命运动风起云涌，日渐成为当时的时代潮流，在接受和传播马克思主义思想理论的运动过程中，西方社会的知识分子逐渐凝聚成一股重要的力量。富有民族文化特征的英国马克思主义在沿袭自己经验主义传统的基础上，开始与欧洲大陆形形色色的马克思主义思想接壤，其带有保守色彩的文化传统被激发出旺盛的生命力，逐渐在诸如文学、历史学、社会学、人类学、政治学、美学、文化研究等各个领域蓬勃发展开来，涌现了一大批具有鲜明风格的马克思主义理论家。

面对马克思主义这一具有明显欧陆异域文化特征的理论，英国马克思主义理论家成功地将它与本国的文化传统、历史特征、社会现实和时代风潮相结合，继而形成了带有鲜明英伦特征的思想理论体系，在坚持马克思主义基本原则的基础上提出自己独到的见解，形成了以霍加特、威廉斯、汤普森、霍尔、伊格尔顿、威利斯为代表的文化马克思主义学派，以汤普森、霍布斯鲍姆、希尔、希尔顿为代表的马克思主义历史学派，以安德森、奈恩、布莱克本为代表的结构主义的马克思主义学派，以柯亨、加文·科琴为代表的分析的马克思主义学派等百花齐放、百家争鸣的学术景观。

1964 年，英国伯明翰大学当代文化研究中心（CCCS）的成立宣布

"将文化纳入理性的研究地图",从此拉开文化研究的序幕,其代表人物、研究方向、学术成果、思想构建、社会影响等被后世称为"伯明翰学派"或"英国学派",后来甚至由英国辐射到北美、澳大利亚以及其他国家和地区,形成世界性的研习风潮,对世界学术界产生了深远的影响。

由于各种原因,目前学术界对于英国马克思主义的研究尚处于"拓荒"阶段,与对于欧洲大陆的马克思主义研究相比显得较为薄弱。近几十年,国外马克思主义研究的大量成果集中在从卢卡奇、葛兰西、法兰克福学派到德里达、福柯以及巴迪欧、阿甘本等欧洲大陆的马克思主义学者身上,除此之外,其他国家和地区的理论视域就在无意中被遮蔽。英国是马克思生前居住时间最长的地方,许多经典的著述产生于此,英国学者在学习和借鉴马克思主义经典理论后逐渐形成的独特思想在研究中被忽视,这不免令人遗憾。虽然近来英国文化研究逐渐成为相对热门的探讨方向,但大多都是概括性和局限性的简写,并没有深入到探索其历史发展脉络、形成原因以及与传统马克思主义、西方马克思主义理论的关系等问题上。同样,一些研究成果也试图概括英国马克思主义的总体特征,但在个案研究不充分且不成熟的情况下,这样的总体研究则显得资料匮乏、理论单薄,缺乏应有的说服力。尽管当下也出现了一些针对英国马克思主义的个案研究,例如,对威廉斯、霍加特、汤普森、霍布斯鲍姆、霍尔、安德森、密利本德、麦金泰尔等学者的专题研究,但这些研究主要集中在文本分析、文艺理论、文学批评、美学评价等偏重文学理论、政治学的方向,很少触及哲学领域,而对其他英国马克思主义理论者的哲学分析则更为少见。

当下，为了进一步深化对英国马克思主义理论的研究，我们必须细致地探寻每位理论家的思想脉络，概括其理论框架，归纳其思想特征，明确其理论的现实借鉴意义。只有从不同角度理解多个思想家的理论，从多学科的视域去理解他们之间的相互关系，才能做到准确把握英国马克思主义理论的真正思想精髓，所以对英国马克思主义的一些重要人物的个案分析研究显得尤为重要和迫切。

作为"伯明翰学派"开山鼻祖威廉斯的亲传弟子，伊格尔顿在其不断砥砺理论思想的过程中形成了别具风格的文化哲学思想，从而使文化批判成为英国马克思主义知识分子阵营关注的核心焦点，形成一股别开生面的革新力量。他通过英国马克思主义文化学派那种"从下往上看"的独特理论视角，运用马克思主义科学的方法论，试图寻找一种能够整理过去、改变现实、创造历史、指明未来的力量，清醒而又乐观地认识到这种力量来自下层、来自工人阶级、来自普通人民群众。他试图用其文化批判思想对西方学界乃至资本主义现实世界进行激烈批判、理论建构，希望以此传播其思想的影响，试图来唤醒一种大众文化的觉醒，接受马克思主义思想，积极进行社会主义实践运动，从而最终实现人的真正全面解放。在此意义上，伊格尔顿就是英国马克思主义研究中一个绕不过去的关键人物，他在英国马克思主义文化理论的形成中发挥了至关重要的作用。因此，对他个人思想的研究值得我们国内学术界予以足够的关注和重视。

我们通过对伊格尔顿学术历程中具有代表意义的文化批判思想进行归纳分析，从中发现他在秉承英国本土民族文化传统和西方马克思主义思想渲染的基础上，以英国现实社会和当今时代历史为对象，坚持马克思主义具体问题具体分析的方法，用一种激进尖锐的风格在经典马克思主义理论、英国经验主义传统和欧陆理性主义思想之间进行了深度的研究分析和广泛的交流，促进了英国马克思主义思想的多元化发展和繁荣。因此，通过对伊格尔顿文化批判思想的翔实考察，总结伊格尔顿思想研究的现实问题、历史背景、思想渊源及理论方法，在相互参照比较的基础上把握伊格尔顿及其他国外马克思主义者的理论特征，这不仅能有效推进国内学者对英国马克思主义的进一步分析和研究，同时也有利于促进国内理论界有关西方马克思主义研究的深入化发展，并以这种研究来反思我们在马克思主义理论研究方面取得的成绩及其不足，可以大大丰富和发展马克思主义理论。

此外，通过分析伊格尔顿的文本著作，还能够深入探讨一些当代马克思主义理论与当代西方发达资本主义国家的社会主义实践如何结合的问题。比如：在像英国这样的发达资本主义国家如何开展社会主义运动，怎样普及大众文化使普通民众参与到文化生活当中，社会主义运动的前途和命运如何，所凭借的力量是什么，民族国家问题何以可能，"脱欧"意味着英国往何处去等诸如此类的现实问题，伊格尔顿对于这些问题不懈的探索和妙趣横生的回答不仅有利于我们深入认识国外社会主义运动的发展情况，同样对于我国的社会主义现代化建设，尤其是新时代中国特色社会主义文化建设也具有较为重要的启示意义。

本书在对伊格尔顿自 20 世纪 70 年代以来所发表的重要著作和论文，包括一些未翻译的外文书评和访谈等材料进行详细解读的基础上，坚持"细察"的研究方法，从而尽可能全面地归纳总结其文化批判思想理论本质和哲学意蕴，在结构系统性、逻辑周延性和体系完整性方面对其加以哲学的阐释。力图从中梳理和汲取文化批判理论的思想脉络、研究路径、理论特征，揭示其思想所要倡导和达到的理论本质与政治目标。

第一，阐明伊格尔顿文化批判思想产生的理论背景和社会背景：英国本土文化传统是伊格尔顿文化批判思想的源泉，马克思主义理论是伊格尔顿文化批判思想的理论土壤，而英国的社会实践运动则是伊格尔顿文化批判思想的社会基础和现实资源。第二，论述了伊格尔顿的文化批判思想的主要内容，分为意识形态批判理论、文本批判理论和审美批判理论，意识形态理论主要从分析意识形态内涵的语境与维度，文本生产的意识形态化和审美意识形态三个部分进行说明，整体上把握伊格尔顿的意识形态思想的内容。第三，文本批判理论部分是在把握伊格尔顿意识形态思想的基础上，对伊格尔顿的文本批判理论进行分析和研究，揭示其文本批判思想的建构及其内容，重点挖掘伊格尔顿关于文学文本生产与意识形态生产之间关系的观点，突出其"修辞学"批评作为一种科学批评的主要特征。第四，审美批判理论分析旨在寻求达到人的真正解放目的的理论基础，对一些趋向于宗教神秘主义、后现代主义等幻象式样的想法加以毫不留情的批判和评价。第五，在深入把握伊格尔顿文化批判思想的前提下，揭示其理论价值及不足之处（经济因素薄弱、理论建构逻辑不严谨、前后论证态度有出入等方面），综合以上内容，对伊格尔顿的文化批判思想进行整体性的客观阐释。

总结和概括伊格尔顿文化批判思想的研究路径和理论特征是本书的一大重点，这一内容直接关系到对于伊格尔顿文化批判思想的整体性理解。概括伊格尔顿关于意识形态的规定及其论证，是伊格尔顿文化批判理论的核心，也是本书着力重点研究的对象，正确分析和理解伊格尔顿关于意识形态理论的构建和说明，是全面把握伊格尔顿文化批判思想的关键。此外，将伊格尔顿在文学、社会学、政治学、伦理学以及美学等各领域的思想加以有效整合，再与同时代的其他哲学思潮进行对比分析从而归纳出其思想本质也是本书的重点。

本书力图深入探寻伊格尔顿在唯物史观基础上的整体主义思想脉络，伊格尔顿的文化批判思想是一个内在的理论系统，在唯物史观的基础上对于意识形态和文学文本批判理论的分析都具有内在的一致性，体现出整体主义的思维范式，本文在深入分析伊格尔顿文化批判思想的基础上，揭示了这一整体性的思维方式。

从伊格尔顿倡导的文化多元性立场彰显其独特的"修辞学"批评是一种真正意义上理想的、科学的政治批评方法，是对马克思主义思想中辩证法和实践哲学的坚持。伊格尔顿的修辞学批评本质上是一种意识形态的政治批评，突出了文学批评的政治性效果，而且这种效果随着社会历史条件的改变而变化。本书通过考察修辞学批评产生的逻辑脉络和理论目标，揭示了修辞学批评的马克思主义思想底蕴，即唯物辩证法和实践观点。阐明伊格尔顿"人的解放"思想，即塑造一种"全新的社会主义主体"的设想，寻求社会发展的真正动力，从而达到马克思主义哲学思想的终极目标即人的全面解放。本书在分析伊格尔顿关于意识形态功能和后现代主义批判的基础上，揭示了伊格尔顿人的解放思想与马克思主义人的解放的内在关联，并坚持马克思主义基本观点，对伊格尔顿塑造"全新的社会主义主体"的设想进行了分析和界定。

总之，本书试图打破国内外学界对特里·伊格尔顿思想研究的思维定势，不能仅仅把他局限为一个文化批评家、文学理论家或文化学者来研究和分析，而是要将他作为一个马克思主义理论的思想家来全面理解。本书旨在较为系统全面地从文化哲学角度对伊格尔顿文化批判思想，尤其是以意识形态理论为特色的思想建构作出界定和剖析，总结他的文化批判思想的整体性、社会性、实践性和革命性特征，并探究当前西方资本主义社会发展的基本动力和社会主义运动的主要依靠力量，从而丰富和发展马克思主义的意识形态及其他相关理论。

第一章 | 伊格尔顿文化批判思想的背景

　　第二次世界大战以来，西方资本主义社会在取得巨大物质财富成为"生产资料过剩的时代"的同时，也陷入了深刻的社会危机之中，其中文化危机日益凸显。发生在老牌资本主义国家英国的文化危机便具有典型性，主要表现为传统精英文化或现代主义文化的衰弱、无产阶级文化的兴起以及误读和商品文化的侵蚀。面对日益严重的文化危机，英国马克思主义者没有选择回避，也没有因循照搬法兰克福学派的思路，而是积极直面现状，运用新的思维方式去深入分析文化危机形成的原因及其特征，以期寻求一条更加合理的解决途径，伊格尔顿也延循这样一条路径来架构他的文化批判思想。

　　伊格尔顿 1992 年 11 月 27 日在牛津大学沃顿英

文教授的就职仪式上做的演讲主题就是"当代文化的危机"（The Crisis of Contemporary Culture：An Inaugural Lecture），他对前人理论成果采取兼收并蓄、融会贯通的方式，逐渐形成了其文化批判思想，其中英国的本土文化传统是其思想源泉，经典马克思主义理论是其理论基点，而现实的社会政治运动则是其期望实践的途径，这些理论背景和社会背景都构成了伊格尔顿文化批判思想的场域。

一、哲学传统

作为一名英国知识分子，伊格尔顿深受英国本土文化传统的影响，可以说，英国的本土文化传统是伊格尔顿思想理论的底蕴，其中，经验主义的文化研究传统、民族志的研究方法和英格兰—爱尔兰文化批判传统等对伊格尔顿文化批判思想的影响尤其深远。

（一）经验主义

伊格尔顿文化批判思想深受英国马克思主义理论的影响，而英国马克思主义是马克思主义在英国本土化的理论产物，因此受到英国经验主义思维方式的影响，具有很强的经验主义特色，这一点深刻影响了伊格尔顿的文化批判思想，所以，尽管伊格尔顿的文化批判思想也受到欧陆结构主义的影响，但这并不妨碍其思想具有浓厚的英国本土经验主义因素。

经验主义（Empiricism）①，通常指相信现代科学方法，主张通过实验研究而后进行理论归纳，反对进行单纯的逻辑推理，这种观点认为理论应建立在对于事物的观察之上，而不是靠直觉或迷信，直至今天，经验主义的方法还在影响自然科学，是自然科学研究方法的基础。它是英国哲学主要是英国近代哲学素有的理论传统，从 16 世纪中期到 18 世纪末期，弗朗西斯·培根、托马斯·霍布斯、约翰·洛克、乔治·贝克莱、大卫·休谟等哲学家都展现了英国的经验主义理论特色。

由于英国的哲学传统与热衷于构建形而上学体系的欧洲大陆哲学不同，英国哲学家并不是宏大体系的构造者。② 他们拒绝直接进行理论的演绎推理，也反对对理论进行单纯的逻辑证明，向来都"遵循着科学的经验研究方法，它以零碎的方式来处理大量细小的问题，当它确要提出某些一般性的原则时，它总要将它们验之于直接的经验证据。"③但是需要指出的是，精确客观的自然科学方法在一定层面上并不适合于考察人类的主体存在经验，知识来源于经验，但是这种经验的含义较为复杂，是人主体的总体性经验，而不同于单纯的感性经验，后者是偶然的、或然的，具有不确定的因素和特征，而前者主要标榜必然、精确，强调必然性和普遍性，所以经验主义所说的经验与感性经验的含义是不同的。

关于经验主义的传统，许多英国马克思主义者学术生涯初始都是

---

① 经验主义一词原本意指古希腊医生的经验，拒绝一味接受宗教教条，而是依照所观察到的现象为分析依据。经验主义在英国较为流行，17 世纪，英国人洛克系统性的阐述了这一观点。洛克主张人的心志原本是一块白板，经验注记其上，这种主义否定了人拥有与生俱来的知识或不用借经验就可以获得的知识的观点。

② ［英］索利：《英国哲学史》，段德智译，304 页，济南，山东人民出版社，1992。

③ 彭越、陈立胜：《西方哲学初步》，198 页，广州，广东人民出版社，1999。

文学理论家、文化批评家、历史学家和社会学家，他们研究的对象几乎都带有很强的民族地域性，从本国特定时期的文学作品和历史背景入手，细读文本和分析当时社会发展情况，在研究范式和路径上都带有鲜明的经验主义特征，这与欧洲大陆的理性主义倾向形成了鲜明对照。

英国马克思主义通常以文本细读、经验观察为基本方法进行理论探讨，这种独特而浓郁的经验主义学术气质直接影响了伊格尔顿学术研究的路径与方法。他极为重视英国民族自身的思维习惯与文化习惯，在其理论建构和论述中，伊格尔顿"并没有从理论到理论地进行某种教条式的演绎"[①]，而是注重对于社会现实问题的分析与研究，并得出结论，因此，英国的经验主义与伊格尔顿一贯坚持的文化研究自然而然地相互交融在一起，这也体现在伊格尔顿对于现代性问题的研究上。

发源于英国中部地区的西方工业革命（The Industrial Revolution），又称产业革命，改变了社会生产方式，直接影响了世界历史进程，科技革命、生产效率、社会经济得到迅速的提升和发展，开创了属于"机器的时代"，大大促进了社会生产力的发展。马克思乐观地评价："资产阶级在它的不到一百年的阶级统治中所创造的生产力，比过去一切世代创造的全部生产力还要多，还要大。""过去哪一个世纪能够料想到有这样的生产力潜伏在社会劳动里呢?"[②]

然而，现代工业发展所带来的不单单是物质生活水平的提高，与此

---

① ［英］E. P. 汤普森：《英国工人阶级的形成》，钱乘旦等译，1000 页，南京，译林出版社，2001。

② 《马克思恩格斯选集》，第 1 卷，256 页，北京，人民出版社，1972。

同时，一系列尖锐直接的社会问题也应运而生，现代西方社会危机开始
暂露头角并在以后逐渐扩展开来。现代技术的革新导致现代传播媒介的
产生，继而含有内在商业潜质的文化工业兴起，标志着当代西方社会
文化危机的开始，对传统人文精神和艺术造成猛烈的冲击。在文化工
业的冲击之下，商品逻辑成为一切文化行为的至上准则，机器文明引
发的社会和文化危机同时也影响到人们的心理，本质上这是资本主义
生产方式对个体生存及发展的强迫制约。对此马克思认为："'机械发
明'，它引起'生产方式上的改变'，并且由此引起生产关系上的改变，
因此引起社会关系上的改变，'并且归根到底'引起'工人的生活方式
上'的改变。"①

　　以上所阐述的当代西方社会的社会危机、文化危机、心理危机集体
构成了"现代性危机"，产生的主要现实原因就是物质生产过度发达，理
论缘由则归结于现代性本身的重重矛盾。面对这样的境况，西方学者开
始思考如何克服摆脱这种现代性危机的解决途径。"伯明翰大学当代文
化研究中心"（CCCS）根据自己的特殊情况逐渐研究和拓展出一条崭新的
道路，不用坚持非要推翻打碎资本主义制度，在社会现实中培养、发
现、构建一种新文化，而是从文化层面的抵抗来出发解决现代性社会危
机。他们拒绝欧洲大陆理论的普遍适用性和抽象性，反对把这种外来的
思维方式和理论观点强加于英国的特殊性之上，主张应该以英国的本土
思维方式为主，强调本土化的文化传统。这种情形下，"伯明翰学派"秉
承英国经验主义的立场、观点和方法，强调英国自身所具有的特殊性即

　　① 《马克思恩格斯全集》，第 47 卷，501 页，北京，人民出版社，1979。

英国的历史文化传统以及当前的社会状况①，结合马克思主义的相关理论和方法，从当时的实际出发，去发现社会矛盾和文化问题，总结经验教训，进行理论归纳，并在实践中加以验证和说明。

英国的经验主义认为一切理论包括文学理论应建立在对于事物的观察和研究的基础之上，而不是所谓的信仰、直觉或迷信。对于文学而言，则主张通过阅读实践结合读者的情感结构来获得文学知识、感受文学美感，英国的文化研究学派从其创立之初就很好地坚持了这种方法论原则。

文化研究在 20 世纪 50 年代重新崛起于英国社会科学研究领域，首先要归功于尊重经验主义传统的利维斯主义者，而"有机共同体"(Organic Community)文化这样一种存在于工业革命前的文化典范则备受他们推崇。贝内特曾指出："从西方来看，利维斯主义者们所做的工作具有非常重要的开创性意义。"②利维斯创办的《细绎》(Scrutiny)杂志是他们的主要阵地，团队成员发展了所谓"实践批评"(Practical Criticism)的方法，它通过具体的分析来细查文本，探寻文本的建构，剖析作者的感

---

①　第二次世界大战后英国社会的稳定使得经济全面复苏，出现了"婴儿潮"生育高峰，以工人阶级为代表的平民阶层人口数量迅速壮大。工人和平民为战争的胜利作出了不可磨灭的贡献和牺牲，使得当时政府也清醒地认识到，工业是西方社会的经济支柱，这样就导致工人以及平民的社会地位有所提高。战争在一定程度上也锻炼了英国民众，增强了他们之间的凝聚力，为了正义和生存不受法西斯主义的威胁，他们自觉组织起来反抗其暴行。随着战后社会地位的提高和物质生活的丰富，以往只有社会上层的精英所接受的教育也日趋平民化，1963 年英国颁布《罗宾斯报告》，将教育分成大学教育和公共高等教育(成人教育)，开始推行高等教育的"双重制"，大学教育培养的主要是学术理论型人才，公共高等教育则面向民众培养专业应用型人才。

②　Tony Benne，Popular Cultural U203，*Popular culture*：*Main body and argument*，Milton Keynes：Open University Publishing House，1982，p. 5.

情结构以及当时的社会历史环境对其感情结构的影响，在广泛的社会现实和历史语境中充分考量文本的内涵和意义。

"伯明翰学派"①的两位奠基人开始尝试改写英国的精英文化传统。霍加特在《识字的用途》中提倡作家们应该走出禁锢的象牙塔，关注大众文化和大众的社会经验以及情感结构，走向大众生活才能使得自己的创作源泉不至于枯竭。威廉斯将文化研究的领域拓展到大众和通俗文化中来，进而形成"文化唯物主义"这一具有英国特色和深远意义的理论，真正地从文化的角度对社会开始进行批判分析，探究了文化与社会因素以及感觉结构的内在关系，提出走向"共同文化"的美好愿景，拓展了带有经验主义特征的文化理论领域。

---

① 以往历史中那种忽视甚至鄙视平民阶层文化的英国传统文化主义，在当时已经暴露出远离现实、玄虚空洞、不切实际的缺点，无法在普遍层面上来解决一些实际问题而饱受质疑。而广大民众也希望出现一种表达自己立场、维护他们利益、充分表征意识、情感及价值观、对抗现代性危机的理论，于是综有以上要求特点的马克思主义当仁不让地成为历史的选择。"伯明翰学派"的学者大多出身平民阶层和工人阶级家庭，与马克思主义有着天然的亲近，当时社会发展趋于稳定，经济蓬勃发展，资本主义制度并没表现短期消亡的征兆，暴力革命推翻资本主义制度的道路在他们看来之草率，1956年苏联入侵的"匈牙利事件"和英法侵占苏伊士运河两个历史事件对此作了有效的注解。显然，这样的暴力性侵略是斯大林主义和帝国主义在操作层面上的共性，因而必须质疑并驳斥苏联马克思主义暴力革命理论。

1960年著名的《查泰来夫人的情人》出版一案由理查德·霍加德出庭作证，企鹅出版社为了酬谢他在法庭上的精彩表现便捐赠了一笔资金给他，四年后这笔钱派上用场。1964年，英国伯明翰大学成立"当代文化研究中心"（The Center for Contemporary Cultural Studies），理查德·霍加特成为第一任所长，从此"伯明翰学派"呈烈火燎原式发展开来。"伯明翰学派"主要对第二次世界大战后英国社会出现的诸多文化问题进行深入思考，并提出一些相关的策略和建议，延续和革新了英国传统的文化主义，将文化研究以制度的形式固定了下来。20世纪80年代，中心与社会学专业合并建系，相当于重建了社会学和重构了文化研究的视域。

作为文化研究的重要代表人物，威廉斯注重以英国的经验主义方法来观察社会历史和文化问题，强调文化的物质性因素和感觉功能，其代表作《文化与社会》(1958)、《漫长的革命》(1961)，具有浓郁的经验主义气息。《漫长的革命》一书详尽地表述了英国近代工业革命以来社会变迁的那种渐进式革命，这种革命由工业化、民主化和文化变迁三个阶段组成，从而阐明文化以及感觉结构分析的意义和重要性。这两部著作开辟了社会视角下多语境诠释文化的方法，即文化研究的基本范式，也确立了威廉斯文化先行者的地位。"'文化'一词含义的发展，记录了人类对社会、经济以及政治生活中这些历史变迁所引起的一系列重要而持续的反应。"①

威廉斯认为，不同的文化情感结构构成"表意系统"，通过这个表意系统，文化去传达、再现、体验和探索社会秩序。如果能够发现这种情感结构，就能从整体上把握表意系统，从中阐明某种生活方式的意义和价值，发现共同的文化结构。这就从经验主义的基础上对文化及其变迁进行了考察，从而逐渐形成了其匠心独运的"文化唯物主义"思想。

"文化唯物主义"是"历史唯物主义之内一种关于物质的文化和文学生产的特殊理论。"②它注重语言自身的社会实际应用和其意义的历史变化，语言应该是一种"有活力的语言"和"语言的发展历史"。这表明人的社会活动应该与文化理论结合起来，与此同时，把社会实践转化为人类

---

① ［英］雷蒙德·威廉斯：《文化与社会》，吴松江、张文定译，330 页，北京，北京大学出版社，1991。

② Raymond Williams, *Marxism and Literature*, Oxford: Oxford University Press, 1977, p. 5.

活动的共同形式，其实这也是一种社会实践相互作用的理论，具有强烈的创新精神。"文化唯物主义"一方面强调"语言的发展历史"和一种"有活力的语言"，另一方面重视有生产性和时代性特点的"感觉结构"。伊格尔顿觉得这个内含矛盾的概念准确地捕捉到文化的恒定和易变两种特质，这一概念"富有想象力地为客观与情感配对，是试图商讨文化之双重性——同时作为物质现实和体验过的经验——的一种方式"①。实际上，这种强调语言与感觉结构的关联以及对于它们关系进行细致考察的理路，充分体现出英国经验主义的特征和影响。

威廉斯在《文化与社会》一书中解释了文化的四种意义："作为个体的思考习惯、作为全社会的智力发展状况、作为艺术和作为一个人群的整体生活方式。"②伊格尔顿承接其师的思想，认为文化观念是极其复杂的，在不同的时刻其含义也会发生变化，"在不同的时候将文化界定为一种完美的标准、一种思维习惯、艺术、一般的智力发展、一种整体生活方式、一个表意系统、一种情感结构、生活方式中各要素的相互关系以及从经济生产和家庭到政治机构的所有一切"③。这一界定将文化扩展到社会的诸多方面，大大突破了原有文化观念的束缚。

威廉斯认为"文学"（Literature）一词因经历太多的话语演变而变得语义混淆难解，拉丁文 Littera 可是其最早词源，原义为"字母"（Letter），

---

① ［英］特里·伊格尔顿：《文化的观念》，方杰译，41 页，南京，南京大学出版社，2003。

② ［英］雷蒙德·威廉斯：《文化与社会》，吴松江、张文定译，16 页，北京，北京大学出版社，1991。

③ ［英］特里·伊格尔顿：《文化的观念》，方杰译，41 页，南京，南京大学出版社，2003。

它出现在 14 世纪的英文中，意思是"通过阅读得到高雅的知识"。培根指出，从 14—15 世纪起，"文学"（Literature）这一词语表示的内容就是"博览群书"，而威廉斯则认定"文学"（Literature）的含义主要与现代阅读（Literacy）的内容具有一致性，超越了阅读知识和阅读能力从而体现包含着想象力、交流和品味的主体关系。其中也包含着阅读主体对于作品的情感体验和理解认知，培根认为这是后天培养的一种感觉和思维结果，是对文学所蕴含的社会意义和作者情感倾向的解读和感受，而这种感受和认知都是在反复阅读的基础上，结合自身的感觉结构而形成的，鲜明地体现出英国传统经验主义认识论的影响。

马克思曾想构建一种丰富的文化理论，但最终未获得成功，是因为他"明于自制，限制那种他显然认为是将他的政治、经济、历史的结论过分热心地、机械地移用到其他领域中的做法"①。当然，"这并非说马克思对这些结论做重大的扩展或对于充实他自己的文化理论缺乏信心。问题在于，他的远见卓识使他认识到这个问题的困难性与复杂性以及他实事求是的立身行事准则"②。所以，威廉斯强调："一种马克思主义的文化理论应充分估计多样性与复杂性，应考虑到变革的延续性，考虑到或然性以及某些有限的自律领域。"③

这里的多样性与复杂性，就是文化和文学文本本身所蕴含的社会历史背景和当时社会的感觉结构以及心理特征，自律领域以及延续性则强

---

① ［英］雷蒙德·威廉斯：《文化与社会》，吴松江、张文定译，339 页，北京，北京大学出版社，1991。
② 同上书，339 页。
③ 同上书，343 页。

调文化的发展具有自己的客观性过程。因此，文化研究必须要考虑文化背后的社会历史要素和感觉结构因素，进而总结和发现规律，不能只从文学和文化本身的形式出发，按照所谓的文学规律考察演绎文化和文学的本质。威廉斯这种强调经验主义，拒绝理性主义方法的做法，直接地启发了伊格尔顿走向属于自己批评风格的道路。

(二)归纳主义

"伯明翰学派"为文化研究初步设计了理论出发点："什么是文化"，并在对这个问题的思考中拟定了基本的研究框架：理论层面带动实践层面，然后由实践层面再验证理论层面的正确性。这一研究框架从文化理论研究出发，用研究成果去证明和解释现实中出现的社会现象以及遇到的文化问题，再用现实中的文化实践问题来反证文化理论，这样就提供一种具有英国特色的研究方法，即民族志①的研究方法，实际上它的本质是一种归纳主义的方法。

---

① 民族志(Ethnography)发端于 15 世纪晚近，隶属于人类学研究方法的一种，最初是探险者、传教士和各国早期的殖民者用以描述各地陌生文化习俗的方法。这一研究方法主张学者与研究对象处于平等自由的位置，然后开始进行对话和交流，意图在于真实客观深入地呈现该地区的文化状态，强调研究结果对社会现实问题的实际作用，这种理想恰恰是"伯明翰学派"一直以来鼎力追求的目标。随着时代、技术、生活以及研究方式的变迁，从强调学科的规范性，到对当时当地文化进行真实理解，逐渐到用他者自我的声音将文化表达出来的境界，从而形成一种合作发展的文本形式，慢慢发展出的"浅描""深描""后现代主义"三个阶段。它的最终目的是主张研究对象与文本作者进行主动对话，激发人类的想象力，进一步淡化"浅描"阶段对象的宏大叙事，由陈述转向共同合作，其实这种"民族志"的研究方法也是后来"伯明翰学派"提倡的"共同文化"的一种早期形式，实际上，这是一种归纳主义的方法，通过不同事件的考察，来得出结论，并进一步应用于社会现实之中。

霍加特和威廉斯作为"伯明翰学派"的开山鼻祖，也是最早运用民族志研究方法的代表人物。霍加特的《识字的用途》一书被认为是民族志研究的典型范本，它通过继承英国的经验主义传统，对其研究对象——工人阶级的生活——做了全面细致的记录，具体生动地描写了早期工人社区及第二次世界大战后工人阶级的生活环境、交往方式、娱乐活动、福利制度、人际关系等方方面面，最后对这些方面进行归纳和总结，得出自己的理论观点。

威廉斯采用的则是一种"非典型"性的归纳主义研究方法，他的《阅读与批评》《从易普生到艾略特的戏剧》等早期作品虽然还属于文学研究的范畴，但是民族志的方法已经初现端倪。到《漫长的革命》一书，他通过仔细梳理社会历史轨迹、分析文化文本和社会生活现象，努力深入地呈现某几个阶级的文化状态，论述不同的文化观念，最后总结它们的异同之处，得出结论，这样就与归纳主义研究不约而同地达到默契。

E. P. 汤普森也尝试采用归纳主义的研究方法，在其代表作《英国工人阶级的形成》一书中，他首先考察 18 世纪英国工人阶级在工业革命中通过成立政治组织，如伦敦通讯会，来争取自由的传统，并展示该传统在法国雅各宾派改革骚动中所起到出乎意料的作用，然后描述这一时期各个行业、阶层工人的生活状况，最后分析的是各个工人集团之间筹划的反抗活动，细致入微地刻画了一些代表性工人领袖的行动特征，通过事件总结和理论归纳，真正做到对当时阶级觉悟和政治理论的反思。

综上所述，无论是陈述平民日常的生活经验，还是将平民生活的描述植入文字性的经验，"伯明翰学派"的代表人物最终目的不只是描述，而是向我们揭示这些背后的普适性问题，从方法论意义上证明他们不是用逻辑推理而是用经验分析和事例归纳的方式建立了文化观念。

归纳主义的研究方法贯穿于"伯明翰学派"始终，这也是因为该学派理论观念上深受英国经验主义传统的影响，这一数百年来的积淀传统约定俗成地形成了一种学术规范。这种规范不仅体现在理论上，而且在研究方法上更加重视地区和阶级实践，强调实证而不特别关注逻辑推演和概念思辨。该学派在民族志研究的实证材料上展开对文化的思考，也与该学派主要代表人物的人生经历密切关联，他们对工人阶级、平民阶层怀有一种感同身受的潜在情感，在现实中表现为对文化和社会有经验性、生活性的理解，这与归纳主义文学研究那种通过体验取证写作，真实表现工人社区生活的构想在某种程度上不谋而合。

虽然主要他们采用的是"深描"法，但是该学派后期的代表人物约翰·费斯克、戴维·莫利还是结合时代的变化，进一步调整和创新，开始逐渐运用"后现代主义"的民族志研究方法，对出现的关于文化传播的问题作了进一步深层次归纳总结和合理解释。

归纳主义的研究方法在一定程度上是解决文化研究问题的较好途径，但并不是一种完美无暇的方法，因为它在记录和写作时面对各种纷繁复杂的经验，需要以铺陈罗列大量感性经验为前提，而理论出发点仅仅在于作者自身对该经验的阐释理解，这种解释的缺陷受作者主观因素影响太大，因而出现或偏颇、或肤浅的理解，无疑会影响论证的深度和严谨性。"伯明翰学派"后期的代表人物开始意识到这一问题，他们进一步用理论论证来统摄和规范民族志研究途径，从而使民族志写作的经验感悟与严谨细致的理论推演相得益彰，在一定程度上弥补了前辈学者们一些研究方法上的不足。[①]

　　在归纳主义的研究方法中，值得一提的是伊格尔顿"英格兰—爱尔兰"文化批判思路，这种文化批判既是民族研究的一个典型案例，又是对西方殖民主义的一种抗争与反叛。随着资本主义的发展和民族文化冲突的加剧，阶级和民族问题成为当前学术研究的重要课题。在归纳主义研究方法的影响之下，伊格尔顿巧妙地将这两个问题结合起来，以研究爱尔兰文化为基础来深入阐述当今资本主义国家，特别是英国的阶级问题、民族和国家问题及其之间的关联，"民族主义就像阶级一样。拥有它，感觉它，是结束它的唯一方法。如果你不能对它有所坚持，或者过早地放弃了它，那么你只会受到其他阶级的欺骗"[②]。另外，英国和爱尔兰的历史渊源与纠葛也是伊格尔顿关注的重要问题，他认为英国总是用抽象的民族性特征来掩盖对于爱尔兰人民的殖民统治及阶级压迫，由此，伊格尔顿探讨了现代化过程中民族国家的存在现状，强调了民族的差异性和整个社会历史发展的多元性，进而深度批判了西方中心主义的意识形态。

　　"西方中心论"主要是用西方社会结构系统的演变来审视和规定现代化进程的论调，强调西方资本主义社会依靠科学技术的进步从而在人类历史发展中起到的领头作用，忽视了民族文化传统在社会历史发展中的

---

　　① 　杨东篱：《伯明翰学派的文化观念和通俗文化理论研究》，10 页，济南，山东大学出版社，2001。

　　② 　Terry Eagleton, Stephen Regan：*The Eagleton Reader*，Blackwell Publishers Ltd，1998，p. 359.

作用，这是一种典型的线性历史观。作为爱尔兰后裔，伊格尔顿对自己的爱尔兰工人阶级身份一直较为敏感和认同，从对王尔德、叶芝和希尼等人作品的分析中，归纳这些民族文学家的反抗精神和理论特征，来阐释爱尔兰传统文化在英国殖民权力压迫之下的曲折发展，在对爱尔兰民族文化深入研究的基础上深化了其文化批判理论。

二、理论渊源

马克思和恩格斯都曾长期在英国生活，英国社会的政治经济文化发展为马克思和恩格斯的理论创造提供了现实的案例，这说明马克思主义与英国具有极深的渊源。马克思和恩格斯都去世后，马克思主义在英国也获得了一定程度的传播与发展，1956 年英国马克思主义的发展出现了巨大转折。这一转折是由对斯大林主义的全面深入批判引发的，在对斯大林主义和苏联社会主义理论的批判之后，英国马克思主义者引入并借鉴了西方马克思主义的理论观点，并在结合英国传统经验主义和分析具体问题的基础上，对西方马克思主义进行了理论的改造。

此外，英国马克思主义者积极从欧洲大陆寻找新的理论资源，其中《新左派评论》作为一个学术交流平台起了重大的作用，"如果没有《新左派评论》在 20 世纪 60 年代末和 70 年代所开展的大规模的欧洲大陆作品的翻译工程，文化研究就不会发生"①。西方马克思主义理论对英国马克思主义者同样也产生了巨大的影响，解决了他们在面对现实问题时的理论匮乏，"一系列令人困惑的理论剧变，表现为对一个接一个的大陆理论家的同化和熟悉"②。随着对西方马克思主义理论的了解，英国马克思主义理论也开始走上了自己独立的发展之路。

　　阿尔都塞的结构主义马克思主义思想也深深影响了英国的马克思主义理论者，甚至伯明翰当代文化研究中心的"研究路径被不可挽回地改变了。中心的理论家们既拒绝了汤普森将经验与意识形态对立起来的观点，也拒绝了威廉斯认为特定文化能被经验和意识形态双重推动，它是仅仅能从理论上被解决的关系"③。出现这种现象是因为"为了使马克思主义符合现实条件，我们需要一个全新的观念，阿尔都塞的著作指出了一条通往这种科学的马克思主义的路径"④。从这一点就可以看出当时英国马克思主义者对于阿尔都塞的理论的接受程度和评价。

　　①　Stuart Hall，*The Emergence of Cultural Studies and the Crisis of the Humanities*，The Humanities as Social Technology，1990，p. 16.

　　②　［美］丹尼斯·德沃金：《文化马克思主义在战后的英国》，李凤丹译，193 页，北京，人民出版社，2008。

　　③　同上书，203 页。

　　④　Ben Brewster，*Presentation of Althusser*，New Left Review，1967，p. 14.

(一)英国新左派的基本理念

"新左派运动"①是发源于 20 世纪 50 年代后期的思潮，是"旨在开辟理论——政治空间、寻求斯大林主义和社会民主主义的替代选择的努力"。"这股思潮在空间上，它延伸到了西欧和东欧，美国以及更广阔的地域，在时间上，经 1968 年法国学生运动的推波助澜至少持续到了 70 年代中期。"②这股思想浪潮与当时社会上"反传统""反现代文明"等倾向不约而同地结合起来，吸引了包括教师、学者、思想家、艺术家、学生、文艺工作者等在内的一大批知识分子，它代表了一种打破固有文化

①　1956 年 2 月 24 日，赫鲁晓夫在苏共二十大实际已经闭幕的同时，做了"关于个人崇拜及其后果"的秘密报告，斯大林遭到严厉的诘难和批评，三个月后这份秘密报告传到西方，引起了知识界的强烈地震。同年十月"匈牙利事件"和英法出兵侵占苏伊士运河，工党理论家克里斯兰出版了驳斥修正主义的著作——《社会主义的未来》，在理论上给予英国共产党致命一击，引发亲工党的左派知识分子大规模的退党风潮，接近五分之一的党员退出苏共。因此，全英国各地纷纷出现许多反省传统左派(工党和共产党)思想缺陷的团体，他们开始寻求一种符合本国国情的马克思主义理论，来消除苏联共产党对英国政治的影响，探寻实现社会主义的所谓"第三条道路"，就此，英国新左派蓬勃兴起。爱德华·汤普森、雷蒙德·威廉斯、斯图亚特·霍尔、拉斐尔·萨缪尔、拉尔夫·密里本德、约翰·塞维尔等知识分子共同创办了两份杂志，《新理性主义者》(*The New Reasoner*)和《大学与左派评论》(*Universities and Left Review*)，这两份带有激进风格的杂志于 1961 年合并为《新左派评论》(*New Left Review*)，它对文化政治的特别关注，所以成为英国"新左派"的前沿阵地，直接地推进了英国文化研究的迅速发展。他们的大部分工作就是"出版和讨论德国、法国、意大利最杰出的西方马克思主义理论家的著作，它在这方面的工作在英国常为先驱。这项计划有条不紊地进行到 20 世纪 70 年代初才告结束。"玛格丽特·撒切尔代表的保守党的上台，强势推行"撒切尔主义"，英国资本主义仿佛在一夜之间又焕发生机，在英国和平实现社会主义重新变得遥遥无期，严重地侵蚀了"新左派运动"的实践基础，这场第二次世界大战后英国最重要的思想浪潮终究不可避免地走向落寞和终结。

②　张亮编：《英国新左派思想家》，3 页，南京，江苏人民出版社，2010。

价值的"革命冲动","20 世纪 60 年代的标记就是政治和文化的激进主义……重点不放在思想内容上,而偏重气质和情绪"①,"正是在这一意义上,'独立'马克思主义或'新马克思主义',以其与官方共产主义的决裂,为自己确立通向马克思主义内部替代性传统的新方向,或者说是马克思主义思想的一个新起点"。这次运动思潮对当时人们的思想产生了很大的影响。

与此同时,受当时"新左派运动"的影响,在英国开始涌现出一批新左派思想家,他们在人文社会科学领域中不断探索,结出了丰硕的成果,不仅从根本上改变了英国缺乏原创性马克思主义理论著作上"理论的贫困"②局面,而且逐渐形成了一个与欧洲大陆哲学(主要以德法两国为代表)相比肩的学术重镇。英国新左派更愿意将马克思主义作为一种解决问题的方式方法在实践中进行检验。通过分布在历史学、文学、阶级理论、技术批判等具体学科或具体问题的学术研究中进行理论创新,通过具体细微的研究来展现自己的思想。但由于其注重政治表达效力,忽略经济基础的决定性作用等理论缺陷,在进行学术创新的同时也造成了英国马克思主义缺乏成体系的理论建构,缺少哲学的抽象表达的困境。这种困境一定程度上与第一代新左派学者的成长环境和他们所从事的工作密切相关。

"英国新左派"就其发起者和主要人物的生平及成长背景,可分为第一代新左派(也有人叫"老左派")和第二代新左派。前者的主要代表人物

---

① [美]丹尼尔·贝尔:《资本主义的文化矛盾》,赵一凡等译,171 页,北京,生活·读书·新知三联书店,1989。

② E. P. 汤普森有本同名著作《理论的贫困》。

以"伯明翰学派"前期成员为主，后者的重要标志性人物有佩里·安德森和汤姆·奈恩。① 20 世纪 60 年代以前，这两代新左派学者是并肩战斗的，共同批判英国资本主义的社会矛盾与文化问题，推进马克思主义理论的本土化发展。1961 年，工党右派上台执政，英国社会的政治和经济状况出现了较大的变动，两代新左派之间开始产生矛盾，并于 1962 年正式分裂，双方由合作的战友关系转变为理论上互相批判的反对关系。

《新左派评论》作为一个学术交流平台起了重大的作用，"如果没有《新左派评论》在 20 世纪 60 年代末和 70 年代所开展的大规模的欧洲大陆作品的翻译工程，文化研究就不会发生"②。西方马克思主义理论对英国马克思主义者产生了巨大的影响，解决了他们在面对现实问题时的理论匮乏，"一系列令人困惑的理论剧变，表现为对一个接一个的大陆理论家的同化和熟悉"③。

通过《新左派评论》和大量译介欧陆的马克思主义思想，第二代新左派找到了支撑他们理论谱系的主要源泉，即阿尔都塞"结构主义马克思主义"的思想，这一思想被视为一种"政治的标识"④而得到广泛传播和大肆宣扬，这一方法论上的创新，将英国文化批评理论的研究真正推向

---

① 学界还有一种观点把伊格尔顿归于"第二代新左派"的阵营。

② Stuart Hall, *The Emergence of Cultural Studies and the Crisis of the Humanities*, The Humanities as Social Technology, 1990, p.16.

③ ［美］丹尼斯·德沃金：《文化马克思主义在战后的英国》，李凤丹译，193 页，北京，人民出版社，2008。

④ 徐贲：《走向后现代与后殖民》，114—126 页，北京，中国社会科学出版社，1996。

一个新的高峰。第二代新左派由此扬弃和批判第一代新左派所提倡的具有浓郁的经验主义色彩的"文化马克思主义"①。伊格尔顿在当时也同样看重阿尔都塞思想中的积极政治姿态以及对于现实的介入力量（主要关注"质询"和"召唤"的政治功效），他将这两方面作为理论切入点与英国自由人本主义标出清晰的界限。伊格尔顿于1976年出版的《批评与意识形态》和《马克思主义与文学批评》两书都深深地打上了阿尔都塞思想特征的烙印。

1962年5月，佩里·安德森接任《新左派评论》主编一职，提出"安德森—奈恩论题"②，这一论题主要围绕"土地贵族依旧统治英国的事实"，"革命的意识形态如何形成"，"缺乏马克思主义革命理论指导的革命传统"，"英国能否实现社会主义的关键所在"四个论题进行阐释和诘问，寻找英国出现危机的原因以及英国至今仍是贵族统治的国家的理由，对英国的历史发展以及未来社会走向作出了结构性分析。第二代新左派学者阐述了自己对于英国民族特色和本土问题的看法，对第一代新左派的理论观点进行了毫不留情的严苛批判，使得两代新左派之争的大幕就此拉开，他们热切期待理论与工人运动的紧密结合，认为这才是走

---

　　①　文化马克思主义认为文化在本质上是实践的产物，是不同的生活方式相互斗争的结果，在这种斗争中，英国工人阶级以文化的方式实现了自我生成，并自主生产出了自己的阶级意识。文化马克思主义坚信英国工人阶级的革命传统能够通过适当的教育引导而焕发出来，从而推动社会主义革命获得成功；英国具有良好的马克思主义和社会主义传统，再发现与重申这种传统是当代英国马克思主义者的历史使命。

　　②　"安德森—奈恩论题"认为英国能否实现社会主义的关键已不在于英国工人阶级，甚至不在于英国自身，这个论题彻底否定英国能够凭借自身力量和平实现社会主义的判断。

向社会主义的必由路径。

1978 年汤普森出版《理论的贫困》一书，高扬英国本土文化观点，对欧陆文化传统进行批判，借此对第二代新左派"结构主义马克思主义"发动猛烈的反击。汤普森在坚持人道主义的社会主义的立场上，从历史学的角度对"安德森—奈恩论题"展开了有力的回应，他认为安德森和奈恩将双元革命（工业革命和法国大革命）之一的法国大革命作为标准来衡量英国的历史，尤其是 17 世纪的英国革命和资本主义发展历史难免有失偏颇。在他的视域中，英国资本主义历史演变的特殊性决定了自身在意识形态上的特殊性，在意识形态领域同样不能简单地用法国或者其他欧洲大陆国家的思想来衡量英国的意识形态。从 19 世纪 80 年代开始，以威廉·莫利斯为代表的英国社会主义活动家便开始将马克思主义与英国的传统文化相结合，开始了马克思主义在英国的本土化过程，并将这种思想在工人阶级内部进行宣传，试图影响工人阶级的意识，在此意义上英国并不缺少马克思主义理论的传统。虽然相比于十月革命英国选择的是和平的议会斗争方式，但议会斗争并不意味它的革命性微不足道，相反，对于英国自身历史而言恰恰是一种具有可操作性的革命道路。

汤普森通过对"安德森—奈恩论题"的回应表明了自己的立场，以"西方马克思主义"为范本来认真对待构建英国自己的马克思主义思想体系这一问题，并最终形成了第一代新左派所持有的人道主义马克思主义思想，与此同时，和它针锋相对的结构主义马克思主义也在蓬勃发展，这两代新左派代表人物各抒己见，展现了英国学术的繁荣景象。

在这种互不相让、争锋相对、批判回应此起彼伏的过程中，他们发现并找到了共同的问题域，即社会历史及结构问题、文化与权力的关系

问题、当前资本主义的政治经济、文化及意识形态问题等。他们"在具
体的文化传统和意识形态情境中对政党、政局的现状、未来进行微观分
析"①。在这种共同问题域的基础上，两代新左派都号称坚持马克思主
义的基本观点和方法，否定庸俗教条马克思主义的经济决定论和机械反
映论，把文化研究作为理论武器，形成了独具特色的英国马克思主义理
论观点。可以看出，"英国新左派"在理论反思的过程中，"秉承英国的
经验论哲学传统，注重运用唯物史观研究具体的历史问题与现实问题，
拒绝抽象的理论建构，从而使英国的马克思主义者对体系化的苏联马克
思主义的教条主义产生了免疫力"②。此外，他们还都提倡整体主义的
思维方式，并强调文化的政治性特征，认为文化"既不是社会关系的简
单反映，也不是政治权利的庸俗分支。……其创新之处在于'文化的整
体性'的强调，正是这一文化的整体性建构了新的政治视角。在后来众
所周知的文化研究中，文化话语第一次成为政治讨论的中心……"③。

　　在"新左派运动"的影响下，英国马克思主义理论开始兴起，其代表
人物也是新左派的主要人物。英国马克思主义主要是指 20 世纪下半叶
在英国出现的英国马克思主义，这种马克思主义体现了马克思主义与英
国本土的结合。20 世纪 60 年代到 70 年代英国马克思主义借助于"新左
派运动"走上了历史舞台。20 世纪 70 年代末，英国马克思主义已经是一

---

　　①　［英］佩里·安德森、帕屈克·卡米勒：《西方左派图绘》，张亮、吴勇立译，331
页，南京，江苏人民出版社，2002。
　　②　张亮：《英国马克思主义理论传统的兴起》，载《国外理论动态》，2006(7)，44
页。
　　③　Lin Chun, *The British New Left*, Edinbergh University Press, 1993, p. 26.

个较大的学术群体，研究领域横跨历史学、政治学、文学、美学、哲学、经济学、社会学等学科，在西方世界的马克思主义研究中影响日益扩大。实际上，英国马克思主义在形式上并不是一个统一的学术流派，而是可以划分为几个不同的学派，但这些学派具有内在的一致性，共同构成了英国马克思主义理论的总体特征，"经验主义、理性主义、历史主义、话语分析方法、个案研究、结构主义以及乌托邦式的理论构造方法等是其基本的研究方法。批判意识和建构意识并重，历史主义和结构主义从对立走向融合，技术批判与文化批判并行，政治批判与社会批判内在统一，构成英国马克思主义的认识论与方法论特点，同样也是其价值论追求的深刻表现"①。

"20 世纪 50 年代末以来形成的英国马克思主义，尽管不断转换其研究视角和研究主题，在思想方面也出现诸多差异，但在产生的时代背景、指导思想、研究范式以及目的诉求等方面，基本上具有内在的一致性，存在一些明显可辨的历史传承和内在特质。"②可以看出，英国马克思主义是对马克思主义的继承和发展，它是在新的社会形势下进行理论反思的产物，是对马克思主义在新的社会历史条件下的进一步发展。英国马克思主义"是在苏东社会主义国家趋于解体和资本主义加速全球化进程的背景下出现的，因而，它更关注的是发达资本主义国家如何走向

---

① 乔瑞金：《马克思思想研究的新话语》，4 页，太原，书海出版社，2005。
② 乔瑞金：《我们为什么需要研究英国的新马克思主义?》，载《马克思主义与现实》，2011(6)，101 页。

社会主义和如何应对全球资本主义在全球的扩张"①。

　　也就是说，这一学派在继承马克思主义基本理论的基础上，面对当时发达资本主义国家的现实问题，进行了自己的思考和理论建构，它"在有力地影响了当代欧美马克思主义理论发展的走向及其图景的同时，创造出一种特征鲜明、充满活力、堪与德法传统并肩的英国马克思主义理论传统"②。

　　英国马克思主义作为一种新形式的马克思主义理论流派，与其他马克思主义理论既有内在的一致性，也有自身的特殊性，是马克思主义英国化的理论结晶，"从本质上讲，英国马克思主义模式是马克思主义民族化的一个成功典范"③。霍加特、威廉斯、汤普森、安德森、霍布斯鲍姆、柯亨等英国马克思主义理论家，在坚持马克思主义理论传统的基础上，将这一理论传统与英国本土的经验主义相结合，在深入分析本国具体问题的语境中，从而较为成功地实现了马克思主义英国化，"英国马克思主义本土化的实质，就是强调马克思思想的现实性和实践性……其产生和发展的过程就是对各种学术资源有效吸收、鉴别和处理的过程。他们打造了一种特殊的语境和话语平台，在这个话语的平台上，产生了多种思想和观念。它们是历史的和现实的，也是抽象的和具体的"④。而面对当代文化危机，英国马克思主义学者采取了一条与法兰

---

①　段忠桥：《20 世纪 70 年代以来英美的马克思主义研究》，载《中国社会科学》，2005(5)，47 页。

②　张亮：《英国马克思主义理论传统的兴起》，载《国外理论动态》，2006(7)，40 页。

③　张亮：《英国马克思主义的研究模式及方法》，载《求是学刊》，2006(5)，38 页。

④　乔瑞金：《英国的新马克思主义》，584 页，北京，人民出版社，2013。

克福学派不同的分析理路。他们在坚持马克思主义基本原理，尤其是唯物史观的基础上，结合英国的本土哲学和文化研究传统，对西方现代社会文化危机进行了深入的探索。他们通过考察资本主义生产方式的新变化，运用"从下到上"的分析方法和改造文化主体的致思理路，形成了自身独具特色的文化危机理论。

"新左派运动"和英国马克思主义理论的形成对于伊格尔顿的理论具有深远的影响，正是在对"新左派运动"及其理论争论的基础上，伊格尔顿审视了他们争论的问题域和主要观点，并批判继承了争论双方的理论优点，加以综合运用；同样，也正是在英国马克思主义的语境和问题域中，伊格尔顿聚焦文化和文化意识形态问题，逐渐建构了其文化批判思想。

(二)"伯明翰学派"的文化概念

"伯明翰学派"的学术研究是建立在马克思主义基本理论基础之上的，其中关于经济基础和上层建筑重新思考和解释具有重要的理论意义，在这一前提下，"伯明翰学派"对文化概念作了自己独创性的思考，并且在争论的基础上推进了文化概念的全面性，这深深地影响了伊格尔顿的文化理论观点。

早在英国传统文化主义风行之际，T.S.艾略特就提到文化，他认为文化首先是指"某一民族的整个生活方式"①。虽然他声言这种文化是全民族的文化，体现当时的社会制度、艺术成就、作品文本、风俗习

---

① [美]托马斯·艾略特：《基督教与文化》，杨民生、陈常锦译，103页，成都，四川人民出版社，1989。

惯、宗教伦理等方面，但是只有社会文化精英阶层才能有意识地去理解、去参与这种文化，而非精英阶层即人民大众只能在日常生活中无意识地参与这种文化。

威廉斯反对这种精英主义的文化概念，纠正了将文化视为经济基础的直接"反映"的理论偏颇，把"文化"概念融入"物质"范畴之中并重新定义，结合当时的文化现象和文化产品，进一步提升了文化的意义，从广义上将文化定义为一种"整体的生活方式"。在他独创的"感觉结构"理论中初步表现出文化所需要支撑的三种特性：社会性、交流性和载体性。但是这还不能全面地表达文化，因为"感觉结构"表达的是特定的一个时期或地域的生活普遍经验，用艺术的一些特定形式比如小说、戏剧、诗歌等才能被意识、理解和交流，不具备这种经验的人深受特定的时代和地域限制，就不能完全理解从而产生一些抽象绝对的意识。因此，威廉斯不无遗憾地说："在某种意义上，这种感觉的结构是一个时期的文化。"①

文化研究中的平民立场、贴近现实生活、饱含政治色彩、科学辩证方法等特点，逐渐进入"伯明翰学派"的理论视野，引发了他们积极的吸收和思考，威廉斯最终实现了对"文化"定义的超越，将文化定义为"联系物质生产领域与社会关系领域的符号系统"②，为"伯明翰学派"文化理论奠定了坚实的理论基础。

在此基础之上，以霍加特、威廉斯为代表"伯明翰学派"一方面扩大

---

① Raymond Williams, *The Long Revolution*，London，1961，p. 64.
② Raymond Williams, *Politics and Letters*：*Interviews with New Left Review*，London：New Left Books，1979，p. 139.

了文化的外延，在另一个层面将英国传统的"文学研究"转向"文化研究"，"一个词的历史是一个词在普通语言中，在字典所规定的一系列意思中或是在写作中，暗示了所有已经变成现实的东西。分辨这种交互作用就是分辨传统——也就是一种历史模式。"那么如何去判定这种历史模式或传统的意义呢？威廉斯认为"我们在经验中为这种传统加上了一个价值——一种批评模式。这个持续的过程与后续的决定，就是社会运行的过程。"①可见，威廉斯强调了文化的实践性和创造性，从而进入到文化研究的研究思路之中。

威廉斯进而提出"共同文化"的概念，它不是一种只代表"文献式"知性和想象力的载体，更囊括了人类社会的过程特点以及文化的物化形态。它不同于艾略特的精英倾向，而是主张人民大众有意识主动地参与其中，尤其是工人阶级运动的传统组织与制度形成了这种"共同文化"的主要特征，流露出一种"文化平权"的民主思想。

虽然威廉斯对"文化"一词的含义进行大刀阔斧式的革新，然而，这样的重新阐释却招致同为"伯明翰学派"代表人物 E. P. 汤普森的质疑，他认为威廉斯的文化概念忽视了文化内容的斗争性因素，"他提供的是非个人力量发挥作用的记录，而不是斗争的记录"②，只是强调所有人的共同的文化，没有区分文化的阶级性和异质性，因此，威廉斯对文化的理解趋于模糊和骑墙，在这种模糊的基础上，才提出文化是一种整体

---

① John Higgins, *Raymond Williams Literature*, *Marxism and Cultural Material-ism*. Londonand NewYork: Routledge, 1999, p. 57.

② E. P. Thompson, Reviews of Raymond Williams's The Long Revolution, in *New Left Review*. No. 9, 1961.

的生活方式，而没有看到生活方式的冲突性，过于强调文化的普遍性和同质性，所以，在汤普森看来，这样文化界作为"整体的生活方式"就显得有些单薄。

综上所述，汤普森认为对"文化"这样定义的缺陷就在于：把文化宽泛化地定义为生活方式，实际上，不同的阶级的生活方式是不同的，并且体现为利益的争夺和斗争，而这些矛盾和斗争构成了文化现实存在的基础。因此，文化不能忽视生活中的斗争因素及其之间的关联，"（文化）研究的是全部冲突（斗争）方式中各个要素之间的关系"①。所以，威廉斯的文化观念没有提出文化的斗争因素，是不全面的和保守的。

威廉斯面对汤普森的质疑，对自己的文化概念进行了修正，体现在以下两个方面：第一，进一步丰富自己的文化定义，使其更加贴近生活和现实；第二，针对自己文化观念的普遍性，威廉斯注重加强了文化与政治内涵的关联，但是这种关联不是一种赤裸裸的方式，而是一种政治隐喻，以此反对汤普森的"整体的斗争方式"的文化观念。

从汤普森对威廉斯的质疑以及威廉斯的回应可以看出这二人理论风格的差异，威廉斯强调文化的人类总体性和感觉结构的共同性，将文化的视域渗入到日常生活中去，作为一种整体性生活方式，他将文化的政治性以隐喻的形式融入文化的内涵之中，从而在文化定义上体现为一种较为平和的风格；汤普森则侧重于文化的差异性和斗争性，认为文化就

---

① E. P. Thompson，Reviews of Raymond Williams's The Long Revolution，in *New Left Review*. No. 10，1961.

是一种整体的斗争方式，而非一般的整体的生活方式，并提出阶级斗争等激进性的话语，从而体现出一种较为激进的风格。但是二人的文化概念也有相同之处，即坚持马克思主义理论的基础，强调文化的整体性和实践性，承认文化的阶级性和政治性。这二人对于文化的理解及其风格都启发和影响了伊格尔顿的文化批判理论，在其中起更重要作用的是威廉斯的"文化唯物主义"思想。威廉斯指出："我认为在文化分析中，强调英语作家的社会史、戏剧形式的社会史、标准英语的形成史以及随之出现的新命题等都是十分必要的。还有一种更为明显的深层变化，那就是那些从传统意义上讲是独立于英语或文学研究之外的有关传播、电视、技术和文化形式、文化社会学等研究领域，在 1970 年前后我把它们融为一体，形成了更为明晰的理论立场，我在《马克思主义与文学》中把它称为文化唯物主义，……虽然它在范式的意义上比文学要宽泛得多，但它仍然主要聚焦于写作的这些主要形式上，它们现在仍然与其他的写作形式一起被读者从不同的角度阅读着。文化唯物主义就是在生产方式和条件下，对以写作为中心的所有意指形式的分析。或许让我们共同感到讶异的是，就是在这里，我的著作中找到了与最近的符号学之间的新的关联点。虽然与一些符号学所倚重的结构主义语言学和精神分析学的特定的形式有根本的不同，但是我说过，一种完整的历史符号学与文化唯物主义是一回事，并且我高兴地看到它正在取代狭窄的历史语言学。"[1]

在学术史上，"文化唯物主义"概念的提出经历了一个较长的过程，

---

[1] Raymond Williams, *Writing in Society*, London: Verso, 1983, pp. 209-210.

就"文化唯物主义"的内容与方法特征而言，肇始于格奥尔格·卢卡奇、安东尼奥·葛兰西等早期西方马克思主义的代表人物，他们在研究与反思马克思主义的社会历史理论时，对历史唯物主义的理论，尤其是对文化上层建筑与经济基础的内涵及其关系做了整体主义的分析和探索，较为深入地阐述了文化形式与经济基础要素的互动性和渗透性，分别提出了历史发展的"总体性"观点与"文化霸权"理论①。

　　卢卡奇认为："不是经济动机在历史解释中的首要地位，而是总体的观点，使马克思主义同资产阶级科学有决定性的区别……无产阶级科学的彻底革命性不仅仅在于它以革命的内容同资产阶级社会相对立，而且首先在于方法本身的革命本质。总体范畴的统治地位，是科学中的革命原则的支柱。"②即总体性是马克思主义区别于其他社会学知识的根本特征，这种总体性也是无产阶级革命的基本原则。"文化唯物主义"在建构自身理论的过程中，继承了卢卡奇的总体性原则。萨义德认为，威廉斯是卢卡奇的社会总体性理论在英语世界的接受者。③ 威廉斯在经过对西方马克思主义的细致考察后指出，卢卡奇等人提出的一般总体性模式

---

　　①　玛德琳·戴维斯认为："他们的核心观念，即贵族权利在英国资本主义发展过程中得到了不同寻常的延续，直到受到了《狱中札记》中一个类似评论的启发。葛兰西的'有机知识分子'观念则对《新左派评论》和伯明翰当代文化研究中心的不同文化转向方案起到了塑性的作用。"（[英]玛德琳·戴维斯：《英国新左派的马克思主义》，参见《英国新左派思想家》，28 页，张亮编，南京：江苏人民出版社，2010）

　　②　[匈]格奥尔格·卢卡奇：《历史与阶级意识》，杜章智等译，77 页，北京，商务印书馆，2004。

　　③　[美]爱德华·萨义德：《理论中的旅行》，李自修译，《世界·文本·批评家》，417—424 页，北京，生活·读书·新知三联书店，2009。

"排除了社会意图的真相、特定社会的阶级特征等"①，正是接受了卢卡奇的总体性理论，"文化唯物主义"才体现出了整体性的理论特质，"文化研究能够提出的唯一目标就是在特定时空条件下的社会关系和文化生产的总体性。如果没有这层认识，它必然会被谴责为一种更加资产阶级化的知识生产形式"②。正是这种总体性的原则和理论视角，"文化唯物主义"思想具有了整体性的特征，能够脱离资产阶级文化霸权的影响，成为具有独立性的资产阶级意识形态批判理论。威廉斯、伊格尔顿等人将文化视为一种整体性生活方式，在整个社会生产方式的视野下考察文化生产问题，"情感结构"则将客观性的社会结构与主观性的情感体验结合在一起，都体现了一种总体性的原则。在这种总体性原则的语境中，威廉斯将文学艺术生产和文化生产与社会物质性生产内在结合起来，从而提出了"文化唯物主义"，"历史唯物主义注重对文学和艺术做社会和政治分析，把它们视为各种各类社会活动与物质生产的一部分。也就是说，文学艺术的发展与变化始终与历史进程相适应，这也是我所要阐明的'文化唯物主义'立场"③。

在法兰克福学派的社会批判理论中也能看到葛兰西思想的辐射，其中最重要的就是文化批判思想，主要论述了科学文化知识与社会制度的关系问题，指出了文化具有物质性的属性和功能，其文化工业理论激烈

---

① ［英］雷蒙德·威廉斯：《马克思主义文化理论中的基础与上层建筑》刘纲纪译，载《马克思主义美学研究》第2辑，332页，桂林，广西师范大学出版社，1999。

② Paul Smith, *Millennial Dreams*, London and New York：Verso, 1997, p. 60.

③ Raymond Williams, *Marxism and Literature*. Oxford：Oxford University Press, 1977, p. 43.

地批判了现代大众文化生产的商业化属性，指出大众文化的生产方式完全类似于工业生产流程的方式与方法。

与之相同的是20世纪中后期，"文化唯物主义"也受到了葛兰西文化霸权思想的浸染，这种现象背后的原因在于："葛兰西的观点与英国新左派的观点存在很多一致性显然不是偶然巧合。……正是因为战后的高度统一以及明显进入'霸权时代'，才出现了'富裕社会'与新型'管理'方式。越来越多的英国社会主义者面对这种无望的前景，开始抛弃明显陷入困境的费边主义经验主义理论，并且试图在以现代术语重新解释他们那些历史久远的重要理论的过程中确立启蒙的地位。"[1]霍加特、汤普森、威廉斯等人都在葛兰西的文化霸权理论的影响下创造自己的理论观点。借助于葛兰西的文化霸权概念，"文化唯物主义"将大众文化看作是"一个底层力量和上层力量的矛盾混合体；它既是商业的、也是本真的，既有抵制的特征、也有融合的特征，既是结构、也是能动性"[2]。霍尔道出了他选择葛兰西理论的过程，"我与阿尔都塞的思想做斗争，最终得以在葛兰西做了极大修正的马克思主义问题式框架中从事研究。"[3]即借助于葛兰西的文化霸权概念来协调"文化唯物主义"与阿尔都塞结构主义的关系，以促进"文化唯物主义"现代性批判理论的发展，"文化研究通过运用葛兰西著作中探讨过的一些概念，试图从结构主义与文化主义

---

① G. Williams, The Concept of "Hegemonia" in the Thought of Antonio Gramsic: Some Notes on Interpretation, *in Journal of the History of Ideals*. 1960(21), p. 596.

② ［英］约翰·斯道雷：《记忆与欲望的祸合》，徐德林译，108 页，桂林，广西师范大学出版社，2007。

③ ［英］玛德琳·戴维斯：《英国新左派的马克思主义》，见张亮编，《英国新左派思想家》，29 页，南京，江苏人民出版社，2010。

著作的最好要素中推进其思路，最大限度地接近于这一研究领域的需要。"①可以看出，在面对文化主义与结构主义冲突的时刻，"文化唯物主义"者借用了葛兰西的学术概念以化解冲突，并最终保留了文化主义与结构主义的精华。葛兰西的理论资源尤其是文化霸权理论成为推动"文化唯物主义"发展的重要理论力量。伊格尔顿在考察意识形态的过程中，借用葛兰西的文化霸权理论观察意识形态问题，指出了意识形态乃是一个系统总体，"占统治地位的政治制度可能会由于下面的事实而振作起来：它不是只有一个反对者，而是有着一群混杂的、不团结的敌人"②。从而说明了主导意识形态与其他意识形态的斗争性与妥协性，经过这种妥协，主导意识形态得到了社会的认同，这种意识形态理论背后隐含着葛兰西文化霸权理论的内容。

阿尔都塞的结构主义马克思主义思想同样也成为影响"文化唯物主义"的重要理论之一，"为了使马克思主义符合现实条件，我们需要一个全新的观念，阿尔都塞的著作指出了一条通往这种科学的马克思主义的路径"③。威廉斯在借鉴阿尔都塞"多元决定论"基础上进一步强调了实践内部的复杂关系，从而显现出活的生活经验与发展过程。"'多元决定'概念比任何其他作为一种理解历史的活生生的形势和真正的实践复

---

① 〔英〕斯图亚特·霍尔：《文化研究：两种范式》，见孟登迎译，陶东风编《文化研究》，324 页，北京，社会科学出版社，2014。

② 〔英〕特里·伊格尔顿：《文化的观念》，方杰译，35 页，南京，南京大学出版社，2006。

③ Ben Brewster, Presentation of Althusser, in *New Left Review*, 1967, p. 14.

杂性的概念更有用。"①伊格尔顿在吸收阿尔都塞结构主义的基础上，对
"文化唯物主义"的文化概念进行了重新的整理与界定，"文化"一词的当
代用法包括三个相互关联的意义，主要表现为："第一，文化可以指价
值得到认同的具体的思想和艺术作品以及制作和分享该作品的过程。第
二，由此扩展开去，可以指一个社会的所谓'情感结构'，是社会的生活
方式、习俗、道德、价值观等组成的不断变迁但无法触摸的综合体，是
习得行为和信念所形成的渗透性氛围，它将自己相当含混地记在社会意
识里，即躲躲闪闪地、辩证融入所谓（借用佩里·安德森在不同语境中
使用的一个短语）'看不见的日常生活本身的颜色'。第三，进一步扩展
开去，文化当然可以指制度意义上的社会的整个生活方式，包括艺术、
经济、社会、政治和意识形态等相互作用的所有成分，它们构成生活经
验的总体，决定了这样而不是那样的社会。"②可以看出，伊格尔顿的文
化概念中包含着浓厚的结构主义理论色彩，"情感结构""构成生活经验
的总体，决定了这样而不是那样的社会"蕴含着阿尔都塞结构主义的理
论观点，强调了文化含义背后的社会结构与意识形态内涵。

　　阿尔都塞对于伊格尔顿影响更大的方面还是意识形态理论，阿尔都
塞认为意识形态所反映的是人类同自己生存条件的"想象"关系，"是人
类对人类真实生存条件的真实关系和想象关系的多元决定的统一"。因
此，意识形态表象背后隐藏着复杂的社会关系结构和主体认同活动，不

---

　　①　Raymond Williams，*Marxism and Literature*，Oxford：Oxford University Press，
1977，p. 88.

　　②　［英］特里·伊格尔顿：《历史中的政治、哲学、爱欲》，马海良译，129 页，北
京，中国社会科学出版社，1999。

能将意识形态仅仅看成一种否定性的虚假存在，它可能是一种动力体系，物质地、真实地发挥着改造我们的功能。在借鉴阿尔都塞意识形态分析的基础上，伊格尔顿认为："意识形态不是一套教义，而是指人们在阶级社会中完成自己的角色的方式，即把他们束缚在他们的社会职能上并因此阻碍他们真正地理解整个社会的那些价值、观念和形象"，"意识形态表示人们借以体验现实世界的那种想象的方式，这当然也是文学提供给我们的那种经验，让人感到在特殊条件下的生活是什么样子，而不是对这些条件进行概念上的分析。"①经过对比可以看出，伊格尔顿的对意识形态某些规定几乎是阿尔都塞意识形态概念的翻版，正是在这个意识形态概念的基础上，伊格尔顿对现代性意识形态理论进行了剖析与批判。

霍尔的接合理论也带有鲜明的阿尔都塞式结构主义的理论特质，霍尔认为，接合是一种"询问方式，即询问意识形态的组成成分何以在特定的事态下接合成或没有接合成某一政治主体。换言之，接合理论询问的是一种意识形态何以发现其主体，而非询问主体如何去思考那些必然地、不可避免地属于它自己的思想"②。事物的意义就是一种建构过程，而这种建构就是一种结构主义的途径，"物自身和语言的个别使用者均不能确定语言的意义。事物并没有意义，我们构成了意义，使用的是各种表征系统，即各种概念和符号。因而这种理论被称作通向语言中的意

---

① ［英］特里·伊格尔顿：《马克思主义文学批评》，文宝译，20—22页，北京，人民文学出版社，1980。

② ［英］斯图亚特·霍尔：《接合理论与后马克思主义：斯图亚特·霍尔访谈》，周凡译，见周凡编：《后马克思主义》，196页，北京，中央编译出版社，2007。

义的结构主义或构成主义途径"①。

　　汤普森则是人类动力说的坚定维护者和反斯大林主义的旗手，他的理论发展植根于马克思所说"人们自己创造自己的历史"②。理查德·约翰逊也认为，文化研究"条条大路回归马克思主义，只不过对马克思主义的占有需要更宽阔的路面"③。威廉斯则指出，"文化唯物主义"既不能放弃马克思主义，又不能完全照搬照抄马克思主义，"一种放弃了决定论思想的马克思主义结果是没有什么价值的。一种现在还固守许多决定论思想的马克思主义则是不会有任何作为的"④。威廉斯认为只有批判继承马克思主义理论，才能推进马克思主义文化理论的发展，才能推动社会主义运动与共产主义事业的发展，"我们之所以对马克思主义的理论抱有兴趣，这是因为社会主义和共产主义在当今依然重要。我们要在肯定马克思主义的激励作用的前提下继续推进它的文化理论的发展"⑤。霍尔指出，"文化唯物主义"不能放弃马克思主义，必须要在否定之否定的基础上发展马克思主义，通过社会现实问题的研究，来推动马克思主义的发展与进步，"文化唯物主义"者一定要"在马克思主义周围进行研究，研究马克思主义，反对马克思主义，用马克思主义进行研

　　①　［英］斯图亚特·霍尔：《表征—文化表征与意指实践》，徐亮、陆兴华译，35页，北京商务印书馆，2013。
　　②　《马克思恩格斯选集》，第4卷，649页，北京，人民出版社，2012。
　　③　［英］理查德·约翰逊：《究竟什么是文化研究》，见罗钢、刘象愚编：《文化研究读本》，10—11页，北京，中国社会科学出版社，2003。
　　④　Raymond Williams, *Marxism and Literature*, Oxford: Oxford University Press, 1977, p. 83.
　　⑤　［英］雷蒙德·威廉斯：《文化与社会》，吴松江、张文定译，275页，北京，北京大学出版社，1991。

究，试图进行发展马克思主义的研究"①。

需要重点指出的是，"文化唯物主义"的思想奠基于对唯物史观中"经济基础与上层建筑"观点的批判与吸取，从而将文化从"经济决定论"的束缚下"解放"出来，大大拓展了文化的内涵，赋予文化以物质生产属性，从而形成并规定了"文化唯物主义"的理论基调。马克思在阐述经济基础与上层建筑的关系式指出："人们在自己生活的社会生产中发生一定的、必然的、不以他们的意志为转移的关系，即同他们的物质生产力的一定发展阶段相适合的生产关系。这些生产关系的总和构成社会的经济结构，即有法律的和政治的上层建筑竖立其上的并有一定的社会意识形式与之相适应的现实基础。物质生活的生产方式制约着整个社会生活、政治生活和精神生活的过程。不是人们的意识决定人们的存在，相反，是人们的社会存在决定人们的意识。社会的物质生产力发展到一定阶段，便同它们一直在其中活动的现存生产关系或财产关系（这只是生产关系的法律用语）发生矛盾。于是这些关系便由生产力的发展形式变成生产力的桎梏。那时社会革命的时代就到来了。随着经济基础的变更，全部庞大的上层建筑也或快或慢地发生变革。"②在经济基础与上层建筑这一社会历史分析模式中，马克思和恩格斯指出了经济基础对于上层建筑的决定性影响，但是他们并没有将这种模式视为一种线性的简单决定论，而是指出了经济基础与上层建筑的辩证关系与整体性、互动性以及复杂性，"谁用政治经济学的范畴构筑某种意识形态的大厦，谁就是把

———————————

① ［美］丹尼斯·德沃金：《文化马克思主义在战后英国——历史学、新左派和文化研究的起源》，李凤丹译，5页，北京，人民出版社，2008。

② 《马克思恩格斯选集》，第1卷，10页，北京，人民出版社，1972。

社会体系的各个环节割裂开来，就是把社会的各个环节变成同等数量的依次出现的单个社会。其实，单凭运动、顺序和时间的唯一逻辑公式怎么能像我们说明一切关系在其中同时存在而又相互依存的社会机体呢"①。

但后来的马克思主义将经济基础与上层建筑理解为两个领域，割裂了经济基础与上层建筑的内在联系，并将经济基础决定上层建筑理解为经济决定论。针对经济决定论的各种理论不足，"文化唯物主义"者试图在批判经济决定论的基础上重新界定经济基础与上层建筑的关系，以便将文化从思想上层建筑的框架中"解救"出来。从而经济基础与上层建筑问题成为"文化唯物主义"思想思索的重要问题，"任何对马克思主义文化理论的现代理解都必须从关于决定性的基础和被决定的上层建筑的命题出发"，"到目前为止，已被普遍的看作马克思主义文化分析的关键"②。

关于如何理解经济基础与上层建筑模式的问题，"文化唯物主义"进行了不同的理论探索，"在所有历史分析中，马克思和恩格斯始终关注社会意识（既是被动的又是主动的）与社会存在之间的辩证互动。但是，在解释自己的观念的时候，他们却将它们表达为了一个假想的'模式'：（生产中的）社会关系构成的'基础'，与由基础产生并竖立其上的各种思想、制度等体系构成的'上层建筑'。实际上，这种基础与上层建筑从来都没有存在过，不过是一个为了帮助我们理解曾经存在过的东西的隐喻"③。

---

① 《马克思恩格斯选集》，第 1 卷，223 页，北京，人民出版社，2012。

② ［英］雷蒙德·威廉斯：《文化与社会》，吴松江等译，75 页，北京，北京大学出版社，1991。

③ E. P. Thompson, Socialist Humanism: An Epistle to the Philistines, in *The New Reasoner*, 1957，1，p. 113.

"这种隐喻未能考虑不同的阶级与生产方式发生关联的不同方式，也未能考虑它们各自的机构、意识形态和文化'表现'生产方式的不同方式。'基础—上层建筑'模式可能对解释统治阶级的机构和意识形态、统治的支撑结构和'权力共识'有一定价值，但它并不适合描述被统治者的文化"①。威廉斯考察了经济基础与上层建筑的含义，认为经济基础应该是一个过程，而不是一种静止的存在，而经济基础决定上层建筑中的"决定"绝不是一种神学决定论的内涵，"当我们讨论'基础'时，我们实际上是讨论一个过程而不是一种状态。我们不能认为这个过程具有后来人们所理解的上层建筑这个可变过程所具有的某些固定属性……我们必须按照特定的思路重新评价这个命题的每一个术语。我们必须沿着设定限制和施加作用力的思路重新评价'决定'，抛弃被预见、预示和控制的内容。我们必须根据文化实践的相关领域重新评价'上层建筑'，抛弃被反映、复制、决定的内容。至关重要的是，我们必须根据现实的社会和经济关系中的具体活动来重新评价'基础'，抛弃固定的经济和技术抽象的概念，因为具体的活动包含着基本的矛盾和变化，因而总是处于动态的变化过程中"②。

实际上，威廉斯在这里将"决定"理解为两方面：设定限制与施加作用力，以此来否定对经济基础与上层建筑关系经济决定论的解读。他进一步指出，经济基础绝不仅仅是经济结构与技术因素，而是一个包含多

① ［加]艾伦·伍德：《民主反对资本卞义—重建历史唯物主义》，吕薇洲等译，65页，重庆，重庆出版社，2007。
② ［英]雷蒙德·威廉斯：《马克思主义文化理论中的基础与上层建筑》，见刘纲纪编，《马克思主义美学研究》，第2辑，330页，桂林，广西师范大学出版社，1999。

方面人类活动的动态的存在。伊格尔顿则认为经济基础与上层建筑之间不是一种决定性的关系，而是一种功能性的关系，"我们能够恰当地定位伊格尔顿的论点：当经济基础只提供生存必需品时，上层建筑就支配文化。……但经济过剩创造了文化生产的可能性，这种文化生产能够将自己从作为社会关系的意识形态支持者的角色中解放出来"①。所以伊格尔顿一直坚持上层建筑对于经济基础具有积极的功能，上层建筑是适应经济基础的需要而产生的，这种需要源于"'基础'本身是自我分裂的、被不可避免的对立所分裂"，而"上层建筑的功能在于为了某一统治阶级的利益而协助处理这些对立"②。伊格尔顿一以贯之地沿用"意识形态"这个概念来指上层建筑的这种功能。

可以看出，"文化唯物主义"者对于经济基础与上层建筑模式极为重视，一方面他们认为，经济基础与上层建筑的模式对于现代性文化批判具有重要的意义，"任何针对马克思主义文化理论的现代探讨从一开始都必定要考虑到具有决定性的基础和被其决定的上层建筑这一前提"③。另一方面他们在重新理解经济基础与上层建筑内涵及其关系的基础上进行理论阐释，将这一模式从单纯的经济基础决定上层建筑的理解中解放出来，将经济基础与上层建筑的关系理解为一个辩证的过程，并将文化视为经济基础与上层建筑的重要中介与组成部分。在此基础上，文化以

①　[英]约翰·杜普雷：《评特里·伊格尔顿的〈再论基础和上层建筑〉》，苏东晓译，465 页，载《马克思主义美学研究》，2002。

②　[英]特里·伊格尔顿：《再论基础和上层建筑》，张丽芬译，460 页，《马克思主义美学研究》，2002。

③　[英]雷蒙德·威廉斯：《马克思主义与文学》，王尔勃、周莉译，80 页，郑州，河南大学出版社，2008。

及文化生产就成为物质性生产的重要因素与过程，从而建构了"文化唯物主义"的思想。

鉴于斯大林主义给马克思主义带来的不利影响，"文化唯物主义"并没有对马克思主义失去信心，而是批判地继承了马克思主义的理论观点。"大体而言，如今人们观念中的斯大林主义已经定格为充满血腥的拙劣实验，它们败坏了社会主义的名声。"①因此，他们抛弃了斯大林主义，但是却很好地区分了斯大林主义和马克思主义之间的界限，"我并没有简单地在斯大林主义和一切共产主义机构和组织之间划等号；没有宣布一切共产主义运动都受到这种致命的影响和伤害，没有拒绝在政治上与那些必要的和清醒的共产主义运动结盟……没有混淆斯大林主义作为一种理论、一种特殊的形势和实践，与作为一种共产主义群众运动的历史和社会存在之间的界限。"②他们还是相信和坚持马克思主义的基本原则，并积极对马克思主义理论进行创新和发展。

伊格尔顿同样也在坚持马克思主义观点和方法的基础上，一方面继承了威廉斯的文化概念，将文化视为一种整体的生活方式，将文化的概念延伸到日常生活领域，并且在自己的文化批判理论中加入了政治隐喻等要素，体现了文化的丰富性和总体性；另一方面伊格尔顿也借鉴了汤普森的文化斗争性理论，认为在文化中体现了阶级差异和阶级斗争，并且批判了威廉斯的共同文化的概念，突出了文化问题首先是一个政治问

---

① ［英］特里·伊格尔顿：《马克思为什么是对的》，李杨译，25 页，北京，新星出版社，2001。

② E. P. Thompson，*The Poverty of Theory and Other Essays*，London，Merlin Press，1978，p. 190.

题，从而在风格上，伊格尔顿显得比汤普森更加激进。可以看出，在批判的继承了威廉斯和汤普森文化观点的基础上，面对当时的社会矛盾和文化问题，结合马克思主义的理论和其他相关理论，伊格尔顿对文化思想进行了创造性的加工和深化，从而逐渐形成了独具特色的文化批判思想以应对呼啸而来的文化危机。

伊格尔顿认为文化与人的感觉结构密切相关，感觉结构深深植根于现实生活中，是人类交流与认知社会的整体经验，并且随着社会状况的发展而变化。"一种感觉的结构，它足够来交流，不仅仅是可以被承认的与明显的，而是人类整个的、统一的生活。"①随着科学技术的进步和市场经济的发展，资本逻辑与资本主义意识形态逐渐渗透进感觉结构之中，并将活生生的社会现实割裂化、抽象化与庸俗化，人们的感觉结构的片面化与异化导致文化失去了全面丰富性与发展的自律性，这就是造成文化危机的根本原因。

英国现代文化危机首先表现为现代主义的没落。现代主义本来是一种抵抗文化，主要批判、反抗资本主义工业化对于人类精神的侵犯，维护人类完美的文化追求。但是随着资本主义的发展，现代主义文化逐渐失去了其存在的合法性，成了资本逻辑的附庸，"现代主义很快丧失了它的反对资产阶级的姿态，达到了与新的国际资本主义轻松自在的结合"②。在资本逻辑的侵蚀下，现代主义丧失了"批判资本主义的能力"，

---

① Raymond Williams, *Drama in Performance*, London: Frederick Muller, 1954, p. 116.

② ［英］雷蒙德·威廉斯：《现代主义的政治》，阎嘉译，53 页，北京，商务印书馆，2002。

威廉斯因此喊出了"现代主义意识形态终结"的口号。

现代文化危机的另一种趋势是文化的商业化和娱乐化,这种文化潮流对人民群众造成了消极的影响,霍加特将其视为一种堕落文化,"大众娱乐最后就是 D. H. 劳伦斯所形容的'反生活',充满了腐败堕落,不正当的诱惑和道德沦丧"①,并且从这种流行的文化形式中可以"嗅出精神的干涸"②。因此,霍加特认为资本主义社会的商业文化与娱乐文化以赚钱为目的,为民众制造了种种幻象,从而麻痹民众对自身真实环境的感受,从而丧失了严肃的思考,由此堕落下去,造成自身的文化认知危机。

无产阶级文化是一种进步的和先进的文化形式,但随着社会生产力的发展和生活水平的改善,工人阶级的"感觉结构"或生活体验发生了变化,出现了享乐化、低俗化和娱乐化的倾向,逐渐被驯服于资本的逻辑之中。工人阶级的反抗意识和革命性开始衰弱,在自我认知上出现了危机。汤普森深入分析了工人阶级文化衰弱的原因,他指出,这种现象的出现基于三种原因:第一,资产阶级意识形态或主流文化对无产阶级文化的压制、扭曲和污蔑,即资本主义文化霸权发展的过程;第二,从僵化的经济基础—上层建筑的模式中揭示工人阶级和工人阶级的意识,将工人阶级的意识视为经济条件产物的做法,忽略了工人阶级意识产生的具体条件及其能动性;第三,运用阿尔都塞的"结构主义"思想,对工人阶级意识采取"结构—功能"模式解释的做法,将工人阶级视为社会结构

---

① Richard Hoggart, *The Use of Litewracy*, New Brunswick: Transation Publishers, 1998, p. 263.

② Ibid. , p. 190.

的一种构成物，将工人阶级的意识当作"不合理的混乱症候"，从而在一定程度上否认了工人阶级文化和意识的重要作用。在这种社会背景下，工人阶级的文化逐渐偏离了本身的革命性维度，在文化工业进程中日趋堕落，从而陷入资本主义的逻辑陷阱。

随着科学技术的发展，文化传媒手段越来越先进，也越来越普及，出现了电影、电视等新的传媒手段，一方面促进了文化的传播，另一方面又造成了文化发展的危机，因为资本主义主导文化借助于先进的传媒手段，宣扬自己意识形态内容，从而压制被统治阶级的文化形式，霍尔将这种状况称之为"主导—霸权的立场"，在这种立场下，文化受众的信息解码受到居于支配地位的符码控制，从而接受了主导意识形态的内容，这就消解了下层民众的反抗意识，并造成自身认同的危机。

由于文化概念的膨胀化与问题化，伊格尔顿较为集中地分析了出现文化形式与社会现实严重脱节的文化危机状况。他认为，"我们看到，当代文化的概念已剧烈膨胀到了如此地步……我们这个时代的文化已经变得过于自负和厚颜无耻"①。文化已经失去了自身发展的底线，丧失了解决社会问题的能力，"我们眼睁睁地看着文化已经从部分解决问题的方法转变成了实际问题的一部分"②。这种文化危机背后就是资本逻辑对文化生产和文化传播的操纵与控制，也就是说，资本的逻辑逐渐控

---

① 王宁:《特里·伊格尔顿和他的马克思主义批评理论》，载《南方文坛》，2001（3）。

② Terry Eagleton，Rediscover a Common Cause or Die，in *New Statesman*，Volume：133，July 26，2004.

制了文化的逻辑，使得文化丧失了自身发展的自律性，从而异化为赚钱的工具。

科学理性的发展及其与资本逻辑的结合导致了人们实践方式的转变，并引发了感觉结构的变化，在感觉结构的转变过程中，资本的逻辑侵入了人们的生活体验，导致了资本主义的文化危机。现代主义的没落、工人阶级文化的堕落以及文化商品化的滥觞，都是由于资本逻辑对人类感觉结构的侵犯而造成的人类精神与感性体验的危机。与法兰克福学派将当代文化危机归结于科学理性的膨胀和人文价值的衰弱不同，英国马克思主义者更多的从人们微观生活领域出发，探求资本主义生产方式对于日常文化实践的影响，这与他们对于人类经验的重视是紧密相关的。

三、社会政治运动

英国浓厚的经验主义传统深刻影响了英国马克思主义理论，在英国马克思主义者眼中，关注社会实践运动，为社会实践活动提供理论说明，并在实践运动中充实和完善理论，是发展马克思主义的重要途径。

"新左派运动"深深影响了英国马克思主义理论的发展，"英国马克思主义思想传统的复兴，以及它斐然的学术成就，是战后英国新左派知识分子不懈努力的结果"①。"正是由于新左派的兴起，英国学术才受到马克思主义的重要塑造，创造出规模空前的马克思主义思想文化。"②可见，关注社会现实问题和社会实践运动，是英国马克思主义者进行马克思主义英国化的重要的理论方法，他们重视理论的实践性功能从而实现与时俱进的政治效果。

英国马克思主义者力图将理论运用于实践之中，参加社会现实的运动实践，以发挥政治性的效果，"使马克思主义渗透进历史科学的主要动力是政治上的动力。几乎所有成为马克思主义者的知识分子，以及所有成为马克思主义历史学家的历史学家，这样做的时候最初都是由于政治信念吸引他们去从事跟马克思结合在一起的事业。马克思主义及其在知识上的影响的历史出发点是群众性社会主义运动和知识分子政治化的历史"③。在这种实践的基础上，英国马克思主义者推进了马克思主义理论的进程和自己理论观点的创新，"他们证明，马克思主义历史研究能够产生丰富多彩的经验性作品。他们的成果向国际历史学界展示出历史唯物主义作为分析工具的威力"④，在这种马克思主义理论实践化的过程中，英国马克思主义既发展了自己的文化历史理论，又展示了马克思主义理论的科学性。

---

① 赵国新：《英国新左派的思想画像》，载《读书》，2006(8)，39 页。

② Dennis Dworkin，*Cultural Marxism in Postwar Britain：History, the New Left and the Origins of Cultural Studies*，Durham：Duke University Press，1997，p. 264.

③ ［英］艾瑞克·霍布斯鲍姆：《马克思和历史》，王立秋译，载《第欧根尼》，85 页，1985。

④ 赵世玲：《西方马克思主义的发展——访加拿大学者布赖恩·帕尔默教授》，载陈启能：《当代西方史学思想的困惑》，325 页，北京，中国社会科学出版社，1991。

英国马克思主义者"不再满足于到马克思主义的文本中去寻找问题答案，而是在马克思主义理论的指导之下，使自己的思想向丰富多彩的现实生活敞开"①，这种面向现实社会运动的思潮来实现理论进步的方法，深深地影响了伊格尔顿的文化批判思想。"由于欧洲和美国政治活动加剧，也由于新的不断发展，所以当时出现了一代年轻的社会主义者，他们觉得老一代的新左派在理论上不够严密，对政治也不够关心。我认为自己转向马克思主义就是从那个时期开始的。"②

伊格尔顿在这种社会环境和学术氛围下，开始了从理论思辨向政治实践、从文学批评向文化理论的转移。伊格尔顿坚持文化批判的实践性和革命性，他"一方面更加强调批评的政治意义，另一方面将研究视野扩大到整个当代文化。……在他看来，文化从来就是问题的一部分，而不是解决问题的办法，文化本身就是个充满政治斗争的场所。……这一切都表明'文化研究'决不能离开实践的政治语境"③。只有在实践的政治运动中，文化研究才能展现自己的理论力量，才能在文化斗争和意识形态斗争中发挥自己的应有的能量，伊格尔顿认为："文化是战场，而不是可以弥合差异的奥林匹克神台。"④因此，文化问题必须通过文化批判来解决，必须通过揭露文化意识形态的阶级性和利益性，从而实现人们对于文化问题的正确理解。伊格尔顿解释了文化批评的意识形态内涵

---

① 俞吾金：《传统重估与思想移位》，6 页，哈尔滨，黑龙江大学出版社，2007。

② 王天保：《审美意识形态的辩证法》，16 页，郑州，河南文艺出版社，2007。

③ 王尔勃：《从威廉斯到默多克：交锋中推进的英国文化研究》，载《西北大学学报（社会科学版）》，2005(2)，8—9 页。

④ ［英］特里·伊格尔顿：《历史中的政治、哲学、爱欲》，马海良译，189 页，北京，中国社会科学出版社，1999。

和政治性效果，提出"一切批评在某种意义上都是政治批评"①的命题，他认为文学一开始就是政治问题，批评始于政治，始终以政治为灵魂，文化批判思想的真正生命力在于紧密结合政治实践，为实践带来某种不同的格局。

在英国马克思主义的语境中，始终贯彻着一个鲜明的主题，即实现社会主义，"克服资本主义社会的现实异化，使人从支离破碎的境况中解放出来，做有意义的工作，过有意义的生活，即是社会主义政治善的本质"②。可以看出，在伊格尔顿推崇的文化研究中，文化多元主义是手段与工具，推动社会主义运动才是其理论宗旨。他将社会主义运动放置于文化多元主义的语境中进行考察，揭示了当前各种社会问题与社会主义运动的联系，企图将多样化的文化意识形态与文化抵抗形式凝聚在社会主义运动之中，扩大社会主义运动的群众基础与力量来源，走向英国社会主义革命的微观领域与日常生活层面，这无论是对当时还是现在的社会主义运动都具有积极的意义。

"英国马克思主义持一种微观政治学的思想，即意欲通过多种多样的微观革命行动，用理想中的社会主义原则和基本理念为指导，积极推动资本主义抗议和争取权利的各项斗争，尽管这些微观活动的作用是有限的，比之于疾风暴雨式的制度革命似乎微不足道，但还是产生了很大的影响，对于推进马克思主义本土化，对于推进英国社会从资本主义向

---

① ［英］特里・伊格尔顿：《当代西方文学理论》，王逢振译，303 页，北京，中国社会科学出版社，1988。

② 乔瑞金：《英国新左派的社会主义政治至善思想》，载《中国社会科学》，2014（9）。

社会主义的过渡，对于人的身体解放、思想解放、政治解放，对于人的自由获得，都是必不可少的环节。"①

文化尤其是现代文化问题成为观察现代社会矛盾的一个基本的"显问题"，可以说，把握现代性文化的本质是理解现代社会问题（经济危机、生态危机和文化冲突）的一把钥匙，这就要求人们解放思想，深刻思考现代性文化的基本属性和功能。"伊格尔顿文化批判思想"就是将文化问题与现代性问题有机结合起来，借鉴"文化唯物主义"的方法，对现代社会基本问题进行深刻反思所形成的一种理论观点，具有重要的理论价值。研究并挖掘这一思想的价值，对理解西方现代性文化和现代性社会的发展及其现状具有重要的意义，其对资本主义现代性的批判，对于丰富、发展马克思主义的现代性批判理论也具有很大的作用，对于消除现代文化危机起着不可忽视的作用。

四、消解文化危机

现代文化危机实质上可以归结为文化主体的感知危机，是资本主义生产模式与文化主体之间的体验的不和谐。因此，要找出文化危机的真正根源与解决之道，必须深入分析现代生产方式下文化主体的具体体验及其矛盾，即人的"情感结构"问题。对此，威廉斯、汤普森和伊格尔顿等人强调了文化的唯物主义属性和实践性特征，在此基础上，将文化主

---

① 乔瑞金等：《英国的新马克思主义》，43—44 页，北京，人民出版社，2013。

体建基在人民大众的生活体验以及情感结构之上，运用"从下到上"的方法分析文化和社会文化现象，从现实社会中文化主体的体验分析批判现代文化危机。

威廉斯坚定地反对"精英主义"的文化立场，同时也反对将文化视为一种孤立僵化的上层建筑，而是认为"从本质上来说，文化是整个生活方式"①。文化是人类生活实践和交往关系的总和，它构成了人类的普遍经验，通过这样对文化和文化主体进行重新定义，极大程度上纠正了精英主义对大众文化的偏见。他对文化精英主义进行批评与解蔽，指出文化是一种民有、民享的存在，而不仅仅是精英分子对思想的垄断。作为人们整体生活方式的总和，文化应该既包括人类的观念活动，也包括经济活动，先验地包含物质性的要素，"物质因素是文化的应有之义"②。威廉斯在反对精英主义将文化抽象化和精神化的同时，高扬文化的物质性，创造性地提出了"文化唯物主义"思想，同时将文化的主体归根于人类总体，指出精英文化和大众文化都是人类主体感觉经验和意识结构的产物，文化是历史与具体的统一。因此，在威廉斯这里，现代主义文化或精英文化的危机，不是理性内部发展的危机，而是现代主义文化与人类经验结构之间的矛盾。

霍加特也反对精英主义对于文化的抽象性理解，主张从现实生活实践中去理解文化，去考察工人阶级的文化意识的特征，"理解工人阶级

---

① ［英］雷蒙德·威廉斯：《文化与社会》，吴松江、张文定译，403 页，北京，北京大学出版社，1991。

② Raymond Willianms，*Marxism and Literatur*，Oxford：oxford university press，1977，p. 19.

艺术的第一个起点就是，对人类状况的缜密细节产生无以附加的兴趣"[1]。他从工人阶级具体的生活方式出发，考察了无产阶级的社会地位、居住环境、工作收入、教育学习以及讲话的口音与方式等方面的特点，从而对工人阶级的文化方式作出了描述，并指出正是这种受剥削、受压迫的政治地位与低劣的生活方式培养了工人阶级独特的生活经验、情感结构和阶级意识。

针对威廉斯将文化定义为"整体生活方式"，汤普森虽然肯定了其文化概念的重要意义，认为这一文化概念澄清了文化问题并指出解决文化问题的方向，但他更倾向于将文化定义为"整体的斗争方式"。"如果我们将威廉斯定义中的生活方式……我们就得到整体冲突方式各要素间的关系研究。冲突的方式也就是斗争的方式。"[2]人民群众才应该是真实的文化主体和历史主体，他们不仅仅是悲惨的物质生产的承担者，同样也是技术发明、政治抗议、观念生产等其他实践活动的承担者。当代的文化危机根本上就是由于现实生活中工人阶级的阶级体验和具体实践方式受到资本主义文化的冲击和颠覆，难以形成一种统一的和坚定的无产阶级文化意识，更难以树立工人阶级本身的文化主体性，而陷入了自身认知危机，"我想把那些穷苦的织袜工、卢德派的剪绒工、'落伍的'手织工、'乌托邦式'的手艺人，乃至受骗上当而跟着乔安娜·索斯科特跑的

---

① Richard Hoggart，*The Use of Litewracy*，New Brunswick：Transation Publishers，1998，p. 86.

② Edward Thompson，The Long Revolution，in *New Left Review*，No. 9（May-June，1961），p. 33.

人都从后世的不屑一顾中解救出来"①。

在关于如何寻找"文化身份"的问题上，霍尔主张从具体的社会历史经历中去定义文化身份，而不是借助于外在的理论和抽象的规定。霍尔认为关于"文化身份"有两种不同的思维，第一种是将"文化身份"置于集体之中，属于一种共有的文化内涵，这种"文化身份"反映了共同的历史经验与文化符号，文化身份就被放置于一个指定的意义框架之中，这实际上是一种从文化共同体规定"文化身份"的"从上到下"的方法。霍尔更倾向于第二种方法，即认为"文化身份"产生于自己的历史和传统之中，这些构成了"真正的现在的我们"，这种方法强调从现实生活方式以及人生经历中去理解"文化身份"问题，而过去和外在的东西无法确定"真正的现在"。霍尔指出："不要把身份看作已经完成的，然后由新的文化实践加以再现的事实，而应该把身份视作一种生产，它永不完结，永远处于过程之中。而且总是在内部而非在外部构成的再现。"②实际上，霍尔将文化身份及其认同问题建立于文化差异的基础之上，认为不承认"文化身份"的具体性和差异性，仅仅从共同的模式中去规定"文化身份"，就不能理解文化认同的变化性。

受"文化唯物主义"和马克思历史唯物主义理论的影响，伊格尔顿将"文化"与"生产"联系在一起，创造性地提出了"文化生产"的概念，并倡议在文化生产的基础上实现生产主体即社会大众的解放。"马克思主义

---

① ［英］E. P. 汤普森：《英国工人阶级的形成》，钱乘旦等译，176 页，南京，译林出版社，2001。
② ［英］斯图亚特·霍尔：《文化身份与族裔散居》，载罗岗、刘象愚主编《文化研究读本》，208 页，北京，中国社会科学出版社，2008。

批评家的首要任务就是参与并帮助指导大众的文化解放。"①对于文化的主体性，伊格尔顿在借鉴马克思主义思想的基础上，作出了自己的解释，他从人的"身体"出发来重建文化主体，"身体"既指具体感性的生物性的存在，也指劳动和社会关系的存在。其中，身体/感性对于人的生存和实践活动具有重要的意义，人的类本质是自由自觉的活动，人正是通过实践活动来实现自己的感性活动主体的角色。在资本主义制度下，人的本质被异化，人的丰富的感性活动被抽象为形式化的劳动，工人的活动降低到动物的水平，从而造成人与自然、人与自己生命、人与人的类本质和人与人之间的异化，这种异化的基础就是资本主义私有制。因此，伊格尔顿认为，只有消灭资本主义私有制，人的感觉才能回到他们自身，才能实现人的丰富性。

资本主义物质发展与精神发展的不同步导致了物质财富的丰富和精神危机的出现，而现代西方社会文化危机的产生，则引起人们的深刻反思，并形成诸多不同的理论观点。

法兰克福学派认为，资本主义文化危机源于以主客二元为基本思维模式导致的物质和文化发展的不平衡，科学技术理性的滥觞和人文精神的式微是造成现代文化危机的根源。英国马克思主义者在继承英国经验主义哲学传统的基础上，认为现代性的危机源于人类主体的存在经验与生产方式之间的不和谐，或是人类主体情感结构与资本主义生产方式之间的不和谐。这种不和谐体现为资本逻辑对人类感觉结构的侵蚀与控

---

① Terry Eagleton, *Walter Benjamin in*, *or Toward a Revolutionary Criticism*, London: Verso, 1981, p. 97.

制。随着科学技术的进步和市场经济的发展，资本逻辑在时空中进一步展开与扩张，逐渐侵入到社会的日常生活中，并将自己的意志深深植入人们的感觉结构当中，导致人类情感的弱化甚至异化，以此控制了相应的文化形态，产生了文化危机。

面对资本主义的文化危机，法兰克福学派强调要揭露和批判文化危机背后的意识形态因素。霍克海默指出，"不仅形而上学，而且还有它所批判的科学本身，皆为意识形态的东西"①。马尔库塞认为，"技术理性的概念，也许本身就是意识形态"②。哈贝马斯则提出，"科学和技术的合理形式，即体现在目的理性活动系统中的合理性，正在扩大成为生活方式，成为生活世界的'历史的总体性'"③。可以看出，法兰克福学派主要将文化危机问题视为科学技术理性的意识形态功能，他们是在理性主义的框架内谈论文化危机问题，也就是说，是从文化主体之外的理性之中寻找文化危机的根源，并从理性发展的角度来俯视文化危机的表现及其形式，体现了一种"从上到下"的分析方法。

与法兰克福学派从理性推演维度采取"从上到下"的方式来分析文化危机不同，英国马克思主义者将文化危机更多地视为一种人的体验危机和主体性危机，在人的具体的生活实践和主体经验中去定义文化的内涵并分析文化危机的产生过程。也就是说，他们是从社会基本的实践层

---

① ［德］马克斯·霍克海默：《批判理论》，李小兵译，4 页，重庆，重庆出版社，1989。

② ［美］赫伯特·马尔库塞：《单向度的人》，张峰、吕世平译，116 页，重庆，重庆出版社，1988。

③ ［德］尤尔根·哈贝马斯：《作为"意识形态"的技术与科学》，李黎、郭官义译，76 页，上海，学林出版社，1999。

面、感性经验方面和人民大众层面去探究文化危机的形式和表现。这是一种"从下到上"的分析方法，这种崭新的方法阐释了文化的物质性和实践性特征，也证明了文化主体的大众性，能够避免"从上到下"方法的抽象性和形而上学性，从而保证文化危机分析的现实性与科学性。

法兰克福学派的文化批判理论对资本主义文化危机及其根源进行了深入分析，在此基础上提出扬弃科学理性或价值理性的异化，拯救现代社会文化危机，实现人类的真正自由与解放。但无论是霍克海默和阿多诺设想的"回到自然"，马尔库塞构思的"科学、技术、艺术和价值相结合的新理性"，还是哈贝马斯提倡的"交往理性"，都是在理性思维的框架中进行批判和重构，都没有找到更先进的文化主体或现实的物质力量去改造资本主义文化危机。而英国马克思主义者将解决文化危机的焦点集中于文化主体之上，试图通过改造或完善文化主体以便走出文化危机的困境。威廉斯的共同文化主张指出，"文化既是实践也是经验，文化传播本质上是塑造文化共同体的过程"①。霍加特的理想的工人阶级文化实际上是在寻找一种平等的文化主体及其和谐关系。汤普森的新兴文化理论也是为了完善文化主体性，"资本主义的发展在实现'人类的本性'方面已经明显地暴露出它的局限性，因此，必须通过革命来超越这种局限，这只能是社会主义的逻辑"②。霍尔主张的反抗文化目的在于反抗资本主义意识形态的控制，树立工人阶级的主体意识。伊格尔顿指出，激进的文化批判必须超越后现代主义之后的"主体"，坚持唯物史观

---

① 乔瑞金等：《英国的新马克思主义》，27页，北京，人民出版社，2013。
② E. P. Thompson, *The Poverty of Theory and Other Essays*, New York：Monthly Review Press, 1978, p. 357.

的"主体"范畴，即实践性的、以人为目的的社会主义的新主体性。可以说，通过唤醒或树立工人阶级的主体地位与主体意识去争取文化的解放与人的自由发展，这比法兰克福学派仅仅依靠理性的重构实现人类的解放具有更大的现实性。①

小　结

伊格尔顿的文化批判思想是在批判继承前人理论成果的基础上，经过自己的深入思考而建构起来的，其中，英国哲学传统经验主义和归纳主义对其影响极深。经验主义注重理论知识来源的实践经验性，归纳主义注重理论的具体性和结论的实证性，这两种方法在英国哲学史上占据重要地位，深刻影响了英国的文化研究理论的理路，也深深影响了伊格尔顿的文化批判思想，使他的文化批判思想既注意从社会现实问题出发，将理论奠定于现实社会问题的基础之上，又注意把总结出的结论应用于社会实践活动，以检验理论的有效性，总结理论的优缺点，进而促进其发展和完善。英国马克思主义理论是伊格尔顿文化批判思想的理论基础，这一理论是马克思主义英国化的理论成果，具体体现在英国"新左派运动"思潮和伯明翰学派的成立。伊格尔顿考察了英国"新左派运动"思潮尤其是英国马克思主义的研究领域和理论观点，明确了文化批

---

①　薛稷：《走出文化危机的困境——英国新马克思主义文化批判理论的方法论思考》，载《现代哲学》，2014(5)，21 页。

判思想的理论出发点，又借鉴伯明翰学派关于文化概念的探讨，确定了关于文化的基本概念，即坚持"文化唯物主义"的理论，并因此确立了其文化批判思想的问题域和理论思路。伊格尔顿的文化批判思想面向社会现实问题，在社会政治运动中来实现自身的理论意义和实践价值，去积极应对文化危机所带来的各种负面影响，也充分体现了英国马克思主义者的理论追求。当时西方社会特别是英国社会的政治实践运动的进程，及其实践成果也是伊格尔顿文化批判思想介入社会现实的重要途径和发展的重要推动力。在回答如何走出文化危机的困境这样的问题时，以伊格尔顿为代表的英国马克思主义者做了独具特色的回答。

第二章 | 意识形态批判

　　"意识形态"这一概念最早是由法国人德斯蒂·
德·特拉西提出的，"我宁愿采用'意识形态'的名字，
或者应该用意识科学。它是一个恰当的名字（Idea-lo-
gy），因为它没有隐藏任何怀疑和未知的东西；它的
确没有给思想带来任何原因意识。它的含义对所有人
都是非常明晰的，只要认识语法'观念'一词，每个人
都知道'意识'的含义，尽管很少有人知道它的真实含
义到底是什么。这是一个恰当的名字，因为'意识形
态'是意识科学的文字转变"①。也就是说，特拉西想
通过意识形态建立起关于人类意识的科学理论，这一
想法在当时具有重要的理论意义和实践价值，"特拉

---

① H. Drucker，*The Political Uses of Ideology*，London：Macmillan，1974，p. 13.

西拒绝了天赋观念的思想，解释了我们所有的观念如何以身体感觉为基础，而摆脱宗教或形而上学的偏见，对思想的起源进行理性的研究，这可能是建立一个正义和幸福社会的基础"。这些构想与解释充分表明，特拉西的意识形态理论对于深入考察人们的思想观念具有着极其重要的作用。

特拉西之后，意识形态理论的构建几经变化，到了马克思才有了科学而全面的阐释。学界有个普遍的共识，即马克思是意识形态范畴的奠基人，他提出了"经济基础与上层建筑"这一社会模型来解释意识形态的本质与功能。生产方式组成一个社会的经济基础，上层建筑是在经济基础之上形成并受制约于经济基础，社会的意识形态则属于思想上层建筑，主要由法律体系、政治制度和宗教信仰等因素组成。社会中主要阶级的意识形态即主导意识形态作为社会流行的意识形态，使统治阶级的利益代表了所有人的利益，因此一个社会的意识形态对于统治阶级的统治具有巨大的作用。

伊格尔顿的意识形态思想在秉承马克思主义意识形态理论的基础上，针对当前英国的文化困境和意识形态问题，借鉴了葛兰西、阿尔都塞以及英国马克思主义其他学者关于意识形态的思想，结合文化和文学文本的生产情况，形成了其独具特色的意识形态理论，这也是伊格尔顿文化批判思想的重点内容。

一、马克思意识形态思想的梳理

伊格尔顿意识形态理论的生成奠基在马克思主义关于意识形态理论

基础之上，他主要梳理了马克思主义的"虚假意识形态"的内容和构建意识形态的框架即经济基础与上层建筑的关系，伊格尔顿通过这种系统梳理逐渐明确了意识形态的内涵。

（一）"虚假意识形态"解析

马克思提出了"虚假意识形态"的观点，有人解读为虚幻的意识形态是对资本主义社会物质结构的颠倒反映，这种虚饰性的思想观念只能与实在相抵触。伊格尔顿认为这种理解简化了意识形态思想的全部意义，甚至最终会沦为"经济决定论"。

法兰克福学派通过对资本主义世界现实的否定批判和对未来乌托邦理想的信念，试图构建一种人道主义的文化理想。法兰克福学派主要攻击意识形态的虚假性的主要弱点。法国哲学家阿尔都塞认为，意识形态是一种个体"想象的"和真实世界的关系，它不是科学的概念，更不能承担科学解释历史的重任。这种"想象性"可以使主体获得不可估量的力量（包括心理、情感、行动等），具有重要的实践意义，渗透在我们日常的生活世界，构成生活的基本品质。美国哲学家詹姆逊创造"意识形态素"这个概念，从意识形态和乌托邦的视角分析马克思主义文化阐释学。伊格尔顿看到所有阶级的意识形态并不完全纯粹统一，应当把意识形态看作各个社会集团和阶级斗争进行谈判和交锋的场地，而不只是表明各阶级内在的某种世界观。

伊格尔顿认为至今仍无一人可以为意识形态下一个完满的定义，因此他对意识形态概念的定义不是对其本质的界定，而是选择以一种开放的、辩证的方式来解释意识形态，将其视为"一个由不同的概念线索交织而成的文本。从这些概念线索的历史性分歧中鉴别哪些应丢弃，哪些则应继承"，他认为这种方法"可能比人为构造某些宏大完整的理论更为重要"①。也就是说，伊格尔顿在这里刻意避开了对意识形态简单下一个规定性的定义，因为这种定义方法同样有反映论的嫌疑，也会造成不全面和自相矛盾的状况，因此，伊格尔顿选择从意识形态的阶级属性和内容的复杂性方面来对其进行描述。

在认识了意识形态的基本属性之后，伊格尔顿对人们所熟知的"虚假意识"学说提出了质疑。他指出，"虚假意识"对应的是一种不存在的东西，是一种欺骗，是对现实存在的否定，但是许多表达信念和价值系统的意识形态言论实际上并不虚假，而是具有一定的社会真实存在的因素。经验告诉我们，人们之所以对意识形态观念加以信任甚至为之献身，是因为它们本身包含着满足了人们某种实实在在需要的东西，也就是说，意识形态并不是完全虚假的。

而意识和意识形态本身就是两个不同的概念。在马克思看来，其根本区别在于：从客观存在而言，意识不能独立存在于物质之外，它是对存在的反映，意识的内容直接或间接地同人们的物质生产活动和交往活动交织在一起；而意识形态是人类意识发展到一定阶段的产物，是与阶级利益和社会结构有机联系在一起的，是对人类意识进行加工和改造形成的思想观念，这与社会历史的发展及其劳动分工具有紧密的关联。人类社会发展到脑力劳动与体力劳动分离的时候，脑力生产者于是就构造"纯粹的"理论，其中就包含意识形态的萌芽。当体力劳动与脑力劳动的

---

① Terry Eagleton，*Ideology：An Introduction*，London：Verso，1991，p. 1.

分工进一步细化，甚至内部也出现了分化，尤其当脑力劳动者为统治阶级构造思想的时候，意识形态就产生了。所以，在马克思那里，意识形态具有阶级性，这种意识形态是一种独立化的和异化的社会力量，是对社会现实的颠倒的虚幻的反映，其目的是为资本主义的现状辩护，在这种意义上，意识形态确实具有虚假性的特征。

因此，意识形态的主要特点之一就是"虚假性"，这在马克思的《德意志意识形态》一书中曾有经典表述。可见，早期马克思主要是就否定意义上阐释意识形态概念，其中"虚假的观念体系"是其基本含义之一。马克思在书中反复指出，德国哲学是要从"天上到地上"，而我们则要从地上即从现实的基础出发。"意识形态虚假性的基本规定无疑地主要是指其'颠倒性'，即它根本地颠倒了社会存在和社会意识、生活和观念之间的关系，不是从生产、生活的实践出发，而是从幻想的观念出发，甚至以观念代替现实。这里所说的'虚假'，主要指没有把观念摆在适当的位置上，以致从根本上混淆了主宾、头脚。这种规定本身无疑含有价值上的否定意义。"①关于"虚假意识"的问题，据考证，马克思本人并没有明确使用过"虚假意识"这一词语，最早的使用者是恩格斯。在 1893 年恩格斯给弗朗茨·梅林（F. Mehring）的一封信中，提到过意识形态是一种虚假意识，并且解释意识形态之所以是虚假的，是由于"推动它的真正动力始终是它所不知道的，否则这就根本不是意识形态的过程了。因此，它想象出虚假的或表面的动力"②，这句话充分揭示了意识形态虚

---

① 方珏：《伊格尔顿意识形态理论探要》，68 页，重庆，重庆出版社，2008。
② 《马克思、恩格斯、列宁论意识形态》，1 页，北京，人民出版社，2009。

假性的原因所在。伊格尔顿继承了这一思想，在作为表征的意义上肯定虚假意识的存在，正如他在访谈中明确宣称的那样："确实认为存在某种对应于虚假意识的概念的东西。"①

在《德意志意识形态》一书中，马克思与恩格斯"第一次明确地在思想史上确立了批判性的意识形态的意义域"②，但"意识形态"术语的内涵却并未确定下来，"意识形态"一直作为一个争议的范畴而存在，成为马克思、恩格斯以后，各个时代意识形态理论家们无法回避的主题。在借鉴《德意志意识形态》中意识形态思想的基础上，他们从不同的视角对意识形态理论进行了多方面的考察与反思。可以说，《德意志意识形态》文本为意识形态理论的探讨与研究提供了经典而充分的素材。伊格尔顿认为："意识形态与历史，或者意识形态与文本的图式关系，存在着许多循环的变量、许多不同的模式以及许多不确定因素。"③这在一定程度上为对马克思主义意识形态理论的研究提供了重要的启示。

如果意识形态等于"虚假意识"，那就等于说人们普遍生活在"虚假意识"当中，这显然不符合历史事实和我们生活的实际状况，"意识形态并不是毫无根据的幻觉，而是一种活生生的现实存在，是一种积极的物质力量，它至少必须有足够的认知内容，以组织人类的生活实践"④。

---

① ［斯洛文尼亚］斯拉沃热·齐泽克、［德］泰奥德·阿多尔诺：《图绘意识形态》，方杰译，351 页，南京，南京大学出版社，2002。

② 张一兵：《问题式、症候阅读与意识形态——关于阿尔都塞的一种文本学解读》，114 页，南京，南京大学出版社，2003。

③ ［英］特里·伊格尔顿、马修·博蒙特：《批评家的任务——与特里·伊格尔顿的对话》，王杰、贾洁译，121 页，北京，北京大学出版社，2014。

④ Terry Eagleton，*Ideology：An Introduction*，London：Verso，1991，p. 26.

也就是说，即使是颠倒反映的"虚假意识"，并不是完全幻想出来的东西和人为加工的产物，也是在物质生产关系即整个社会物质结构的基础上产生出来的。例如，资本主义的社会关系必然会生产出"商品拜物教"，这种"虚假意识"，恰恰反映了资本主义社会的真实关系和需要。当然也不能说意识形态一定是真的，意识形态有时候确实表现为一种系统的歪曲，它与真实的社会历史真相不是直接对应的关系，甚至在形式上还处于对立的地位。阿尔都塞就较为深入的揭示了意识形态的这种虚幻的特征。

阿尔都塞认为，意识形态从根本上讲并不是对世界的描述，而是表明"我"与世界的生活关系的暗示和表象系统，是将人建构为社会主体的一种特殊表意实践，它并不是针对世界的真实，而是对于人的思想行为的塑造。按照阿尔都塞的说法，意识形态把社会行动者建构塑造为人类主体，让个体获得一种虚构的角色，并形成完整的自我意识和"中心感"，并在这种自我意识的基础上来确定个体的社会功能、角色和形象，保证生活的"正常"进行，个体感受不到这只是一种虚幻的表象，这种虚幻的象征给人以希望和安全，并为人提供服从社会秩序和阶级统治的理由。

在阿尔都塞意识形态理论的影响下，伊格尔顿在一定程度上也承认意识形态的虚假性，"首先，意识形态不是一套教义，而是指人们在阶级社会中形成自己的角色的方式，即把他们束缚在他们的社会职能上并因此阻碍他们真正地理解整个社会的那些价值、观念和形象"[1]。在这

---

① ［英］特里·伊格尔顿：《马克思主义与文学批评》，文宝译，20 页，北京，人民文学出版社，1980。

里，伊格尔顿实际上还是认为意识形态以一种虚假的想象性的关系去塑造社会主体的社会意识。但他同时又指出，意识形态同样包含着真实性的因素，它与社会的权力结构是紧密结合在一起，甚至其虚假性正好体现了意识形态与社会现实权力的勾联，是意识形态在阶级社会的一种功能性的展现。

伊格尔顿在坚持唯物史观的基础上，遵循社会物质生产方式对于社会关系的规定性以及对于社会意识的决定作用，所以必然会坚持意识形态的阶级属性以及政治意义，也就是说，伊格尔顿坚持经济基础与上层建筑的历史唯物主义基本原理，因此必然会关注意识形态与经济基础各层次和上层建筑各区域之间的多重结构的复杂关系。伊格尔顿对意识形态范畴复杂性的充分考虑在相当程度上来自他对意识形态的政治功能的重视，因为正是在政治功能或"组织人类的实践生活"的层面上，意识形态似乎更注重目的而不在乎手段。应当重视的是，意识形态的这种政治性或者政治功能使主体得到了充分的能动性，以有效地发挥作为观念上层建筑的意识形态对于社会现实基础的巨大作用。或许正是这种政治功能体现了意识形态的虚假性，既然意识形态掩盖了现实中的阶级矛盾和冲突，是一种谎言和欺骗，所以为了维护这种谎言和统治阶级的利益，意识形态就更需要扭曲现实，制造假象，继续迷惑人们的认识，以便更好地发挥其政治功能。

伊格尔顿从马克思主义关于生产力与生产关系、经济基础与上层建筑关系的基本立场出发，参照各种意识形态概念，论证了意识形态虚假性的含义及其效果，并指出了意识形态的虚假性中也包含着真实的要素，这种虚假也是一种真实，是权力结构的真实反映，是为了进行真实斗争而采取的策略。因此，伊格尔顿最终将意识形态及其虚假性置于意识形态的政治批评之中加以界定，最终为充分发挥意识形态批判的力量奠定了坚实的理论基础。

(二)"经济基础—上层建筑"释义结构

从某种意义上说，特拉西创立的包含唯物主义和经验主义成分的"意识形态"概念，成为马克思确立意识形态现代语境的一个背景。马克思首次将这个词看作一个哲学概念，并开辟了意识形态研究的对象以及方式，"无论如何，直到最近几十年，意识形态的研究，无论其企图如何，在很大程度上都是那些以某种方式把自己与马克思主义联系在一起的人们的保留地"①。伊格尔顿也是在马克思意识形态理论的启示之下，尝试建构了自己的意识形态思想，而这种启示使得伊格尔顿认真追询了马克思意识形态理论的结构，也就是经济基础—上层建筑这一意识形态的解释框架。

特拉西创造了"意识形态"一词，这个在当时积极进步的概念经由拿破仑的曲解和污蔑而变得面目全非、抽象空洞。意识形态被意识形态家认定为是有助于社会改革进步的真实意识，但拿破仑政府在宗教势力的鼎力支持下向帝制统治演变时，和这些意识形态家的矛盾变得不可调和，并赋予了意识形态否定和贬义的色彩，使"意识形态家"这个指称兼具"意识形态家"和"空想家"两种角色。

---

① ［英］大卫·麦克里兰：《意识形态》，孔兆政、蒋龙翔译，10 页，长春，吉林人民出版社，2005。

拿破仑指责来自共和派和自由派的意识形态家用"冗长散漫的形而上学"代替了"性情知识和历史经验教训",这样的指控具有强烈的反讽意味,因为"形而上学"正是具有唯物主义思想的意识形态家们所不能容忍的目标,他们相信思想观念和物质条件之间有种紧密的相互联系,有时也承认思想观念还是社会生活的基础。正是由于这个立场不是那么明晰的弱点,被拿破仑抓住并放大,认为他们在过度的理性主义中夹杂了不计其数非理性的东西。"在他眼里,这些理论家对理性规律的探寻已经走到把自己锁在抽象空间中的地步了,像精神病患者一样脱离了物质现实。"①这样意识形态这一术语的表意由科学理性的代名词偏移到空洞虚无的唯心主义层面,结果"摇摆于肯定的和否定的含义之间,是意识形态概念的全部历史的特点"②。这些思想无疑影响了德国古典哲学传统关于意识形态的思考,而这些思想以及德国古典哲学的相关思考也影响了马克思的意识形态理论的产生。

黑格尔作为德国古典哲学的集大成者,同样对隶属于社会思想的意识形态思想作了深入的阐释,"法国人所谓的'意识形态'……是一种抽象地形而上学,是对于最简单的思维规定的一种列举和分析。这些思想规定并没有辩证地得到考察,他们的材料是从我们的反思和思想中取得的,而包含在这种材料中的各种规定又必须在材料中得到证明"③。任

---

① Terry Eagleton, *Ideology: An Introduction*, London: Verso, 1991, p. 5.

② [英]大卫·麦克里兰:《意识形态》,孔兆政、蒋龙翔译,8页,长春,吉林人民出版社,2005。

③ [德]弗里德里希·黑格尔:《黑格尔全集》,第20卷,286页,法兰克福,1986年德文版,转引自俞吾金:《意识形态论》,27页,上海,上海人民出版社,1993。

何一个脱离了历史过程的思想，都不能在其所在的时代中认为自己绝对正确，因为与历史过程的相对性是它存在的前提。这种观点认为，"如果历史有理性、有意义的话，那么它也必定存在于整个历史过程中，而不能从特定的个人或时代的部分性意图中寻找。因为个人和时代的计划是著名的'理性的狡计'（Cunning of Reason）的手段，用以造成通常远不同于原先思想家所期望的结果"①。这就说明了意识形态发展的阶段特征。《精神现象学》是黑格尔深入论述意识形态各个阶段不同表现形式的代表作，黑格尔在第四阶段即狭义的精神阶段，提出著名的"教化"和"异化"概念，指出"教化的虚假性""语言是异化或教化的现实""教化是自然存在的异化"等问题，这些对教化和异化现实世界的说明，为意识形态含义概念之后发生根本转折埋下良好的伏笔。因此，"黑格尔的这些思想对马克思产生了很大影响，正是结合法国和德国两者思潮的马克思主义将意识形态概念置于政治讨论的前沿"②。

　　费尔巴哈虽然没有明确使用意识形态概念来批判宗教异化，但是也触及意识形态和异化的内在关系问题，他在建立自己人本主义哲学体系的过程中，使我们从唯物主义角度认识到宗教的意识形态本质。也有西方学者认为，马克思的意识形态理论正是在费尔巴哈批判宗教的基础上逐渐形成。

　　马克思、恩格斯的《德意志意识形态》一书是对其早期意识形态观的

---

　　①　［英］大卫·麦克里兰：《意识形态》，孔兆政、蒋龙翔译，9页，长春，吉林人民出版社，2005。

　　②　同上书，10页。

综合阐述，"第一次明确地在思想史上确立了批判性的意识形态的意义域"①，在对意识形态概念的考察中，马克思继承了黑格尔的部分思想，将意识形态看成自由漂浮在物质基础上，同时否认物质基础存在的思想观念。在《德意志意识形态》一书中，马克思、恩格斯阐述了他们对意识形态的看法："思想、观念、意识的生产最初是直接与人们的物质活动，与人们的物质交往，与现实生活的语言是紧密地交织在一起的。人们的想象、思维、精神交往在这里还是人们物质行动的直接产物。表现在某一民族的政治、法律、道德、宗教、形而上学等的语言中的精神生产也是这样……而发展着自己的物质生产和物质交往的人们，在改变自己的这个现实的同时也改变着自己的思维和思维的产物。"②马克思认为，意识形态必须在物质生产的基础上存在和发展，也必须在物质生产和物质交往中得到说明。

这就揭示了意识形态与物质生产的关系，意识形态作为精神生产的一部分，是在物质生产和物质交往的基础上产生，并随着物质生产活动的改变而改变，也就是说，意识形态生产的基础就是物质生产方式，其中的物质交往关系也就是以后的生产关系，即经济基础。可见，在马克思这里，已经包含了从经济基础和上层建筑角度考察意识形态的思维和内容。

马克思将意识形态范畴置于社会的物质生产和物质交往活动之中，

---

① 张一兵：《问题式、症候阅读与意识形态——关于阿尔都塞的一种文本学解读》，114 页，南京，南京大学出版社，2003。

② 马克思、恩格斯：《德意志意识形态（节选本）》，16—17 页，北京，人民出版社，2018。

认为要想改变世界，不能仅仅通过意识形态的变革或观念的革命，更需要现实层面的斗争实践，推翻旧社会统治的物质基础，尤其是经济基础，才能真正实现人类的解放。在这个意义上，马克思主张必须进行物质生产方式的变革，而不是仅仅进行思想上的革命，他明确说过："实际上对实践的唯物主义者，即共产主义者说来，全部问题在于使现存世界革命化，实际地反对和改变事物的现状。"① 只要社会物质生产方式发生了改变，意识形态也会随之发生变化。

所以从物质实践角度来解释意识形态是科学的，但马克思同时也认为并非所有的思想都是意识形态的，"使思想转化为意识形态的，正是它们与劳动过程所固有的社会和经济关系的冲突性之间的关联"②。从根本上说，一是这些冲突来自体力和脑力劳动的社会分工，意味着从劳动与劳动产品的数量和质量上开始出现分配不公；二是这一过程中出现的私有财产合理存在，以及私人与公共利益不一致的局面，开始赋予特定思想以意识形态的力量，这些思想掩盖了社会冲突和矛盾，为经济权力分配的不平衡进行辩护。

《德意志意识形态》一书创造性地提出意识形态的本质是实践的，而意识实践的特征首先就是生产掩饰社会经济关系本质的神秘和幻象。在这种语境下，意识形态具有贬义的性质，"在马克思自己看来，意识形态的贬义主要包括两个方面：第一，意识形态与唯心主义相联系在一起，而唯心主义作为一种哲学观和唯物主义是相对立的，任何正确的世

① 《马克思恩格斯全集》，第 3 卷，48 页，北京，人民出版社，1960。
② ［英］大卫·麦克里兰：《意识形态》，孔兆政、蒋龙翔译，16 页，长春，吉林人民出版社，2005。

界观在某种意义上都必定是一种唯物主义观点"，在意识形态与社会生产关系的关联方面，则体现为一种"公平"的假象，"第二，意识形态与社会中的资源和权力的不公平分配联系在一起，如果社会的和经济的安排受到怀疑，那么作为其一部分的意识形态也会如此"①。在此意义上，早期的马克思视之为虚假意识，只有那些掩盖了剥削真相、社会矛盾的思想才是意识形态的，他提出了意识形态的实践性特征，认为意识形态是一种生产过程，与社会权力关系的生产紧密结合在一起，是社会结构生产和再生产的重要参与因素。

《德意志意识形态》一书是马克思主义理论宝库中的重要著作，对意识形态思想的发展具有极其深远的影响。伊格尔顿在借鉴最新意识形态理论的基础上，对马克思当时的意识形态思想进行了深入的解读，主要表现在坚持马克思唯物史观的前提下，对意识形态的虚假性特征重新理解并作出界定，对意识形态的内在冲突特性进行深入分析，对意识形态的感性维度做出独特的阐释，从而将意识形态的研究引入到实践领域、内在视阈与感性维度的中来，在一定意义上积极地创新了《德意志意识形态》文本中有关意识形态思想的研究范式，拓展其理论张力。

《德意志意识形态》一书作为马克思意识形态理论形成的标志，他在书中从两个层面对意识形态进行了充分的论述：一是指以费尔巴哈、鲍威尔、施蒂纳为代表的"德意志意识形态"；二是阶级社会"观念的上层建筑"，具有虚假性和阶级性，因为它是统治阶级为了掩盖社会矛盾和

---

① ［英］大卫·麦克里兰：《意识形态》，孔兆政、蒋龙翔译，13 页，长春，吉林人民出版社，2005。

剥削真相维护自己统治的思想体系。相较于马克思后期更成熟著作中的反思，《德意志意识形态》中对意识形态的论述还是产生了一些关键性的变化，比如从早期援引的"照相机比喻"发展到对"商品"这一核心概念的发现，"商品"其本身也被发现蕴含了真实的力量。这就说明，马克思在物质性的生产中发现了意识形态的因素，即意识形态的生产并不仅仅是物质生产的结果和产物，它与物质生产活动也是结合在一起的，并且在统一生产过程中，互相影响、彼此促进，共同形成了社会权力关系的生产和再生产。

　　在《资本论》一书中，马克思着力强调了资本主义的社会现象形式与作为其基础的生产关系之间的区别，"商品"起初看起来是极为简单普通的，再仔细分析发现它却是"一种很复杂的东西，充满形而上学的微妙和神学的怪诞"[①]。为什么普通的劳动产品一有了商品的形式就具有了谜一般的性质呢？马克思指出，这是由于商品的价值是由人类一般的、抽象的劳动决定的，"人类劳动的等同性，取得了劳动产品的价值形式，用劳动持续时间来计量的个人劳动，取得了劳动产品的价值量形式；最后，生产者之间的体现他们的劳动的社会性的关系，取得了劳动产品的社会关系的形式。正因为如此这些产品变成了商品，也就是说，变成了既是可感觉又是不可感觉的物或社会的物"[②]。马克思在这里指出了资本主义商品生产过程中劳动产品的物质属性和社会属性，也就是说，商品生产过程中既是有形的商品的生产，同时也是无形的社会关系的生

---

①　马克思：《资本论》，51 页，北京，中国社会科学出版社，1983。

②　同上书，52 页。

产，它们是同一生产过程的两个方面。

但是，马克思认为，价值形式和价值关系与产品的自然属性没有什么关系，而与人们的社会生产方式有紧密关联，"这只是人与人之间的一定的社会关系，但它在人们面前采取了物与物之间的关系的虚幻形式。"马克思借用宗教世界的幻境来比喻这一现象，"在那里，人脑的产物表现为具有特殊躯体的、同人发生关系并彼此发生关系的独立存在的东西。在商品世界里，人手的产物也是这样，这可以叫作拜物教。"①实际上，马克思使用"拜物教"一词，一方面揭示了资本主义社会中人的本质的异化，另一方面也说明人与人的关系隐藏在物与物的关系之中，人们注重于物与物的关系，而忽视了物与物关系背后的人与人的关系，从而对社会生产产生了误识。

劳动产品的社会关系被掩盖在商品生产和交换之中，这种生产交换活动在人们的意识形态中却不能得到如实的反映，而是颠倒地呈现在人们面前，"在竞争中一切都颠倒地表现出来。经济关系的完成形态，那种在表面上、在这种关系的现实存在中，从而在这种关系的承担者和代理人试图说明这种关系时所持有的观念中出现的完成形态，是和这种关系内在的、但是隐蔽着的基本内容以及与之相适应的概念大不相同的，并且事实上是颠倒的和相反的。"②在这里，意识形态的观念仍然处于颠倒和掩盖人们之间真实关系的观念的内涵之中，而马克思在《资本论》中已经不太强调意识形态的虚假含义，转而重点突出在被认为是反映了某

----

① 马克思：《资本论》，52 页，北京，中国社会科学出版社，1983。

② 《马克思恩格斯全集》，第 25 卷，232—233 页，北京，人民出版社，1974。

种真实的、资本主义社会所固有的事物，意识形态是在资本主义经济基础上产生的思想上层建筑，意识形态内在地包含了资本主义生产关系和权力关系的内涵，这种内涵是通过间接复杂的形式表现出来的。

在后来的《共产党宣言》一书中，马克思进一步提出意识形态是资本主义社会内在结构的意涵，它本身也是一种真实力量，如何去除这种虚假性和阶级性，他认为唯一的途径就是进行实践的共产主义运动。

伊格尔顿理解并认同马克思主义意识形态理论，同时结合现实问题进行了深入化的分析。他认为马克思一方面认识到了意识形态之于资本主义的内在必然性，即意识形态就是资本主义社会生产和社会结构的必要构成要素；另一方面马克思也将注意力集中到以下问题，即根据资本主义社会的日常事务中人们结合在一起的形式，研究意识形态生成的方式，即研究意识形态产生的基础和策略。"意识形态研究不仅是观念的某种社会学，更特殊的是，它试图表明观念是如何与现实物质条件相关联的。它往往通过遮蔽和掩饰它们、以其他术语替代它们、尤其是解决它们的冲突和矛盾并把这种状况变为显而易见是自然的、不可改变的和普遍性的观念。"[1]这种改变和掩盖实际上就是一种政治性策略，"简言之，意识形态在这里被认为是一种积极的政治力量，而非仅仅是世界的反映；至今，马克思的传统一直致力于描述意识形态的各种策略中的一种或全部"[2]。伊格尔顿认为在传统的马克思主义的理解中忽视了这些策略的全面性，因此他试图揭示意识形态中的全部策略，以便纠正传统

---

[1]　Terry Eagleton, *Ideology*, New York: Longman, 1994, p. 6.

[2]　Ibid., p. 6.

的误解。

在伊格尔顿看来，马克思对于意识形态概念的思考，不仅考察了意识形态产生的认识论的根源，更为重要的是揭示了意识形态与社会生产方式的关联，正是在这种关联中，意识形态与社会权力结构紧密结合在一起，并且在这种社会权力的生产和再生产中实现自身的生产和再生产，在这种生产过程中共同巩固了社会结构系统的稳定性，从而维护了统治阶级的物质利益以及思想利益。

阿尔都塞从马克思的意识形态理论中得到了启发，从而阐述了意识形态的内容，"意识形态反应的不是人类同自己生存条件的关系，而是他们体验这种关系的方式：这就是说，既存在真实的关系，又存在'体验的'和'想象的'关系。在这种情况下，意识形态是依附于人类世界的表现，是人类对人类真实生存条件的真实关系与想象的表现，就是说，是人类对人类真实生存条件的真实关系与想象关系的多元决定的统一"①。阿尔都塞这段话说明了我们只有通过意识形态才能感知、阐释我们存在的物质条件，意识形态就是我们与社会历史现实存在的一种中介，但却只是一种想象的中介，它不能带人走入真实的现实世界。另外，意识形态所表征的是个体生活与其中关系的想象性关系，而不是支配个体存在的系统，也不是决定性的反映与被反映关系，这就重新揭示了经济基础与意识形态之间的关系，指出意识形态只是对于物质条件或经济基础的依附与想象，二者从属于不同的逻辑和层面，他们之间不是

---

① ［法］路易斯·阿尔都塞：《保卫马克思》，顾良译，203 页，北京，商务印书馆，2010。

决定关系，经济基础只是影响意识形态的社会因素之一。

伊格尔顿深受阿尔都塞的观点的启发，他认为马克思主义理论中经济基础和上层建筑的关系，实际上可以理解为前者"限定"（Setting of Limits）后者的关系，是制约和影响而非简单的决定关系，也可以说是前者对后者施加压力和影响（Exerting Pressure），并从这种限定性影响中揭示二者是如何相互作用的，"马克思主义认为，人们创造物质生活的方式会对他们建立的文化、法律和政治建构产生限制。所谓的'决定性作用'实际上也就是一种'限制'。生产方式不会自己指定一种政治制度、文化形态或社会观念"①。可见，伊格尔顿对于经济基础和上层建筑之间的关系进行了重新说明，从单纯的经济决定论中解脱出来，将二者置于一种更加复杂的平台上进行考察，以此来阐述其意识形态理论。

正是在对马克思意识形态理论的主要框架经济基础—上层建筑的详细解读下，伊格尔顿描绘了马克思意识形态的主要逻辑结构，即在经济基础—上层建筑的互动同构关系中，而不是简单的反映在决定关系中，意识形态既是社会物质生产的产物，同时又是物质生产和社会生产的参与要素，任何社会生产都是物质生产和思想意识生产的统一。意识形态作为思想上层建筑，虽然在根本上受到经济基础的决定，但是这种决定不是简单地对应关系，意识形态不仅仅是对经济基础的直接反映，更重要的是意识形态与社会结构以及权力关系具有紧密的关联，它不但以自己的方式反映着社会结构和社会权力关系，而且还在实际生产过程中与

① ［英］特里·伊格尔顿：《马克思为什么是对的》，李杨译，151页，北京，新星出版社，2001。

这些关系互动，促进这些关系的生产和再生产，并同时进行着自身的生产和再生产。不仅物质生产方式中有意识形态的生产，而且意识形态生产过程中同样也有物质产品的产生。

伊格尔顿在这里明显沿用了"文化唯物主义"的思路观点，扩充了上层建筑生产的范围与过程，并进一步指出意识形态生产的复杂性和系统性，并认为文化意识形态的生产过程中既有经济基础的因素，也有上层建筑的因素，即文化意识形态的生产是经济基础与上层建筑的生产和再生产的统一。

二、意识形态批判的语境与维度

伊格尔顿的意识形态思想有自己的语境和维度，只有理解意识形态概念背后的话语环境和分析维度，才能更好地理解伊格尔顿的意识形态思想。

（一）语境：历史唯物主义

唯物史观认为，意识形态不是人脑中固有的产物，也不是从天上掉下的思想观念，它归根结底来源于社会存在和社会生产方式。意识形态表面看来是对人类总体存在形式的反映，具有普遍性和客观性，实际上它具有鲜明的阶级属性，不同的社会集团和阶级由于其利益的差异而有着不同的意识形态，而不同的意识形态在社会中所处的地位，是由其所代表的阶级的地位决定的。因此，意识形态理论就是一种抽象的理论，而不是纯粹空洞的东西，它具有很强的意向性和指向性，总是直面和影射现实，无论是占统治地位的意识形态，还是处于非统治地位的意识形态，都是为了维护现存的政治制度，或者是为了批判现存的政治制度。伊格尔顿非常赞同这一观点，他进一步认为，马克思主义的意识形态理论是一种科学的意识形态理论，它能够揭示意识形态产生的阶级属性和认识论根源及其发展规律，并在科学的基础上，即历史唯物主义的基础上对意识形态，尤其是对资本主义意识形态进行分析和批判，从而促进社会主义运动的胜利，实现人类的真正解放。

　　伊格尔顿在阿尔都塞的影响下，曾将意识形态视为解放的理论工具，"意识形态属于科学理论的新时代，它的目标是把男男女女们从神秘迷信和非理性中解放出来，它是在精神层面上进行的资产阶级革命，它立志从平地开始重建精神，解剖我们接收和组合感觉材料的方式，以使我们介入这一重建过程并使它朝我们所希望的政治目标前进"[①]。在这里，伊格尔顿强调了意识形态的革命性功能，即不仅是统治阶级精神统治的工具，也是被统治阶级革命的工具。伊格尔顿辩证地看待意识形态观念，在坚持马克思历史唯物主义的基础上，驳斥了保守主义、实用主义和空想主义对意识形态观念的歪曲和误解，肯定了意识形态对社会发展所起的能动作用，指出它具有社会性、阶级性、政治性三个特征，并且这三个特征是内在的连接在一起的，意识形态批判必须对这三个特征进行总体性的批判。

---

　　① ［英］特里·伊格尔顿：《历史中的政治、哲学、爱欲》，马海良译，80 页，北京，中国社会科学出版社，1999。

按照伊格尔顿的看法，文化意识形态中弱点的方面其实可以充分暴露出文化里隐藏的矛盾，借助于揭露这些矛盾，可以揭示资本主义文化观念和意识形态的虚假性和欺骗性，从而打破人民群众对于资本主义意识形态的幻想，这有利于正确认识资本主义意识形态的本质。

伊格尔顿指出，意识形态是一套观念和象征形式，这种观念和象征形式能够使人们对于身处其中的社会存在产生误识，以便认同他们的社会地位和社会角色，"意识形态是指人们在阶级社会中完成自己的角色的方式，即把他们束缚在他们的社会职能上并因此阻碍他们真正地理解整个社会的那些价值、观念和形象"[①]。历史唯物主义认为，意识形态是思想上层建筑的一部分，它受经济基础的制约并对经济基础具有反作用。因此，社会的意识形态与社会的结构方式具有紧密的关系，尤其与这个社会的政治权力结构紧密相连，伊格尔顿较为认同这种观点，他说："我用'意识形态'约略地意谓我们所说的和所信的东西与我们居于其中的社会的权力结构（Power-Structure）和权力关系（Power-Relations）相联系的那些方面。按照一个粗略的意识形态定义来说，并非我们所有的基础判断和范畴都是意识形态。"[②]意识形态就是这样一种价值观念体系，它内在地包含着社会权利结构的内涵和阶级利益的因素，从思想观念上维护现存社会的权力关系和利益关系，在麻痹广大被统治阶级的同时，为统治阶级社会利益的正当性作辩护。

---

① ［英］特里·伊格尔顿：《马克思主义与文学批评》，文宝译，20 页，北京，人民文学出版社，1986。

② ［英］特里·伊格尔顿：《二十世纪西方文学理论》，伍晓明译，19 页，西安，陕西师范大学出版社，1986。

　　按照历史唯物主义的观点，意识形态是阶级统治的工具，对社会生产关系和社会权力结构的生产过程具有很大的反作用。在伊格尔顿看来，意识形态主要是指"那些感觉、评价、认识和信仰模式，它们与社会权利的维持和再生产有某种关系"①。在这里，伊格尔顿借用唯物史观的意识形态观点，揭示了意识形态与社会权力结构的内在关联，指出了人们的观念和信仰背后的阶级性和权力性。

　　马克思主义认为，经济基础和上层建筑的关系及其斗争决定社会的基本结构，统治阶级控制着社会的生产关系即经济基础，从而也控制着社会的上层建筑，意识形态就处于统治阶级的控制之下，在自身的生产和再生产过程中维护、促进社会结构和社会关系的生产和再生产。这也就是说，统治阶级的意识形态，都是占社会统治地位的意识形态，它集中反映该社会的经济基础，表现出该社会的思想价值观念和思维特征，代表了统治阶级的经济利益和政治权力。但这并不是说每个社会都存在一种意识形态，按照马克思主义的观点，一个社会中的意识形态都是复杂多样的，并非一个简单构造的理论体系。

　　大体上说，一个社会中往往存在三种主要的意识形态形式：主流意识形态、过时意识形态和新生意识形态。主流意识形态属于伊格尔顿所说的一般意识形态，主要是为当时的统治阶级服务的。过时的意识形态主要反映已经失去生命力和存在价值的落后阶级的利益和观点。新生的意识形态则面向未来，是一种对新生的、积极的社会因素和制度形式进

————————————

　　①　［英］特里·伊格尔顿：《二十世纪西方文学理论》，伍晓明译，19 页，西安，陕西师范大学出版社，1986。

行反映的思想观念。一般而言，一种社会形态中存在这三种意识形态，彼此影响、互相斗争而又相互渗透。也就是说，没有纯粹的意识形态观念，一种意识形态内部可能同时隐含着其他两种意识形态的因素，这需要人们去加以仔细的辨别，按着本阶级的利益诉求去选取符合自己利益的意识形态内容要素。

鉴于这一点，伊格尔顿认为应该在全面梳理所有意识形态思想的基础上去理解意识形态的内容，或许这些冲突的理路观点更能体现出意识形态的特征，"一个由不同概念线索交织而成的文本。从这些概念线索的历史性分歧中鉴别哪些应丢弃、哪些应继承，可能比认为构造某些宏大完整的理论更为重要"①。只有正确分析和认识不同的意识形态及其背后的社会阶级内涵，才能更加全面地理解意识形态的内涵及其功能，如果只是对意识形态进行抽象的定义，既不符合现实情况，又会流于偏颇。由此可见，伊格尔顿没有用绝对的观点去审视意识形态的内涵，而是看到了意识形态内容的复杂性和混合性，主张用一种策略性、开放性、辩证的态度来说明意识形态概念，取其精华、去其糟粕，以便更好地批判资本主义意识形态和宣传马克思主义意识形态理论。

可见，尽管伊格尔顿的意识形态思想产生于发达的老牌资本主义国家英国，具有自己特殊的问题域和分析批判对象，但就其语境而言，伊格尔顿意识形态思想的内涵及其建构逻辑都建立于马克思主义唯物史观的基础之上，虽然受到英国马克思主义的影响，对马克思历史唯物主义的基点即经济基础和上层建筑作了一定程度的重新解释和修改（认为经

---

① Terry Eagleton，*Ideology: An Introduction*，London: Verso，1991，p. 1.

济基础与上层建筑是一种互动的系统性关系，而非简单的决定关系，意识形态的生产同时包含着经济基础和上层建筑的生产，表现为同一个过程的两个方面等），但总体而言，伊格尔顿的意识形态思想没有跳出历史唯物主义的思维框架，其对意识形态的理解还是基于历史唯物主义语境之内的。

(二)维度：认识论和社会学

"意识形态"无疑是一个复杂的哲学范畴，大卫·麦克里兰曾评价道："它是一个基本内涵争议的概念，也就是说，它是一个定义（因此其应用）存在激烈争论的概念。"①自法国哲学家特拉西最早使用"意识形态"这一概念以来，人们对它蕴含的问题和意义的讨论从来就没有停歇过，"有多少意识形态理论家就有多少意识形态理论"②。

正因为历史上关于意识形态的争论积累了大量的分歧和异议，所以对于伊格尔顿而言，关于意识形态内涵和问题的研究和定标就变成一项繁重、复杂和棘手的工作。在伊格尔顿看来，这项工作具有重要的理论意义和实践价值，"理解意识形态就能理解过去和现在，这种理解有助于我们的解放"③。因此，在坚持马克思主义基本立场上，伊格尔顿并不简单地服膺于某一种意识形态理论，而是用辩证的眼光对它们的优势

---

① ［英］大卫·麦克里兰：《意识形态》，孔兆政、蒋龙翔译，1 页，吉林，吉林人民出版社，2005。

② ［英］特里·伊格尔顿：《历史中的政治、哲学、爱欲》，马海良译，94 页，北京，中国社会科学出版社，1999。

③ 同上书，3 页。

和缺陷均作出了较为科学的综合系统评判。

面对定义纷繁复杂的意识形态概念以及对同一概念定义产生的各种歧义和异议，伊格尔顿认为，这种现象很大程度上缘于意识形态批判过程中的认识论和社会学问题，也就是理解意识形态的两条主流传统路线的不统一性。他指出，关于意识形态的理解存在着两种不同的线索，"概而言之，一条重要的线索是从黑格尔、马克思和卢卡奇以及一些新近马克思主义思想家，他们注重于讨论认识真假的观念和认识论传统（将意识形态看作幻觉、扭曲和神秘化）"，这一线索探究的主要是意识形态的虚假性及其认识的特殊性。而"另一条则是关注观念的社会功能胜于关注观念的真实性的社会学传统"①。这一条主要关注意识形态的社会结构性，也就是说关于意识形态的内涵及其功能，学术上存在两种不同的理解方式即认识论方式和社会学方式，这两种方式从不同的方面对意识形态进行了考察和探究，得出了各自的结论，这些结论既有相同之处，也存在差异之处。伊格尔顿对这两条路线进行了较为深入的考察。

伊格尔顿首先考察意识形态的认识论维度。伊格尔顿说过意识形态是由不同概念线索交织而成，应该从这些概念线索的历史性分歧中进行比较、鉴别，取其精华、去其糟粕，他认为这"可能比人为构造某些宏大完整的理论重要"②。从这点可以看出，伊格尔顿认为意识形态就是各种不同定义和内涵的产物，从这些不同的内涵中，可以发现意识形态

---

① Terry Eagleton, *Ideology: An Introduction*, London: Verso, 1991, p. 3.
② Ibid., p. 1.

的本质。伊格尔顿认为马克思的原始文本已经揭示出意识形态概念自身的张力，它既是一种以政治统治为目标的目的论，"一方面，意识形态有目的，有功能，也有实践的政治力量"，又是一种在实践中对认识对象的扭曲的反映，从而产生了"遮蔽"真实历史的效果。

他指出，意识形态的实践用途之一就是生成幻象，"另一方面，（意识形态）似乎仅仅是一堆幻象，一堆观念，它们已经与现实没有联系，过着一种与现实隔绝的明显自律的生活"①。在这里，意识形态是一种虚假意识，代表了资产阶级的统治意识，掩盖现实存在的剥削关系，扭曲了社会意识与社会存在的关系，制造出一种客观和公平的假象，迷惑人民大众对现存社会的真正认知，这种作用和宗教或形而上的幻象起到了同样的效果，这种效果对于维护统治阶级的利益具有重要的作用，也能从统治阶级那里获得物质援助和精神支持，并对其反抗力量进行压制和打击，所以意识形态幻象具有一定的政治力量。

意识形态作为一种具有政治权力的认识幻象，是认识论要素和社会学要素的统一体，从这点出发，伊格尔顿首先确定了意识形态这两方面的属性，"意识形态主要是认识论问题，关注西奥多·阿多诺所称'社会所必须的幻象'？抑或是社会学的事情，关注某些观念与权力的交叉方式？"②但在认识论层面上，伊格尔顿反对将意识形态简单理解为一种虚假意识，他指出，这种真实与虚假二元对立的思维，和弗洛伊德的"梦"文本一样，不单单是一种完全虚幻的表达，还蕴含着一定真实实践的因

---

① ［英］特里·伊格尔顿：《历史中的政治、哲学、爱欲》，马海良译，85 页，北京，中国社会科学出版社，1999。

② 同上书，85 页。

素。伊格尔顿更肯定虚幻背后所包含的真实的因素，他认为早期马克思提出的"每一个时代的统治阶级的思想观念都是统治思想观念"是一个"非常创新和大胆的观点"，因为"他肯定了意识和权力之间惊人的直接联系，这就远远超过了任何单纯坚持观念受社会条件制约的观点"①。无形之中，一种社会学维度上的实践语义就表露出来，这个问题我们将在下文讨论。

"虚假意识"的意识形态观念来源于一种假设：事物与意识是二元存在的，事物的实在状态存在于我们意识之外的某个地方，物质实在才是可靠的，而意识则是不可靠的，它具有虚假的潜在性，在现实生活中，为达成某种目的，人们尤其是统治阶级可以在语言层面上把这种实际存在加以歪曲形成意识形态，并灌输给被统治阶级，影响他们的心灵，以达到"合理化、合法化"的目的。而意识形态正是以这种扭曲或模糊的方式呈现了所谓的真实，因为它不是社会存在的真相，所以它必然是虚假的。伊格尔顿反对这样的简单化处理，他认为如果仅仅把意识形态当作"虚假意识"无疑会"把这个术语扩展到毫无用处的地步"②，因为它没有说明意识形态虚假的背后原因和生成机制。

为了更好地阐释意识形态的生成原因，伊格尔顿开始借鉴弗洛伊德的"无意识"思想来比较说明意识形态的产生过程，"我们所称的'实在'本身被心灵的奇想所洞穿，这个实在一如我们的意识知觉，只是我们无

---

① ［英］特里·伊格尔顿：《历史中的政治、哲学、爱欲》，马海良译，86 页，北京，中国社会科学出版社，1999。

② 同上书，90 页。

意识欲望的一个建构"①。也就是说，现象本身属于真实的一部分，这个真实通过我们的潜意识传达给我们的心灵，从而认识部分的真实。因此，现象虽然是阻碍我们看到事物真相的幻镜，但是在这种幻镜里往往能表现一种真实的历史存在，"许多我们成为意识形态的观念之所以非常成功，恰恰因为他们是真的"②。而这种历史真相则进一步保证了意识形态的效果及其功能，因为只有具有真实性，才能在社会实践中取得一定的效果，进一步迷惑人们的思维和感觉。这就揭示出了虚假意识形态中所包含的真实的社会因素，对于纠正有关意识形态虚假性的理解具有重要的意义。

　　弗洛伊德的"无意识"概念为对意识形态进行思考提供了新的理论视角，梦和意识形态都是一种"双重的"文本方式，是力量和符号的结合，但是精神分析不仅仅是专注"显在内容"，主要目的是去揭露那种形成梦的潜在的无意识力量。同样，意识形态也是如此，它不仅仅在于看到的历史现象，更在于去挖掘看不到的历史真实及其扭曲的过程，去揭露意识形态背后的作用机制，"如果我们可以揭露'迫使'某个特殊的话语表现为某些欺骗和伪装的社会条件，我们就可以考察受到压抑的种种欲望"。正是发现了"梦"与"意识形态"的同构方式，伊格尔顿在这里发现弥合马克思早期和后期关于意识形态思想差异的方法，得出意识形态不仅仅是关于"虚假意识"，而且还是关于真实社会的象征的结论，"如果

_____

　　① ［英］特里·伊格尔顿：《历史中的政治、哲学、爱欲》，马海良译，91 页，北京，中国社会科学出版社，1999。
　　② 同上书，85 页。

梦想让无意识的动机披上象征的伪装，那么意识形态的文本也是如此"①。实际上，按照伊格尔顿的观点，在一般情况下，处于意识形态的迷惑之下就相当于处于梦境之中，而忽视了真实的社会历史存在，挖掘梦境生成背后的原因及其过程，则能更好地去理解意识形态的本质及其功能。

伊格尔顿解释了马克思对于意识形态"虚假性"认识的发展，在这一点上，有些类似于阿尔都塞的"认识论断裂"，即将青年马克思与后期马克思的意识形态观点截然分开，"对于像后期的卡尔·马克思这样的思想家们来说，意识形态与其说是一个思想问题或话语问题，不如说是阶级社会本身的客观结构"②。实际上，这就转变了对于马克思的虚假意识形态的理解路径。伊格尔顿进一步补充阐释了马克思意识形态观点转变的原因：马克思在《资本论》中论证了资本主义剥削的秘密，劳动和劳动力的价值被工资关系扭曲了，人们之间的真实社会关系被"商品拜物教"伪装和掩盖起来，原来的虚幻意识形态现在成为社会历史存在，成为资本主义社会结构上的必要的环节。"意识形态的错觉不仅是扭曲了的思想观念或'虚假意识'的产物，而且也可以说是资本主义社会本身的物质结构所固有的东西。"③也就是说，资本主义的物质结构需要相应的意识形态的维护，并且在物质结构的生产和再生产之中，意识形态一直参与其中，物质生产方式内在的包含了意识形态的生产，这就限定了意

---

① Terry Eagleton, *Ideology: An Introduction*, London: Verso, 1991, p. 1.

② ［英］特里·伊格尔顿：《历史中的政治、哲学、爱欲》，马海良译，86 页，北京，中国社会科学出版社，1999。

③ 同上书，91 页。

识形态的内容，伊格尔顿在此基础上理解并建构了意识形态的理论体系。

这也就说明，资本主义社会本身不但要扭曲人们对它的本质的认识，而且这种扭曲恰恰就是资本主义社会结构的固有组成部分，即这种认识论上的扭曲是资本主义社会结构的本质特征之一。伊格尔顿认为资本主义之所以没有把它的本性显露给我们，也是其本性使然，而意识形态将一种虚假的意识或幻象显露给我们，也是它固有的本性，"在马克思眼中资本主义无论怎样以自己的现代性为傲，它都充满了奇异的幻景和拜物教的狂热，以及一戳就破的肥皂泡般的神话和盲目的崇拜"①。这就是说，资本主义意识形态在其本质上就是资本主义生产和再生产的产物，它生产的意识形态掩盖了资本主义的本质，是虚假的反映，但是这种虚假的意识形态反映尽管是虚幻的神话，却是资本主义社会的真实属性和功能。对伊格尔顿来说，与意识形态的虚假性相比，其背后显露的东西更加具有价值，正是这些背后的意义，才是资本主义本质的内涵所在。伊格尔顿更加看重的是作为虚假意识的意识形态的这种"显露"意义，而并不太关注"显露"过程中的"虚假"与否问题。

对于意识形态的内容问题，伊格尔顿所关注的重点不再是虚假的问题，即关于意识形态的认识论问题，他更加关注的是意识形态背后的内涵与意识形态的效果和功能。其实他这种激烈地反对虚假意识形态的态度，主要是希望寻求意识形态更为动态的解释方式，并试图从这种封闭

①　［英］特里·伊格尔顿：《马克思为什么是对的》，李杨译，18 页，北京，新星出版社，2001。

的理论程式中解放出来，而着眼于意识形态更为现实和实际的意义，即从社会学维度上来认识意识形态的实践功能。他总结道："我用'意识形态'约略地意谓我们所说的和所信的东西与我们居于其中的社会的权力结构和权力关系相联系的那些方面。"①这句话表明，伊格尔顿对于意识形态的关注重点已经开始从认识论维度转向了社会学维度。

在《德意志意识形态》一书中，马克思和恩格斯分析了意识形态之中的政治因素，在对意识形态背后的社会物质利益和权力关系的考察中，揭示出意识形态与政治权力的同构性和密不可分性。伊格尔顿在反思《德意志意识形态》文本中意识形态思想的基础上，进行了独具自身理论特色的探索②，他理智地强调："赞成对意识形态的政治界定胜于对它的认识论的界定并不是说政治与意识形态是同一的。"③也就是说，意识形态的"权力性"重点在于意识形态的实践效果，即其政治功能。"意识形态不是一个简单的语言问题（我们讲出的命题之类），而是一个话语问题，是置身于历史当中的实践交流。"④在这里，伊格尔顿强调了意识形态的政治性功能是意识形态的一个基本属性，这种属性并不仅仅是关于意识形态的规定性，更为重要的是意识形态在现实的社会生活和社会实践中所发挥的实际作用，而这种作用也有社会历史性，在不同的社会历

---

① ［英］特里·伊格尔顿：《二十世纪西方文学理论》，伍晓明译，18 页，北京，北京大学出版社，2007。

② 伊格尔顿专门有关讨论"意识形态"思想研究的著作有《批评与意识形态》(1976)、《审美意识形态》(1990)、《意识形态导论》(1991)、《意识形态》(1994)。

③ Terry Eagleton, *Ideology: An Introduction*, London: Verso, 1991, p. 5.

④ ［英］特里·伊格尔顿：《历史中的政治、哲学、爱欲》，马海良译，90 页，北京，中国社会科学出版社，1999。

史语境中，不但不同意识形态的作用是不同的，而且同一种意识形态的作用也会出现差异性效果，这种从现实生活实践中考察意识形态政治效果的理论，也是伊格尔顿意识形态理论的重要特征。

在《德意志意识形态》一书中，马克思、恩格斯首先是从带有否定意味的"虚假性"出发来界定意识形态的内涵。在反映论的视域中，意识形态不是从人们存在的社会现实出发，从人们所处的现实生产方式与社会历史条件中去追寻意识形态的发端，反倒认为人的意识、宗教与抽象的原则是人类世界的决定者，存在方式上反转了意识形态与现实世界的秩序，成为一种具有欺骗性、反科学的理论话语体系。

"虚假性"在《德意志意识形态》中表现在三个方面：第一，意识形态是一种"幻象"。在康德那里，"灵魂、宇宙全体与上帝"等形而上学的对象不能成为知识的对象，关于它们的理念就是"幻象"，以此与感性的对象即"实体"相对立。而在黑格尔的精神现象学中，这种理念经过概念的演绎成为独立存在的"实体"。青年黑格尔派继承了这一基本原则，从绝对精神或"理念"出发，在人们的头脑中建构起现实世界合理性的形而上学体系，以此来关照社会现实。这种观点在认识论上颠倒了意识与存在的关系，违背了唯物主义认识论的基本原则，只能是一种虚假的认识。第二，意识形态的虚假性源于"颠倒"的社会现实，仍然是对社会现实异化的一种反映。著名的"倒立成像"之喻形象地说明这种社会异化现象成为一种"社会事实"，从而扭曲了社会现实的真相，正是社会现实的异化性表征出意识形态虚假的特性。第三，意识形态功能的虚空化。作为一种"幻象"与颠倒现实的反映，意识形态的功能注定不是真实的，而是一种想象的功能，是政治权力的认识幻想并不能真正解决社会问题。可以看出，在《德意志意识形态》一书中，马克思、恩格斯主要还是将意识形态视为一种思想体系，这种思想体系依旧坚持虚假与真实二元对立的思维逻辑，但由于忽视社会存在的本源性而将自身绝对独立化，颠倒思维与存在的关系而导致其具有虚假性的根本属性，是相对于科学知识的思想体系。

作为后来理解意识形态范畴的主要理论起点，虚假性对于意识形态概念的理解具有重要的认识论意义，对后人的意识形态理论也会产生新的启发。伊格尔顿指出对意识形态的研究主要有两条线索："一条重要的线索……注重于讨论认识真假的观念和认识论传统……另一条则是关注观念的社会功能胜于关注观念的真实性的社会学传统。"①伊格尔顿从这两条线索出发，重新分析了意识形态的虚假性内涵。

第一，在意识形态的"幻象"背后寻找真实性，以显露社会的真实性为最终目的。关于意识形态的虚假性，伊格尔顿认为意识形态的生产与物质生产结构之间会有对应性，这种对应性除了反映颠倒的社会现实之外，也在表征社会个体的真实经验，更是一种物质性的存在，"意识形态乃是活生生的现实存在与积极的物质力量，而不是一种不真实的幻象"②，这种真实的观念与社会条件紧密结合在一起，在存在论上是真实的，它真实地存在于社会的现实结构之中，并对人们的实践活动方式产生实际影响，在资本主义社会，意识形态就是社会整体物质结构中的重要组成部分与要素。因此，意识形态不仅仅是认识论的产物，在现实

---

① Terry Eagleton，*Ideology：An Introduction*，London：Verso，1991，p. 3.
② Ibid.，p. 26.

中更是社会结构的客观产物，是一种维护社会权力和经济利益的特殊的政治性实践活动，如此一来，伊格尔顿就将"意识形态"从认识论转移至存在论领域，突出了意识形态的实践性与现实性。

第二，面对意识形态与现实的复杂关系，阿尔都塞认为，意识形态是人们"体验这种关系的方式"①。即意识形态与现实的关系不是反映关系，而是一种想象关系。伊格尔顿在此基础上进一步指出，意识形态不仅仅是对现实社会现实异化的一种反映，更是对自身与社会现实的关系的一种想象与体验。

也就是说，意识形态作为一种虚假的意识形式，反映的不是现实社会的异化状态，而是对社会现实异化的一种社会个体的体验关系，即个体与现实社会条件的关系。在资本主义社会，意识形态的虚假性不是源于颠倒的社会现实，而应当是对个体与社会异化现象关系的误识，意识形态"反映了屈从于社会条件个体的经验性关系"②。因此，在伊格尔顿的研究语境中，意识形态的虚假性不是因为其反映了社会现实的异化，而是表征了人们与异化的社会现实之间的关系，所以，这不是一种认识论上的关系，而应当是一种实践活动中的经验关系。

第三，针对意识形态功能的虚假性，伊格尔顿肯定意识形态功能的实效性。在《德意志意识形态》一书中，马克思、恩格斯试图用科学的理论来批判意识形态的虚假性，因为意识形态的虚假性导致意识形态与科学相对立，成为一种"冗长散漫的形而上学"，所以在意识形态终止的地

---

① ［法］阿尔都塞：《保卫马克思》，顾良译，203 页，北京，商务印书馆，1984。

② Terry Eagleton, *Criticism and Ideology*, London：Verso，1976，p. 54.

方，才能真正去追求科学真理。对意识形态与科学二者的关系，伊格尔顿认为，相对于科学性，意识形态的实践意义尤为重要，"意识形态的对立面与其说是'科学'或'总体性'，不如说是'解放知识'"①。从而实现在存在论的领域中探讨意识形态的实践效果，揭示真实条件下意识形态的运行功能，从而将其社会功能由虚假论转向效果论，这种效果掩盖了社会的矛盾冲突与利益分裂，阻碍人们了解社会异化的真相，因而无法实现社会个体自我认同。

在关于意识形态"虚假性"的理解方面，伊格尔顿深受阿尔都塞重视意识形态的社会功能思想的影响，强调并分析意识形态虚假性的内涵，认识到意识形态在现实历史条件下的重要功能，也将意识形态反思的重点从认识论领域转移到功能论领域。伊格尔顿在新的历史条件下，重新揭示了认识论领域中带有虚假性特征的意识形态思想在社会现实实践活动中的功能性与真实性意蕴，即既是客观存在的社会结构的构成要素，又是一种现实的体验关系，还具有有效的历史效用。

意识形态的制造者是谁？马克思、恩格斯在《德意志意识形态》一书中指出，意识形态主要是由统治阶级内部的"思想家"加工出来的，而这些"思想家"其实就是意识形态的生产者与传播者，他们给意识形态打上了空想、唯心主义、经济利益为上等贬义的烙印。意识形态是统治阶级"思想家"编造的产物，这种编造的最终目的即"赋予自己的思想以普遍性的形式，把它们描绘成唯一合乎理性的、有普遍意义的思想"②。也

----

① ［英］特里·伊格尔顿：《历史中的政治、哲学、爱欲》，马海良译，98 页，北京，中国社会科学出版社，1999。

② 《马克思恩格斯文集》，第 1 卷，552 页，北京，人民出版社，2009。

就是将自己的特殊利益与意志普遍化，从而排斥其他阶级的意志与利益。马克思、恩格斯清晰地看到意识形态有人为建构的虚假因素，意识形态背后显然体现的是统治阶级的利益与意志。总体而言，他们对意识形态生产的论证辨明了意识形态生产的基本特征。由于条件的限制与关注重点的差异，仅是从宏观上揭示了意识形态的阶级性，并未深入探究意识形态生产过程中其内部的各种微观矛盾与冲突，尤其是未能揭示被统治阶级在意识形态中的作用。

在当前西方社会矛盾微观化与多样化的形势下，进一步深入研究意识形态内部的各种关系成为一种迫切的理论需要，伊格尔顿指出，用辩证的眼光揭示意识形态内部各种具体利益和矛盾的冲突，比起阐释宏观的意识形态理论更加有意义，"'意识形态'这个词就是一个由不同的概念经纬交织而成文本，里面含有各种各样的历史踪迹"①。它不应仅是统治阶级用来维护其利益的精神统治工具，还应该是被统治阶级用来奋起反抗的革命工具。

伊格尔顿反思了《德意志意识形态》一书中有关意识形态的阶级性特征，既考虑意识形态的阶级支配性，又需考察意识形态生产中的内部矛盾性与冲突性，以此积极探索被统治阶级可能选择进行意识形态反抗的路途。马克思、恩格斯所认为的阶级性表现为一个社会的意识形态是统治阶级物质利益关系的反映，这在宏观层面揭示了意识形态与社会物质关系的内在一致性，揭示了意识形态的阶级属性。然而，一种意识形态是否仅仅就是统治阶级意识的反映而不关涉其他阶级的意识，这涉及意

---

① Terry Eagleton，*Ideology：An Introduction*，London：Verso，1991，p. 5.

识形态内部构成问题。

伊格尔顿深入考察了一个社会中意识形态生产过程中各种社会因素的作用后指出：意识形态的生产应当被视为一种带有差异性特征的生产，将意识形态归属某一阶级并不能说明意识形态的复杂性，"意识形态是一种混合着矛盾甚或冲突世界观的复杂系统，而不是一种阶级意识的单纯反映"①。不可否认，统治阶级意识形态在精神生产中占据主导地位，但是其他阶级也可以在精神生产中根据自身的经历和体验来生成自身的意识形态，从而导致意识形态内部充满矛盾性与斗争性。

既然意识形态内部蕴含着被统治阶级的意志，那么被统治阶级完全可以在意识形态中寻找自身的意识形态内涵，来积极反抗利用意识形态企图压迫的统治阶级。马克思、恩格斯并没有否认这种被统治阶级意识形态的存在，并指出了被统治阶级不但在物质关系上处于被支配地位，在精神生产中也处于被动地位，从属于统治阶级的精神生产。但是从属并不代表就是完全驯服，也包含着反抗的可能性，对于被统治阶级而言，"他们的生活伴随着从属，陷于从属，反对从属"②。那么，被统治阶级如何在意识形态中发展自身的意识形态呢？关于这个问题，伊格尔顿提出了一个重要的观点，即意识形态文本不是一个孤立、自封的系统，它本身带着强烈的开放性特征，意识形态文本包含意识形态产品的同时，又是意识形态的散播者，不同的人通过意识形态文本阅读或消费，可以生成不同的意识形态内涵，成为新的意识形态的制造者，文本

---

① Terry Eagleton, *Criticism and Ideology*, London: Verso, 1976, p. 87.
② ［美］劳伦斯·格罗斯伯格：《文化研究的流通》，见罗钢、刘象愚主编，《文化研究读本》，75 页，北京，中国社会科学出版社，2000。

阅读"绝不是对文本的简单'消费'，而是一种文本及其意义的再生产"①。这种文本消费实际上是一种思想的再生产，这种意识形态文本的阅读可以解读出文本中的"空白""停顿"或"裂缝"，从中发现意识形态的虚假性，揭示社会真相，在批判统治阶级意识形态的过程中，被统治阶级可以根据自身的社会经历与情感体验生成自身的阶级意识，并以此反抗统治阶级意识形态的文化霸权。

在此基础上，伊格尔顿提出进步知识分子的社会责任不能仅从宏观上分析意识形态的虚假性，而应该在具体的作品生产与解读中去反抗资本主义文化霸权，"对文本进行'反抗式'的解读，揭示并占有有利于社会主义的资源"②。用以发展社会主义意识形式。

马克思、恩格斯对意识形态从宏观层面上进行描述与说明，揭示出意识形态与物质利益以及阶级意志的内在关联。在此基础上，伊格尔顿深入考察意识形态内部的具体冲突，揭示出意识形态内部的复杂关系，从对意识形态的解读中发现反抗主导意识形态压迫的可能性，这就使得他对意识形态生产理论的研究更加细致化与微观化。

虽然人们的感性活动是社会存在与发展的基础，特拉西在创设"意识形态"这个术语的时候也有反对当时法国盛行的"天赋人权"观念以及摆脱宗教和形而上学的束缚的希冀，力图解释我们的思想应该如何以身体为基础。但是在《德意志意识形态》一书中马克思、恩格斯将人的初级认识或感性认识视为低级形态的意识形式，称其为"纯粹动物式的意识"

---

① Terry Eagleton，*Criticism and Ideology*，London：Verso，1976，pp. 166-167.
② Terry Eagleton，*Walter Benjmnin*：*Or*，*Towards a Revolutionary Criticism*，London：Verso，1981，p. 113.

或"被意识到了的本能"。这种感性认识在马克思、恩格斯看来，就相当于一种原始的本能。而意识形态则生产于较为高级的理性认知，是一种精神活动，只有到了物质劳动和精神劳动分离的阶段，"意识才能摆脱世界而去构造'纯粹'的理论、神学、哲学、道德等"①，而这些"纯粹"的理论形式就是意识形态，也就是说，社会分工和私有制的发展是意识形态产生的社会条件，社会分工导致精神生产的出现，其中包括生产意识形态。而私有制使得意识形态及其社会功能成为必要，随着社会分工的发展而出现带有历史性的意识形态。意识形态的消亡是必然的历史发展过程，马克思、恩格斯认为，随着人类实践活动的发展与知识的进步，意识形态将会被科学知识代替，而这种科学知识即真正的知识是一种更高级的理性认识。由此可以看出，在《德意志意识形态》一书中，意识形态概念是在感性认识及本能之外的，或者说预设了人的本能与意识形态是无关的，意识形态是人类的精神产品，并不具有感性认识的内涵。

西方马克思主义者对意识形态的感性内涵进行了挖掘，一方面，他们揭示了意识形态与艺术审美的内在关联，认为艺术审美属于意识形态的范畴。另一方面，他们又通过阐述资本主义对人的情感的虚假满足揭示了意识形态在本能方面的内涵，文化工业与大众文化虚假升华了人们的情感本能，这种虚假的情感满足消解了人们反抗资本主义统治的意志。

在这种观点的影响下，伊格尔顿考察了意识形态在情感领域的社会功能，"通过理性化的劳动方式，消除人的本质以及把人变成单纯的功

---

① 《马克思恩格斯文集》，第 1 卷，534 页，北京，人民出版社，2009。

能等做法从科学领域进入了经验世界"①。这个经验世界属于感性情感领域。伊格尔顿指出，意识形态不仅仅是理性认知的产物，也存在于人的自然情感与本能之中，并通过扭曲压抑人们的感性需求与人生经验，将意识形态渗入人们的本能之中，从而更加全面的控制人的身体。

在这里，伊格尔顿考察了意识形态在美学领域的运作原理，他指出，现代美学理论由于高扬了理性的功能，压抑了身体感性的作用，从而将美学的理性抽象性与资本统治的普遍性联系起来，"在一个维度上，资本主义把男人和女人身体的丰富性降低到'原始和抽象的简单需要'……另一个维度上，资本是幻觉性的身体"②。在资本逻辑统治的社会条件下，抽象的、理性的资本或价值、剩余价值成为人们存在的最重要的意义与目标，而现实的具体需要被抽象为资本的手段与附属物。资本主义美学通过这种运作方式将资本的统治性权力注入人们的感性身体之中，成为人们的感性经验，连接了理性的责任意识与感性的快乐情感，从而虚假地缝合了社会异化条件下资本逻辑与人的现实幸福之间的裂缝，实现了意识形态对于人们身体感性的扭曲与规训，突出了意识形态的感性维度，"身体被赋予的情感与力量形成了惯性的实践与本能的顺服，这比抽象的权力更有韧性"③。通过塑造服从的身体及其情感本

① ［英］特里·伊格尔顿：《审美意识形态》，王杰等译，33 页，南宁，广西师范大学出版社，2001。

② ［英］特里·伊格尔顿：《审美意识形态》，王杰等译，33 页，桂林，广西师范大学出版社，2001。

③ 同上书，33 页。

能，资本主义意识形态实现了对人类情感与本能的渗透与操控，制造出为资本主义进行劳动的身体，这是现实具体劳动力再生产过程的重要构成部分。

同时，伊格尔顿也看到了身体的感性维度在意识形态抗争中的积极作用，人类的丰富感性与本能是反抗意识形态统治的极为重要的力量和有效的现实资源，感性的身体与本能虽然受制于资本主义意识形态，但其内部潜藏着对这种压抑的抗争，人的本能欲望成为反对抽象统治法则的重要维度，"性欲并非阶级斗争的移置，而是展开阶级斗争的中介"[①]。

伊格尔顿在重视意识形态的感性维度的基础上指出，未来的社会发展趋向不仅仅是在理性的规则中实现人类的自由与快乐，更重要的是在感性领域实现人类的丰富性与幸福性，"未来的人类将要实现感性力量的解放，而非再通过理性审判来合法化自身的感性愉悦"[②]。因此，伊格尔顿在意识形态的感性领域中找到了反抗资本主义精神统治的现实力量，并且认为这种感性力量与身体本能同样是达到理想社会主义社会的力量源泉与重要保障。

所以，伊格尔顿采用感性维度去重新释读《德意志意识形态》一书中的意识形态思想，坚决反对资本主义审美意识对身体感性的虚无化，揭示了意识形态与权力的关系，以此将赋予意识形态思想马克思以明显的

---

① ［英］特里·伊格尔顿：《历史中的政治、哲学、爱欲》，马海良译，177 页，北京，中国社会科学出版社，1999。

② Terry Eagleton，*The Ideology of Aesthetic*，London：Blackwell Publishers Ltd，1990，p. 201.

身体感性内涵，"相信人类的感觉力量和能力的运用……只有通过颠覆资本主义的工具主义行为才能实现感性身体的解放"①。

从这种感性维度出发，如何来实现意识形态的批判与人类的解放呢？伊格尔顿在反思马克思、恩格斯相关观点的基础上进行了深入的思考。在《德意志意识形态》一书中，马克思和恩格斯提出生产力及其生产关系发展决定了意识形态的消亡与人类的未来发展，"'解放'是由历史的关系，是由工业状况、商业状况、农业状况、交往状况促成的……而且在它们有了更充分的发展以后再清除这些无稽之谈"②。伊格尔顿看到了社会客观历史的重要性，进而以身体视角尝试去阐释解放的内涵，以期寻求一个社会历史与身体感性的结合点，将私有制的废除与身体丰富感性的回归统一起来。因此，在当代资本主义社会，伊格尔顿认为对于资本统治的抽象性及其意识形态虚假性的批判，应该从单纯的认识论领域的理性批判转向审美领域的感性批判，将丰富性的身体感性与本能从抽象价值的观念下解放出来，从而去规划人类的未来存在形式。

作为一种虚假的意识，马克思、恩格斯在《德意志意识形态》一书中对意识形态的分析主要侧重于理性认识领域，认为意识形态将理性、观念与精神作为世界的决定性因素，因此来弥补现实世界的分裂与冲突，而对于意识形态中的感性活动则没有加以重点论述。伊格尔顿在反思美学概念的基础上，将感性审美与意识形态有机的联系起来，挖掘出意识形态中的身体感性与情感本能的内容，揭示了意识形态通过对身体的操

---

① 《马克思恩格斯文集》，第 1 卷，527 页，北京，人民出版社，2009。
② ［英］特里·伊格尔顿：《审美意识形态》，王杰等译，15 页，桂林，广西师范大学出版社，2001。

纵从而实现其维护社会统治的功能，并指出感性本能反抗意识形态的独特优势，因为身体感性与审美活动能够摆脱抽象理性"目的论的可怕控制，砸碎了把一切事物禁锢于其中的功能和因果之链"①，通过这种方式可以从理性抽象中摆脱出来，实现人的全面的觉醒与解放，从而扭转了传统意识形态批判理论的方向。就此意义上而言，伊格尔顿的美学意识形态确实对《德意志意识形态》一书中意识形态理论做了有益的补充，指出了意识形态理性维度的单一性与不足性，拓展了马克思主义意识形态理论的感性审美与情感本能视域。

《德意志意识形态》一书在马克思主义意识形态甚至整个意识形态发展史上具有重要的价值，是我们研究意识形态理论的基础性文本，受当时历史条件与理论主题的限制，马克思、恩格斯在这一文本中也留下一些尚待解决的理论问题。在《德意志意识形态》一书中，恩格斯就曾指出一个重要的问题，"首先是把重点放在从基本经济事实中引出政治的、法的和其他意识形态的观念以及以这些观念为中介的行动……但是我们这样做的时候为了内容方面而忽略了形式方面，即这些观念等是由什么样的方式和方法产生的"②。伊格尔顿对《德意志意识形态》一书中的意识形态思想进行了深入的解读与思考，并借助最新理论观点进行了反思，通过对意识形态虚假性的重新释义，将意识形态从主观认识论转向实践存在论；通过对意识形态内部矛盾性的分析，论证了意识形态固有的冲突性与抗争性，将意识形态生产的分析从外在的宏观领域引向内

---

① 《马克思恩格斯选集》，第 4 卷，726 页，北京，人民出版社，1995。
② 同上书，726 页。

在的微观领域。通过对意识形态感性领域的强调，揭示了身体感性在意识形态中的重要功能，将对意识形态的分析从理性维度扩展至感性本能维度。

因此，伊格尔顿在坚持《德意志意识形态》一书中的意识形态思想的基础上，结合资本主义社会的历史发展趋势，深入考察意识形态与社会结构之间的关系，分析意识形态内部的差异性以及被统治阶级意识形态抗争的可能性，深入探寻抽象的资本逻辑与丰富的身体感性在意识形态中的重要功能，这些重要的理论思考都指向意识形态生产的具体范式，这可以说是伊格尔顿对马克思、恩格斯的问题做出了自己的理论回应。

伊格尔顿对于意识形态理论的反思与分析，虽然拓展了《德意志意识形态》文本中经典意识形态思想的意蕴，为我们更加清晰地理解和丰富马克思主义意识形态理论开拓了一条崭新的路径。但我们也应当充分认识到伊格尔顿对经济基础地位的忽略，对以人民群众为主体，以一个有组织的政党为领导的社会主义运动重要性的漠视，从而不能有效发挥意识形态理论的张力，这使他的意识形态理论批判西方资本主义社会的政治效用大打折扣。

马克思还提到过意识形态的政治权力关系，但是没有进行过具体论证，所以显得较为粗略，伊格尔顿借助于弗洛伊德的精神分析理论，在"心理意识"和"权力话语"之间尝试搭建了某种联系，以说明意识形态产生的过程，但是这种联系如何在现实中得以履行呢？关于这一问题，阿尔都塞打破了意识形态概念上简单化的反映论，强调它实践功能的内涵和趋向，以结构主义的观点解读了意识形态的内涵，这一观点深深影响了伊格尔顿的意识形态理论。

伊格尔顿深入分析了阿尔都塞的《意识形态和意识形态国家机器》这篇论文，并指出了阿尔都塞的贡献，"这一著名的对意识形态功能主义的(Functionalism)思维方式和它诸多的认识论命题，已经遭到严重的批判，但是毫不夸张地说，就这一篇文章已经改变了我们当今意识形态的思考路径"①。在这篇论文中，阿尔都塞指出意识形态只具有空间的结构性，而没有历史的连续性，也就是说意识形态没有历史。"它被赋予了一种结构与功能，从而使得它成为了一个非历史的现实，即一个全部历史的现实，其意义是，那种结构与功能是不变的，以相同的形式存在于我们可以称作的历史之始终。"②阿尔都塞将意识形态视作一种社会权力结构，是一种空间存在的观念形式和权力形式。在这里我们可以看出葛兰西霸权理论、市民社会理论和拉康的心理分析理论的痕迹。

阿尔都塞并不完全否认意识形态的认识论功能，但是他觉得意识形态的实践功能和社会功能更加重要，"实践和社会的职能压倒理论的职能(或认识的职能)"③。也就是说，意识形态是一种实践活动，在这种实践活动中，意识形态通过表象体系作用于人的意识从而使得人们服从现存的社会秩序，自觉地践行自身的社会角色。

阿尔都塞阐述了意识形态的加工过程，"意识形态是个体与其真实存在条件的想象性关系的一种'表征'"④，社会个体与其存在条件通过

---

① Terry Eagleton, *Ideology*, New York: Longman, 1994, p. 88.

② [法]阿尔都塞：《意识形态与意识形态国家机器》，见齐泽克编：《图绘意识形态》，方杰译，160 页，南京，南京大学出版社，2002。

③ [法]阿尔都塞：《保卫马克思》，顾良译，201 页，北京，商务印书馆，1984。

④ [法]阿尔都塞：《意识形态与意识形态国家机器》，见齐泽克编，《图绘意识形态》，方杰译，161 页，南京，南京大学出版社，2002。

意识形态的表征作用而连接在一起，这句话包含着两层含义：一是"意识形态表征个体与其真实存在条件的想象性关系"，意识形态作为一种媒介，通过自身的表象系统作用于人，将人与社会现实的关系转化为一种虚幻性的想象关系，从而控制人的思想和认识，并认同了社会秩序和自身的位置；二是"意识形态拥有一种物质的存在"①。他指出，意识形态的表征过程是通过意识形态国家机器实现的，包括学校、教会、家庭、报纸杂志和工会等机构，通过人在其中的物质实践活动把意识形态观念强加给人们从而实现生产关系的生产与再生产。

　　在阿尔都塞看来，意识形态是一个自主的物质形式，并不是社会现实的简单反映，其物质性在于它对主体意识的"质询"，正是这一"质询"功能为伊格尔顿融合弗洛伊德和马克思搭建了桥梁，形成他最初对意识形态的理解。伊格尔顿认为意识形态通过在无意识状态下社会结构对于主体的质询和召唤，使得主体去迎合这种召唤，从而不自觉地形成了自己的身份并加以认同。因此，意识形态与社会的权力结构具有紧密的联系。按照伊格尔顿的观点，意识形态"不是一套教义，而是指人们在阶级社会中完成自己的角色的方式，即把他们束缚在他们的社会职能上并因此阻碍他们真正地理解整个社会的那些价值、观念和形象"②。在他看来，意识形态不是一套自我完备的理论体系，而是具有一定价值倾向的象征性的符号系统，它通过话语系统诱导人们完成主体性建构，并以

―――――――――――

　　① ［法］阿尔都塞：《意识形态与意识形态国家机器》，见齐泽克编，《图绘意识形态》，方杰译，164 页，南京，南京大学出版社，2002。

　　② ［英］特里·伊格尔顿：《马克思主义与文学批评》，文宝译，20 页，北京，人民文学出版社，1980。

无意识的方式把不同的人束缚在不同的社会位置上，并认同其社会角色，使人们不能真正理解他们所处的社会关系，从而消解他们对于现实社会秩序的反抗和对于美好社会的向往。他还认为在社会意识形态中隐藏着权力因素——意识形态，在伊格尔顿看来，"约略地意谓我们所说的所信的东西与我们居于其中的社会的权力结构和权力关系相联系的那些方面"。意识形态与权力的关系更加深刻地体现在社会的生产过程之中，其"并非简单地指人们所持有的那些深固的、经常是无意识的信念；我主要指的是那些感觉、评价、认识和信仰模式，他们与社会权力的维持和再生产有某种关系"①。这就从社会学的角度重新审视了意识形态与社会结构尤其是权力结构的关系，进而深入考察了意识形态在社会结构中的作用与影响。

在阿尔都塞意识形态理论的影响下，伊格尔顿认为意识形态不仅仅是一种观念工具，还是一个由各种因素构成和支配的实践领域，由此强调了意识形态的实践性功能。

伊格尔顿强调意识形态是那些与维系社会权力以及社会关系再生产相关的符号系统和象征性形象，尤其是处于统治地位的意识形态更是如此，"一个处于支配地位的意识形态形式有一套相对一致的价值、表征和信仰话语构成，它们在某些物质机构和相关的物质生产结构中实现，并反映了屈从与社会条件个体的经验性关系，以至于保证它们对于'真实'的误识，这种误识有助于促进资本主义社会关系的再生产"②。正是

---

① ［英］特里·伊格尔顿：《二十世纪西方文学理论》，伍晓明译，19 页，北京，北京大学出版社，2007。

② Terry Eagleton, *Criticism and Ideology*, London：Verso，1976，p. 54.

这种"真实性"才使得意识形态能够在幻象中对社会现实产生更加实际的效果。这一点与阿尔都塞强调意识形态国家机器的物质性不同，伊格尔顿认为意识形态也是一种对于社会存在的反映，尽管这种反映也是想象性的，这种反映能够使得人们对社会真相产生误识，从而维护生产关系的生产与再生产。

伊格尔顿在"意识形态"概念中注入了权力结构、生产关系以及话语理论等内容，坚持从经济基础和上层建筑的矛盾运动中寻找意识形态的内在发生过程，恢复并增强了意识形态批判的力量，使得意识形态批判逐渐成为人类解放工程的一部分。

同时，伊格尔顿认为，意识形态是一个由一般意识形态、各种局部意识形态、个人意识形态等层次构成多重结构组织，各层次之间及其内部都存在复杂的矛盾和冲突，并认为"如果意识形态不是理解为一种异质的、矛盾的构造，一个在意指实践层面上不断斗争的问题，那么，这种误识也许与某种阶级斗争观有关；最简单地说，阶级斗争已经消失"[①]。如果不把意识形态理解为这样的一种矛盾结构和实践斗争，就不能正确理解意识形态的含义，因为意识形态不是、也不能用确定的语言加以界定，对伊格尔顿而言，意识形态是一种象征性的实践活动，需要在现实的实践活动中展示其意义和效果，也就是说，意识形态是维护社会权力和阶级利益的特殊的政治性实践活动。

---

① ［英］特里·伊格尔顿：《沃尔特·本雅明或走向革命的批评》，郭国梁、陆汉臻译，187 页，南京，译林出版社，2005。

三、意识形态概念的界定

伊格尔顿没有简单地给意识形态下一个封闭性的定义，而是在考察和梳理前人关于意识形态多种意义阐述的基础上，对其内容进行整理和分析并作出自己的界定和阐释。

(一)意识形态概念的定义

在《意识形态导论》一书中，伊格尔顿为我们概括出了西方学界通用的 16 种比较重要的意识形态定义：

1. 社会生活中的意义、符号和价值的生产过程。这种定义意识形态规定为一种社会意义和价值的生产过程，而在这种过程中，意识形态的生产体现为一种符号生产，而这些符号背后包含着意义和价值，这种定义只是说明了意识形态的表现形式。

2. 具体社会集团或阶级的特殊观念系统。这种定义看到了意识形态是对某一社会阶层或阶级利益的表达，不是社会普遍的意识观念，而是特殊阶级的思想观念，这就说明了意识形态的阶级属性。

3. 帮助政治统治权力实现合法化的观念。这里说明了意识形态的政治性功能，是对阶级统治权力进行辩护的理论工具。国家是阶级统治的工具，这种阶级统治的权力是建立在阶级分化和暴力压迫的基础之上的，这种阶级分化和阶级压制必然会激起被统治阶级的反抗，为了消解被统治阶级的反抗意志，统治阶级运用意识形态对其统治权力进行合法化，这种合法化的过程也就是意识形态传播的过程，宗教、法律甚至是迷信都是政治权力合法化的工具。

4. 帮助统治权力实现合法化的虚假观念。要想对政治权力进行合法化，意识形态工具必须要掩盖和扭曲社会现实，并对社会矛盾进行否认或美化，这就要求意识形态不能如实地反映社会现实，必须在虚假地反映社会现实的基础上完成对社会秩序的维护。而这种做法就是不从社会现实出发，只从想象出发，"意识形态是由所谓的思想家通过意识、但是通过虚假的意识完成的过程。推动他的真正动力始终是他所不知道的，否则这就不是意识形态的过程了"①。

5. 系统地扭曲了的交流活动。这种定义强调意识形态是人们进行交流的系统，这种交流建立在大家对于某种价值观念和话语系统认可的基础之上。但是这种被大家认可了的交流系统不是对于社会真相和全体价值的体现，而是对于社会结构和社会价值体系的扭曲的表征，这种表征在获得大家认可的同时，实现了对社会大众的欺骗，从而维护了社会的稳定性，也就是维护了统治阶级的统治和利益。

6. 为主体提供社会位置的规范系统。这种意识形态的定义认为，意识形态通过国家机器为社会主体强制规定一个社会角色，并按这个角色进行活动和自我身份认定。"仅就单个的主体而言，他所信仰的观念具有一种物质的存在，那么他的观念就是他的物质行为，这些行为嵌入物质的实践，这些实践受到物质的仪式的支配，而这些仪式本身又是由物质的意识形态机器来规定的——这个主体的观念就是从这些机器里产生出来的。"②主体是由意识形态的国家机器制造的，而这种主体的塑

---

① 《马克思恩格斯选集》，第4卷，726页，北京，人民出版社，1995。
② ［法］阿尔都塞：《哲学与政治——阿尔都塞读本》，359页，长春，吉林人民出版社，2004。

造，需要社会规范化的确认，而意识形态作为一种社会规范系统，为主体的社会角色和社会位置提供了参照系。

7. 社会利益驱使下的思想形式。这种意识形态的定义认为，意识形态及其观念都是一种意义表达，"所谓人类的理性，其实就是说，他们的行为揭示了一种有意义的模式"①，意识形态作为一种思想观念，其内在地包含了一种社会利益，这种利益体现为政治利益、经济利益以及文化利益，意识形态就是这些利益内容及其形式的体现，是人们所信仰的社会价值观念系统，反映了某些社会集团的利益，正是由于存在这些社会利益，意识形态才有了存在的价值和基础。

8. 同一性思维。这种观点受黑格尔"同一哲学"的影响，强调"思维与存在的同质性"，"思维与存在的关系是一而二、二而一的。正是这种思维方式严重阻碍了西方马克思主义的早期代表们真正从现实世界出发去提出问题和思索问题"②。在意识形态方面，这种观点将意识形态与同一性思维等同起来，用同一性来界定意识形态，认为意识形态的反面不是真理或理论，而是一种差异或异质性。阿多诺认为，资本主义社会正是通过这样一种同一性意识形态，使社会个体通过自我克制、自我否定来确认自身的存在特性，即社会主体以否定自身、丧失批判意识和抵抗能力的方式来适应资本主义社会。"现代性文化创造了一个对人类有价值的社会，细致入微地体察人们的需要，并一视同仁地满足这些需

---

① ［英］特里·伊格尔顿：《马克思为什么是对的》，李杨译，177 页，北京，新星出版社，2001。

② 俞吾金：《传统重估与思想移位》，序言，4 页，哈尔滨，黑龙江大学出版社，2007。

要。这些为文化工业虔诚地声称所提供给人们的，只不过是在大众文化的接受过程中虚假升华了的自然情感和本能，也正是人们在现实中被压抑的和所失去的，这种谎言在对人们的抚慰和催眠中隐匿、转换了人们为总体性劳作的方式。"①

9. 必要的社会幻觉。意识形态是对社会存在的一种反映，但是这种反映却是以虚幻的形式来表征社会现实的本质，从而为人们提供一种幻想和希望，然而这种社会幻象对于维护社会秩序、消除人民大众的反抗具有重要的意义，因此对于整个社会的稳定而言，是非常必要的。

10. 话语与权力的交汇。这种观点认为，意识形态就是一种话语与权力的有机结合，正如福柯认为，话语是权力，是人们斗争的手段和目的，人通过话语系统赋予自己权力。社会主体获得了知识就意味着有了权力，因为这样就有权威去定义别人的属性及其原因。而这种话语的权威性是一种社会的构造，通过对于真理或科学的建构，意识形态话语就具有了权力，从而对于社会秩序具有积极的维护功能。

11. 自觉的社会行动者借以理解世界的媒介。这种观点认为意识形态是联结社会行动主体与现实世界的中介，社会行动者经过意识形态"主体的召唤"而获得社会角色并认同了这一角色，从而成为自觉的社会成员，依附于社会结构之中。这些自觉的社会行动者只能通过意识形态的想象性体系来理解社会存在，而不能认识社会存在的真相，从这个意义上说，意识形态就是这些社会主体理解社会现实的话语符号，从这些

———————————

① ［德］霍克海默、阿多诺：《启蒙辩证法》，渠敬东、曹卫东译，516 页，上海，上海人民出版社，2006。

话语中，社会行动者形成了对于社会存在的认知。

12. 以行动为目标的信念系统。这种定义认为意识形态提供的就是一种对于未来的信念，这种信念向人们展示了未来社会的美好景象，并号召人们为这一美好目标而行动，这种意识形态观点强调意识需要目标性和实践性，认为意识形态就是一种行动指南。

13. 语言实在和现象实在的混淆。这种意识形态观点认为，意识形态是语言符号系统所表达的意义象征和价值表征，语言系统由表意符号组成，本来它反映的是客观存在的东西，但是随着语言系统的发展，语言实在可以脱离现实存在，而成为一个表意符号的世界，分为"能指"与"所指"，"能指"指的是语言符号的音响形象。"所指不是指一种事物的实体，而是指该事物的内在本质。所指在符号学中用来指所有符号的意义，即符号所代表的那种成分。"①这种划分就将语言符号与现实世界割裂开来，从而将语言视作一个具有独立价值的符号系统，从而产生出符号价值和象征性意义，现象实在指现实中存在的东西，是客观存在的价值和意义。

在意识形态中，语言系统所表征的意义系统与现实存在的意义并不是一致的，话语系统经常使用本系统所创造的意义和价值去指代现实生活中的意义，从而造成一种假象，认为现实存在也存在语言系统所创造的意义和价值，因此混淆了语言实在和现象实在的界限，使得人们对社会现实产生了误解，阻碍了对于社会历史真相的认知。

14. 符号学的封闭/话语封闭（Semiotic Closure）。这种观点认为，

---

① 曲钦岳：《当代百科知识大词典》，120 页，南京，南京大学出版社，1989。

语言和现实之间存在着"任意性"原则，即所指与其所指称的东西之间并无必然联系，因而语言要表达任何一种东西也就不必求助于自身以外的现实，只是借助于自身的结构即可。我们的语言、思维方式以及所要表达的思想就被语言结构所规定，如果语言、话语和权力相勾连，我们将永远被奴役。意识形态作为一种语言表意系统，具有这种语言结构的封闭性，从而能在自身内部创造所谓的意义符号和价值系统，而不管现实社会的真实情况如何。

15. 个体实现其与社会结构的关系是必不可少的媒介。这种定义规定了意识形态是社会权力结构的产物和因素，它包含着当时社会一般的价值原则和评价标准。因此，社会个体若要融入社会并取得一定的地位与成就，必须满足意识形态的要求和规则，才能在社会结构中找到自己的位置和角色，可以说，意识形态就是个体与社会结构之间的纽带，离开了这一纽带，意味着社会个体与社会结构的脱离。

16. 社会生活转化为一种自然实在的过程。意识形态是社会历史的产物，它产生于具体的社会生活之中，反映社会生活的现状及其问题，但是意识形态由于不是直接反映社会现实，而是借助于扭曲的方式，以象征性的形式表征社会现实，并借助于一定的手段和媒介，将社会矛盾和社会问题归结为一种客观存在的现象，从而割裂了社会问题背后的社会原因，以此维护社会的秩序和统治阶级的利益。

我们可以看到，这些理论观点的界定有的模糊，有的清晰；在感情色彩上，有的贬义，有的中立，有的褒扬；在内容上，有的包含认识论问题，有的包含社会学问题。它们相互之间不无冲突，但都从一定程度上反映出"意识形态"的某方面特征。它们可以归为三类观点：第一，意识形态是指社会特定集团的观念或者信仰及观念信仰的生产;第二,主要是指作为一个整体社会权力的生产所形成的思想观念;第三,作为个体与社会结构之间的中介联系而存在,这种中介必不可少,因为个体只有通过这一中介才能感知其所存在的世界。

通过对这十六个意识形态的具体定位,伊格尔顿力图"描绘意识形态概念的历史,并理清在这个概念阐释过程中产生的混淆,同时集中提出自己对此问题的看法"①。

意识形态这一概念对于伊格尔顿文化批判思想的重要性毋庸赘言,但我们不难看出,意识形态概念历史的梳理与辨别也是一个相当棘手的问题,因为这个概念包含了太多的内容和争论。所以,伊格尔顿放弃了将意识形态视为一个完整定义的努力,而开始将意识形态看作一个包含各种内涵的复杂的文本系统,并且在这个文本系统中区分各种意识形态内涵的价值和意义,"即使有可能把这些丰富的意义压缩成某个单一综合的定义,实际上也并无多大裨益。不妨说,'意识形态'这个词就是一个文本……或许对什么是有价值的或什么是可以不予理会的意义作出评估,比将它们生硬地凑成一种宏大理论更为重要"②。因此,伊格尔顿接着又对各种意识形态的含义进行了整理和分析,从多个方面去理解意识形态的内容和意义。

(二)意识形态概念的内涵

伊格尔顿认为,可以从六个方面去理解意识形态的内涵:

---

① Terry Eagleton, *Ideology: An Introduction*, London: Verso, 1991, p. 221.
② Ibid., p. 1.

第一，意识形态是有关社会生活中观念、信仰和价值的具有普遍性的物质生产过程，是特定社会的全部表意实践和象征活动。这个规定将意识形态视为一种生产过程，并且是物质性的生产过程和精神性的生产过程的统一，这种生产过程不是实体性的生产，而是一种象征性的生产实践。

第二，意识形态是象征着特定社会群体利益或阶级状况和生活体验的一整套观念和信仰，无论真假与否。这里指出了意识形态的社会属性和阶级内涵，意识形态反映的不是所有社会成员的利益和观点，乃是社会某一阶级社会地位和利益要求的表达，但是这种表达与社会现实不是直接性的对应，在意识形态的内涵里，既有对社会现实的歪曲和否定，也有对社会现实真相的反映，在这种亦真亦假的反映中，意识形态以扭曲的形式表达了社会阶级利益的要求。

第三，意识形态是在群体性的利益冲突中用来促进特定群体自身利益的一整套集体性观念和信仰。社会阶级矛盾和冲突的化解既靠物质性的力量，也靠精神性的力量，意识形态就充当了这种精神性的力量。但是在这种矛盾化解过程中，意识形态总是要维护本阶级的特殊利益，然而这种对于特殊利益的维护却是借助于对全体利益的维护的借口之上的，这体现了意识形态虚假性的一面。

第四，意识形态是用以促进特定利益的观念和信仰，其服务的对象不是所有群体或阶级而是统治群体或阶级。一个社会中的意识形态是多样的，体现了不同阶级的利益和诉求，但是总有一种意识形态处于社会的主体地位，统治和压制其他意识形态，这种主导意识形态反映了统治阶级的利益，成为为统治阶级服务的精神工具。

第五，意识形态是有助于促进统治阶级利益的观念和信仰，但却是通过歪曲和掩盖来达到的。统治阶级的意识形态并非赤裸裸地表达统治阶级的利益需求，它是在掩盖社会矛盾和阶级剥削的基础上，通过将统治阶级的意识夸大为整个社会的意识来获得被统治阶级的认同，从而更好地实现自身的统治。

第六，意识形态是虚假、伪装、欺骗的信仰，但却不是来源于统治阶级而是来源于整个社会的物质结构（最典型的是马克思的"商品拜物教"学说）。意识形态是一个反映论问题、一个认识论问题，也是一个社会学的问题。意识形态具有虚假性，它颠倒地反映了社会存在与社会意识的关系，扭曲了特殊阶级与人民大众之间的关系，但是这种欺骗却是社会物质结构的产物，只要存在着不公平的社会物质生产，就会有虚假意识形态的生产。

综观伊格尔顿对"意识形态"概念做出的界定，可以从观念性、阶级性和政治性三个层面来把握伊格尔顿意识形态的基本内涵。

就意识形态的观念性而言，意识形态是社会物质生产过程中产生的观念、信仰和价值系统。它是对社会存在的反映，尤其是对特殊阶级利益的反映，按照马克思的观点，意识形态受决定于社会的物质生产方式，而不是决定社会的物质性存在，"物质生活的生产方式制约着整个社会生活、政治生活和精神生活的过程。不是人们的意识形态决定人们的存在，相反，是人们的社会存在决定人们的意识"①。

而在阶级社会中，人们的社会存在就是一种阶级存在，人的本质就

---

① 《马克思恩格斯选集》，第 2 卷，32 页，北京，人民出版社，1995。

是生产关系的总和，这也就是说，意识形态是反映一定集团和阶级利益的基本信念、价值和理想的规范系统。意识形态虽然经常被渲染为整个社会的意识形态，代表了全体人类的利益，但是，从根本上说，意识形态就是阶级利益关系的集中体现，意识形态具有鲜明的阶级性，是特指那些"能够反映、代表或表达一定阶级的基本价值取向且具有明显政治意义的信念体系"[1]。

意识形态也具有鲜明的政治性。伊格尔顿认为，意识形态特指"有助于我们区分在某个特定时间对于整个社会秩序具有决定意义的那些利益和权力"[2]的社会意识形式。意识形态与社会权力结构紧密地联系在一起，它以自己特殊的方式参与到社会生产和生活之中，进行社会权力的生产和再生产，促进社会生产关系和权力关系的存在与延续，从而保证了社会结构和统治阶级政治统治的稳定性。

从观念性、阶级性和政治性来理解和把握意识形态的内涵，呈现出意识形态多样化的特征和内在的统一性，这样可以超越意识形态界说中存在的诸多矛盾与缺陷，同时，也强调了意识形态的政治效果和实践功能。这是伊格尔顿重点强调的内容，意识形态的实践功能体现在它是一种积极的、能动的力量，具有维护社会存在和批判社会存在的双重属性。

伊格尔顿将意识形态视为一种无意识的信念、一种与权力相联系的话语系统、一种具有价值意向的现实实践。他在考察文本内部要素及其

---

① 马海良：《文化政治美学——伊格尔顿批评理论研究》，123 页，北京，中国社会科学出版社，2004。

② Terry Eagleton, *Ideology: An Introduction*, London: Verso, 1991, p. 10.

生产运行的过程中，展现了文本与意识形态内涵的复杂性和生成的动态性。伊格尔顿在审美意识形态批判维度中，昭示审美意识形态的身体感性维度及其社会历史语境。他立足于马克思主义理论的基本立场，提出意识形态批判理论的宗旨即人类的解放。伊格尔顿的意识形态批判理论对认知当今资本主义世界的意识形态问题具有较大的启示意义，对于推进马克思主义意识形态理论的发展具有重要价值。

四、意识形态批判的功能和意义

伊格尔顿坚持在认识论维度和社会学维度结合的基础上考察意识形态，指出意识形态不仅是对社会存在的虚假的反映，而且更是社会结构和生产关系的固有功能，将意识形态与社会的权力结构联结在一起，挖掘出意识形态话语与政治权力和阶级统治的交融本质，同时指出文学和审美作为意识形态的载体，既有传播意识形态的功能，也具有意识形态批判的功能，从这一点出发，伊格尔顿力图通过马克思主义意识形态批判，为人类的解放寻找一种可能的途径。

在伊格尔顿看来，意识形态不仅仅是一种静态的社会观念或阶级利益的反映，或社会结构的附加因素，同时它还是一种实践的动态的过程，这种实践过程随着物质活动的展开而进行。"'精神'从一开始就很倒霉，注定要受'物质'的'纠缠'，物质在这里表现为振动着的空气层、声音，简言之，即语言。语言和意识具有同样长久的历史；语言是一种实践的、既为别人存在因而也为我自身而存在的、现实的意识。"①既然意识形态是一种实践过程，那么，它必须在社会实践活动中发挥其意识形态功能即批判功能，这种社会实践活动是在语言系统之中进行的。

意识形态表现为一种话语系统和符号体系，与语言的结构紧密结合在一起。但是，意识形态与语言系统却不是直接等同的，语言系统的范围要宽泛得多，伊格尔顿认为只有那些与社会生产关系即经济基础和社会权力结构相关联的话语才具有意识形态的内涵。因此，伊格尔顿把"话语""权力""政治"与社会意识关联起来以揭示意识形态话语的独特特征，指出意识形态与政治权力的紧密联系，"政治是指维护或挑战社会秩序的权力过程，而意识形态指这些权力过程在表意领域的进行方式"②。这就是说，对于政治这种有形的社会权力形式而言，意识形态属于社会权力的表意系统，社会权力既要在有形的政治活动中进行，也需要在无形的象征领域通过意识形态的活动来进行，与政治活动通过硬性的方式产生社会效果不同，意识形态则通过隐喻的方式和柔性的手段对社会秩序产生政治效果，从而维护某些阶级和社会集团的利益。

意识形态就是一种社会权力或符号暴力，但是这种权力却是在否认的基础上行使自己的政治功能。一般而言，意识形态基本不承认自己是一种意识形态，否认自己与政治权力结合在一起，而是将自己装饰为一种公正合理的价值理念和科学观念，从而在表面上试图与自己背后的阶级利益和阶级意识诉求脱离干系。因此，我们就需要深入某一社会意识

---

① 《马克思恩格斯选集》，第 1 卷，81 页，北京，人民出版社，1995。

② Terry Eagleton, *Ideology*: *An Introduction*, London: Verso, 1991, p. 7.

观念的内部，去发现这种言语系统的意识形态内涵，"我们的某些言语行为效果或意图是对世界的某些部分予以遮蔽、神秘化、自然化、普遍化或合理化，这样的一组言语行为就是传统所称的意识形态"①。这就要求我们，不要被某一话语系统或思想观点的表面现象所蒙蔽，必须区分这一话语符号背后的阶级立场、阶级利益和阶级倾向。在阶级社会中，社会流行的意识形态观念一般是占统治地位的阶级意识的反映，是对统治权力结构的话语表达和符号表征，是统治阶级进行精神统治的思想工具，它通过意识形态的科学化、自然化或无意识化改变自己的表达形式掩盖自己的阶级属性，并且通过国家机器进行推广，使得社会的权力结构和统治秩序合法化，用以麻痹广大人民群众的思想。

伊格尔顿总结道，"归根结底，一个社会的统治意识即是那个社会的统治阶级的意识……这种社会知觉结构（意识形态）确保某一社会阶级统治其他阶级的状况或者被大多数社会成员视之为'当然'，或者就根本视而不见"②。在这种情况下，统治阶级借用意识形态的力量，完成了对人民大众的精神统治，使得被统治阶级成为统治阶级的同谋者，这就充分体现了广大民众的盲目性和无意识性，因此，伊格尔顿认为，要实现人类的解放，必须要打破意识形态对人们的精神禁锢，实现思想的解放，这也是走向真正解放的必由之路。

但伊格尔顿话锋一转，又指出统治阶级对于广大人民群众的意识形

---

① Terry Eagleton, *The Illusions of Postmodernism*, Oxford: Blackwell, 1996, p. 38.

② ［英］特里·伊格尔顿：《马克思主义与文学批评》，文宝译，9 页，北京，人民文学出版社，1980。

态统治，或称为无意识的统治，不但对于统治阶级来说是必要的，而且对于被统治阶级来说也是一种存在的条件，"这种政治无意识不仅压迫者需要，被压迫者同样也需要。如果被压迫者的深层无意识里不压制'反抗'，他们的存在状况将无法承受，或者说他们将永远处于反抗状态"①。也就是说，这种意识形态所形成的政治无意识，不但与统治阶级的欺骗有关，而且还与广大人民群众的思想意识有关，或者说，意识形态的统治能够获得成功，是广大统治阶级与被统治阶级共谋和合作的结果。所以伊格尔顿认为，不但需要揭露统治阶级意识形态的虚假性和欺骗性，而且要揭露意识形态背后对应的物质利益和权力结构，还要对广大人民群众进行教育，提高他们的思维水平和辨别能力，使他们能够看到意识形态与社会结构之间的同谋关系及其虚假性，激发人们潜在的反抗意识，为实现更好的社会形态而去争取进行现实的实践运动。

意识形态批判是马克思主义以及文化激进批判的一个核心主题，但是随着意识形态批判理论的发展，当代意识形态批判理论距离马克思主义的意识形态批判原则越来越远，"越是用语模糊，离实际行动就越远；关于意识形态的学术研究越繁荣，意识形态的政治功能越淡化"②。这种状况使得意识形态批判的力度和现实感都薄弱了，所以伊格尔顿认为，现代意识形态批判都没有真正实现当代意识形态批判的价值和意义，后现代主义的意识形态批判反而成了一种资本主义的意识形态，这主要是指后现代主义的"意识形态终结论"。

---

① 马海良：《文化政治美学——伊格尔顿批评理论研究》，136 页，北京，中国社会科学出版社，2004。

② 同上书，137 页。

伊格尔顿坚决反对后现代主义的"意识形态终结论",认为这种观点无异于"掩耳盗铃","后现代主义是一个'意识形态终结'的世界,也曾被宣布为历史的终结。当然,只有后现代主义的理论家们才会这样看……有些意识形态(例如新斯大林主义)可能已经崩溃了,而其他的(父权制、种族主义、新殖民主义、自由市场经济)意识形态仍然像病毒一样纠缠不休"。他指出,在这种意识形态理论大行其道的时刻,如果断言意识形态已经终结,将会是巨大的社会笑话,"我们必须深思一个异常的反讽,在一个强有力的、有时是致命的意识形态所左右的世界里,知识分子竟然断定意识形态的作用已经结束"①。可见,这种意识形态终结论观点是多么的不合时宜和荒谬,在资本主义意识形态喧嚣的当代资本主义社会,提出意识形态的终结,不仅在理论上是错误的,在实践中也是极其有害的。伊格尔顿进一步认为,后现代主义的言论本身也是一种意识形态(对于后现代主义的批判将在下文中详细展开),是对当前社会现状的一种特殊形式的反映和辩护,在当今意识形态斗争如此激烈的情形下,伊格尔顿觉得更需要批判资本主义的意识形态和促进社会主义运动的胜利。

"马克思主义的叙事十分宏大,从文明的起始一直谈到人类的现在和未来……这些都与阶级斗争的历史紧密交织,却不能以'阶级斗争'四个字就一言以蔽之。"②由此为鉴,他认为我们也应该区分意识形态的特

---

① ［英]特里·伊格尔顿:《后现代主义的幻象》,华明译,2 页,北京,商务印书馆,2000。

② ［英]特里·伊格尔顿:《马克思为什么是对的》,李杨译,50 页,北京,新星出版社,2001。

殊性，而避免其泛化。在伊格尔顿的理论体系中，尽管他将"一切的批评"在某种意义上都视为政治批评，都与意识形态有着千丝万缕的联系，但是意识形态只是社会结构和社会关系的一个重要因素，而绝非全部因素，意识形态的功能也不是万能的，社会秩序的稳定和维护也须要其他的因素。因此，在这种情况下"把世界看得一团漆黑是错误的。不过，倘若以为是某种全能的意识形态造成了我们的困苦处境，那也是错误的。"因为人们对于一种社会结构和社会统治的服从，并不一定是完全的受制于意识形态的内容，"人们之所以驯服地默认某种无道的社会制度，绝不一定是他们服服帖帖地内化了这个制度的价值……人们为什么选择同一条路线，还有更无聊猥琐的种种理由，因为他们没有更好的选择，因为他们太忙，要为孩子、工作操心，因为他们被反对一个具体政权所带来的后果吓坏了"①。也就是说，人们对于个人生活的关心也成了不反抗社会制度的因素。在这里，伊格尔顿指出当前资本主义并非获得了全部人的认可，但是它之所以能大行其道，还是与社会大众的生活方式和生活状态有关，也与他们的自身利益有关。伊格尔顿认为，在反抗资本主义意识形态的过程中，一方面需要揭露资本主义意识形态与资本家及其政府的联系，另一方面也要注意反抗的方式，如果因为反抗资本主义的运动方式不合适，造成了不良的影响和后果，那么，不但会遭到统治阶级的反对，同样也会遭到广大人民群众的反对。因此，伊格尔顿的激进的文化批判主要还是从文化批判及意识形态批评方面入手，而不

---

① Terry Eagleton, *Literary Theory：An Introduction*，Oxford：Blackwell，1996，p. 132.

单单是强调马克思主义的暴力革命思想。

伊格尔顿反对当前意识形态批判理论的思路，更加拒斥意识形态终结论，他在坚持马克思主义意识形态批判的基础上，强调文学意识形态的功能及其意义，在他看来，文学"与所有成功的意识形态一样，主要是借助形象、象征、习惯、礼仪以及神话来传播的"①，力图开辟意识形态批判的新领域和新局面，以更有效地促进社会主义运动的发展。

伊格尔顿认为一切的批评在某种意义上都是政治批评，强调意识形态批判的重要性，从更深层次对社会生产方式和权力关系进行了深入细致的考察，在现实关怀的立场上，针对现实社会问题，通过意识形态批判来促进人类的解放。在这种意识形态批判中，伊格尔顿坚持了马克思意识形态的基本方法，即在经济基础和上层建筑的框架中看待意识形态的内涵及其功能，"要理解一种意识形态，我们必须分析那个社会中不同阶级之间的确切关系，而要做到这一点，又必须了解那些阶级在生产方式中所起的地位"②。对于伊格尔顿而言，正是因为立足于物质生产和生产关系的基础之上，意识形态批判才具有较为深厚的现实性和批判性，成为人类解放斗争的一个重要组成部分。

对伊格尔顿而言，意识形态是一种信念，但人们在日常生活处于一种日用而不知的境遇之中。意识形态也是一种方式，其中包含感觉、观察与相信等非理性形式或感性情感内涵。意识形态还是一种与社会权力

---

① Terry Eagleton, *Literary Theory: An Introduction*, Oxford: Blackwell, 1996, p. 20.

② ［英］特里·伊格尔顿：《马克思主义与文学批评》，文宝译，10页，北京，人民文学出版社，1980。

相关的话语再生产实践。通过探究文本生产的复杂性与动态性、身体感性审美理论的社会历史深刻性，伊格尔顿揭示了意识形态的多元性内涵，并探寻到意识形态批判理论的真正目标，即实现人类解放，由此提出当今马克思主义理论的发展方向和首要任务，即从意识形态上破除资本主义的思想统治，走向人类的真正解放。

马克思主义的意识形态理论立足资本主义生产方式的现实过程，通过考察社会矛盾的关系，说明意识形式生产的认识论过程及其根源，揭示资产阶级意识形态的虚假性，证实资本主义的文化欺骗与思想麻醉的功能，为意识形态理论的发展奠定重要的基础。随着资本主义的发展与各种新的意识形态理论的出现，意识形态理论突破了马克思意识形态理论的原有范畴，成为涉及社会各个方面的话语系统与象征视域，这就使得马克思主义意识形态受到社会现实与最新理论的双重挑战。在这种新的社会情势下，正确说明马克思主义意识形态理论与当今社会现实及最新理论的复杂关系，是影响到马克思主义意识形态理论及其整个理论丰富与发展的重要问题。

伊格尔顿的意识形态批判理论在反思社会现实与当今意识形态理论的基础上，阐述了自己对意识形态的深刻反思，拓展了意识形态研究的领域。通过把文本理论、审美理论、结构主义理论、后现代主义理论等思想要素纳入意识形态的理论视域，将这些最新的社会科学成果融入意识形态范畴，以此消解马克思主义传统意识形态理论与当前各种意识形态理论的激烈对抗，并试图在二者之间提供一种对话的可能，这对丰富和发展马克思主义意识形态理论无疑是一次勇敢的尝试。同时，通过对当今资本主义各种现实问题作出深刻理论分析，伊格尔顿指出这些现实问题，尤其是各种文化问题背后的意识形态内涵，以深刻的意识形态理论思维来分析当今的各种社会问题，这极大地增强了意识形态理论的现实批判力，这为马克思主义意识形态理论介入当今资本主义社会，指导社会主义运动提供了一种较为新颖且有效的思路。①

既然意识形态批判能够实现人类的解放，那么，在现实生活中，如何实现人类的解放呢，伊格尔顿将人类的解放转化为构建"社会主义新主体"的诉求，这个问题将在本书第五章中进行具体阐释。

小　结

意识形态批判是伊格尔顿文化批判思想的重点内容，伊格尔顿在考察意识形态概念演变的基础上形成了自己的独特理解。首先，他细致梳理了马克思主义意识形态理论的内容，从意识形态的"虚假性"和经济基础与上层建筑的关系中去考察马克思主义对于意识形态概念的理解，把《德意志意识形态》这一经典而充分的个案素材作为探讨与研究意识形态理论的文本，从马克思主义经典著作当中找寻其理论来源和拓展视角。其次，深入考察了意识形态概念的语境和维度，在历史唯物主义的语境之下，伊格尔顿阐述了意识形态概念的生成、阶级属性、表现形式以及与社会结构的互动关系，指出意识形态作为一种思想观念系统，是对社

———————————

① 薛稷：《简析伊格尔顿意识形态批判理论》，40 页，载《天津社会科学 》，2016 (4)。

会存在现实的一种扭曲的反映，其背后指涉的是一种阶级利益和阶级内涵，在形式上表现为一套话语符号系统，并且与社会统治秩序紧密联系在一起，认识论和社会学则是伊格尔顿意识形态批判的两个维度，在认识论维度中，意识形态是对社会存在的一种"颠倒"的反映，但是这种颠倒不仅仅是虚假的，而且包含一定的社会历史真相，在社会学维度中，意识形态与社会结构尤其是权力结构具有内在一致性，这体现了马克思和阿尔都塞意识形态理论对伊格尔顿的影响。再次，详细研究了关于意识形态的十六种主要定义，从六个方面归纳了其基本内容，探讨了意识形态的对象、内容及其特征，进而从观念性、阶级性和政治性三个层面总结了意识形态的基本内涵。最后，伊格尔顿论述了意识形态的功能，指出意识形态作为一种话语符号系统，既有维护社会统治的功能，也有促进社会革命的作用。因此，研究伊格尔顿的意识形态批判思想，对马克思主义意识形态理论的发展与社会主义运动在西方社会的再次复兴，具有极为重要的启示意义。

第三章 | 文本批判

　　伊格尔顿的意识形态思想与文化文本理论具有紧密的关联，可以说，伊格尔顿的文化批评和意识形态理论批判，尤其重视文化意识形态生产的核心性和统摄性，意识形态的内涵及其功能是文本生产理论的内在逻辑基点和中心内容，在论述了多种意识形态形式之后，伊格尔顿重点分析了文本意识形态的生产过程，这也是伊格尔顿意识形态思想的一次具体应用，文本生产以及文本意识形态生产是意识形态思想在文学艺术领域的具体化呈现。因此，伊格尔顿的意识形态思想和文本理论具有内在的统一性，它们共同构成了伊格尔顿文化批判思想的主要内容。

　　伊格尔顿文本生产理论的形成是一个不断探索、逐渐深化的过程，在其理论构建的过程中，英国文学批评传统对伊格尔顿的文本生产理论产生了重要的影响，成为伊格尔顿文本生产理论和文学批评理论的重要理论内容。而西方马克思主义批判理论对伊格尔顿文本生产理论的发展具有重要的启发作用，促进了其文本理论的深化与拓展。在批判继承英国文学传统和西方马克思主义立场观点的基础上，伊格尔顿逐渐形成了自己系统化的文本生产理论和具有"修辞学"特征的文化批评理论。

一、文本生产

伊格尔顿的文学生产理论不是仅仅局限于文学文本及其内容的生产，而是一种综合性的文学文本生产即文学文本再生产，它包括文学文本的生产、分配、交换和消费，"每一种文学生产方式都由生产结构、分配结构、交换结构和消费结构组成"①。伊格尔顿认为，文学文本生产和再生产过程，必定重视文学文本生产的社会性和群众性，反对文学文本生产的形式主义倾向，否定文学文本的先天价值性。这种文学文本生产也必须包含各种相互影响制约的多种要素，而且这些文学文本生产要素具有内在的系统性。文学文本生产的四个环节既是生产中的一个环节，又是互相生成和影响的过程中的不同阶段，并且文学文本生产的内容和要素与文学文本生产的环节也是一个有机联系、密不可分的整体。

---

① Terry Eagleton, *Criticism and Ideology*, London: Verso, 1978, p. 47.

（一）文本生产的特征

伊格尔顿认为，文学文本生产具有三个层面的含义：文学文本生产的基本属性、文学文本生产的内容和形式以及文学文本生产的价值，并且这三个层面具有内在的一致性。

1. 文本生产的社会性

关于文本生产的属性方面有两种基本观点：一种观点强调文本生产的个人性和创造性，侧重于文本产生的先天性因素；另一种观点强调文本生产的社会性和群众性，侧重于文本生产的后天性因素。前者注重文学创造主体在文本创造过程中的决定性影响，强调作家的个人条件，尤其是其先天性因素在文本创造中的基础性作用，而忽视了周围环境和社会因素对文学创作的影响，具有浓厚的神秘性色彩。后者则重视文本创作过程中的社会性和多元性，认为文学作品的产生是创作主体与各种社会因素综合作用的结果，文学文本生产与社会一般生产具有共同性，作家的因素只是其中的一个因素而已。

伊格尔顿认为就文学文本而言，"后天远比先天更为重要"。因此，他坚持文学文本生产的社会性，坚定地批判文学创造的个人性或先天性及其造成的神秘性氛围，认为单凭作家一个人的"天才"和想象，是不能创造出文学作品来的，文学作品的产生必须经过对社会存在的感悟，"文学作品不是神秘灵感的产物。他们是知觉的形式，是观察世界的特殊方式"①。在坚持马克思主义理论的基础上，伊格尔顿进一步分析了

---

① ［英］伊格尔顿：《马克思主义与文学批评》，文宝译，9 页，北京，人民文学出版社，1980。

文学神秘化的原因所在，"马克思和恩格斯注意到艺术神秘化的问题，……将文学作品与作为'活生生的、历史的主体'的作家分割开了，是'醉心于笔的神奇力量'。作品一旦与作家的历史条件分离，必然会显得意图不明，神秘莫测"①。这里可以看出，伊格尔顿坚决反对文本创作的先天性，即"天才论"，认为不存在纯粹地脱离社会生活和社会环境的作家和文学文本，文学形式主义的观点忽略了文学文本与作家和社会历史环境的联系，所以是片面的。

在这一点上，他与本雅明、布莱希特、马舍雷和阿尔都塞的认识是一致的，既然文学不是先天性的个人创造结果，而是社会性的产物，那么，在文学的社会性之中，什么最能体现出文学的群众性或阶级性呢？本雅明、布莱希特、马舍雷和阿尔都塞等人认为是"意识形态"。

"意识形态"范畴是马克思首次引入到艺术生产理论中的，本雅明根据马克思主义唯物史观中经济基础与上层建筑的阐释，在对文学文本进行深入研究的基础上，进一步揭示了文学艺术生产中文本主体的状况和现代物质生产对艺术生产的影响。他认为，技术在自己的发展过程中对艺术产生了深刻的影响，它促使艺术成为政治斗争的工具，直接参与意识形态的生产和不同阶级的思想文化斗争，深刻影响了艺术的进步。布莱希特则提出了"陌生化"的理论，这种理论重点在于把一个事件或人物陌生化，通过剥去社会事件或人物性格中的理所当然的、众所周知的和显而易见的东西，打破人们的日常思维，从而制造出对它的新奇感，也

---

① ［英］伊格尔顿：《马克思主义与文学批评》，文宝译，74 页，北京，人民文学出版社，1980。

就是说，通过建构一种新的戏剧或文学艺术形式，来打破资本主义社会表面所呈现的可靠性，使观众意识到其虚假性的本质，从而从对生活表象的沉迷中惊醒。而在阿尔都塞那里，文学是意识形态的重要载体和形式，意识形态深深地楔入人们的潜意识当中，人们依赖意识形态去体验行动，世界上的现实是意识形态化的现实。马舍雷则强调意识形态虚幻与文学虚构对文学生产起到决定作用，指出意识形态有力地塑造了文学，一部作品可以说是根据意识形态产生出来的，也可以说是为了抵抗意识形态的进攻和侵略而生产的，所以，文学创作在生产意识形态维护特定阶级利益的同时，又对抗和瓦解意识形态并催生出新的意识形态内容。

伊格尔顿继承吸收了以上学者的观点，认为在文学文本中充满了意识形态的因素和影响，但是伊格尔顿也认为他们的观点同样存在不足，因为"在一些关键的地方，阿尔都塞和马舍雷两人的说明是含混不清的"①。这里的含混不清主要是指他们在论述文学的意识形态性的时候，没有考虑文学生产与一般社会生产的关系，没有从"基础"与"上层建筑"的角度来阐述文学意识形态的内涵。伊格尔顿比他们更进一步，他一方面强调文学意识形态的政治性效果，认为文学批评必须要成为一种政治批评，应该"从狭隘的文本分析和概念分析转向文化生产的问题和艺术品的政治用途"②。在这里，伊格尔顿重视文学后天性的生产问题和政

---

① ［英］伊格尔顿：《马克思主义与文学批评》，文宝译，23 页，北京，人民文学出版社，1980。

② Terry Eagleton, *Walter Benjamin, or Toward a Revolutionary Criticism*, London: Verso, 1981, p. 94.

治用途，反对纯粹的文本分析和概念分析，实际上也就是反对文学文本与现实社会问题的脱离，反对纯粹的文学形式理论。其中，关注文学艺术的政治用途，则体现了伊格尔顿文本生产理论的激进型特征。另一方面伊格尔顿阐释了文本生产中"基础"与"上层建筑"的关系，他立足于唯物史观中关于经济基础/上层建筑的立场，坚持从生产方式的基本矛盾运动中寻找意识形态的产生根源及其变化。伊格尔顿在"意识形态"概念中加进了生产方式、政治学以及话语符号等相关要素，在较为全面说明意识形态概念的基础上，恢复并增强了其理论批判的力量。

伊格尔顿认为，文学生产艺术属于一般性的社会生产，包换生产、分配、交换和消费四个互相联系的环节，我们可以将文学生产看作是一种物质性的生产，但是文学生产也是一种"上层建筑"的生产，主要是生产思想观念和意识形态，但是这种"上层建筑"的生产受到一般生产方式的制约和社会其他因素的影响。伊格尔顿深入考察和分析了社会基本矛盾运动的多重结构及其互动关系，充分挖掘了文学意识形态等上层建筑对基础的反作用力，坚定地把艺术、文化置于社会生产的物质基础之上。由此可以看出，伊格尔顿文学生产的社会属性的内容深深地打上了"文化唯物主义"的烙印。

2. 文本内容决定文本形式

既然文本生产的基本属性是社会属性，是受后天社会因素综合作用的影响，那么，伊格尔顿认为，在内容与形式的关系上，作为后天因素的文本内容决定文本形式的具体样式，文本形式是文本内容的一种表现形式，根本上受到文本内容的制约。伊格尔顿认为，"形式是历史的由它必须体现的'内容'决定的，它们随着内容本身的变化而经历变化、改造、毁灭和革命。'内容'在这个意义上优先于'形式'"，文本内容决定文本形式与马克思主义中物质生产方式决定上层建筑的含义相似，"正像对马克思主义来说，是社会物质'内容'即社会生产方式的变化决定社会上层建筑的'形式'"①。既然文本形式与文本内容之间存在着这种关系，那么，文本内容是如何决定文本形式的呢？我们首先看一下伊格尔顿是如何规定文本内容和文本形式的。伊格尔顿指出，文本的内容有两个：一个是历史真相，一个是意识形态材料。这两个因素都是先于文本形式而存在的，而文学文本在对历史真相和意识形态材料进行加工的时候，同样受到意识形态的支配性影响。因此，扭曲的历史真相和意识形态的内容决定着文本形式的表达方式和风格，文本形式是为意识形态服务的。

关于文本形式，伊格尔顿认为，文本形式绝不仅仅是文本技巧，其构成因素也是非常复杂的，它"通常至少是三种因素的复杂统一体，它部分地由一种相对'独立的'文学形式的历史所形成；它是某种占统治地位的意识形态的结晶，如我们已经看到的小说方面的情形；还有，我们后面将看到，它体现了一系列作家和读者之间的特殊关系"②。

实际上，伊格尔顿规定了文本形式的三个特征，即相对自律性、政治性和关系性，这三个方面都包含在文学形式之中，使得文学文本与意识形态保持着一种若即若离的微妙关系。文本形式的独立性是指文学与意识形态之间不存在简单的一一对应的关系，它与意识形态总是或远或

---

① ［英］伊格尔顿：《马克思主义与文学批评》，文宝译，26 页，北京，人民文学出版社，1980。

② 同上书，30 页。

近地保持着一定的距离，体现为一种"犹抱琵琶半遮面"的效果。如果赤裸裸地倒向意识形态的怀抱，文学也就不能称其为文学了，所以伊格尔顿指出"在文学形式变化和意识形态变化之间不存在简单的对称关系。如托洛斯基所提醒我们的，文学具有高度的自主性；它部分地按照自己的内在要求发展，并不完全屈从于意识形态的每一次风向"①。

　　但越是存在这种模糊性，文学就越能发挥意识形态的功能，或许正是在这种"似非而是"的情形下，文学更隐蔽地行使了意识形态的功能。在分析艾略特小说的意识形态时，伊格尔顿就认为"必须把艾略特的文学生产放在'一般'意识形态的层次上来理解"②，这也说明，尽管文学不直接服从于意识形态的需要，但是文学形式的独立性和自律性只是相对的和有限的。文学形式具有政治性，它既选择政治内容也是政治内容选择的结果。文学艺术形式不是单纯的形式，必然涉及政治关系，不同的文学形式选择不同的政治性内容，而不同的政治内容的文学形式表达也不尽相同，由于社会地位和文学地位的不同，文学对历史真相和意识形态材料加工的态度和方式会有所差别，所以就会产生不同的文学形式，从而具有不同的内容和观众。文学形式也体现了一定的社会关系，主要是作家和群众之间的关系，不同的文学形式面对的受众也是不一样的，这既与文学形式表达的内容有关，也与受众的生活经历和文化素质以及爱好趣味有关。从这一点上就可以区分出文学形式是"阳春白雪"还

---

　　①　［英］伊格尔顿：《马克思主义与文学批评》，文宝译，28 页，北京，人民文学出版社，1980。

　　②　［英］伊格尔顿：《历史中的政治、哲学、爱欲》，马海良译，14 页，北京，中国社会科学出版社，1999。

是"下里巴人"，而这些形式背后的内容及其地位，既反映了受众的社会地位，也显示出意识形态的作用，一般而言，面向大众的文化形式总是与被称为"低俗"的内容有关。

3. 文本的交换价值

文本生产受社会历史条件的制约，文本形式受到意识形态内容的影响，文本的价值必然也体现于社会关系之中，同时文学文本的相对独立性也决定了文学文本自身的美学价值，当然文学文本的美学价值与其社会价值是密不可分的。伊格尔顿认为，文学的价值包括美学价值和政治价值，但二者不是平等的关系，而是一个有主有次的从属性关系。他指出，文学的美学价值取决于文学的政治效果，而政治效果的最终目标则是人类的解放，但是在现实生活中，这种人类解放的政治目标还没有实现，仅仅作为人类追求的一个乌托邦的理想而存在。

关于文学价值的属性，一种观点认为，文学文本本身就具有文学价值，这就是文学的先天的美学形式。另一种观点认为，文学文本的价值存在于读者的解读之中，必须经过读者的挖掘才能表现出来，如果不懂得文学作品的趣味和内涵，则不能够发现文学文本的价值所在。伊格尔顿不同意以上两种观点，针对第一种观点，伊格尔顿认为文学的价值不仅仅存在于文本之中，它必须体现生活，尤其是要蕴含政治性的价值，脱离了社会实践和政治效果的文学文本是不存在的。关于第二种观点，伊格尔顿则指出，这种文学价值观带有歧视性和政治偏见，它使得"文学把它自己表现成了对那些能阅读却不能'解读'的人的威胁、神秘、挑战和侮蔑"①。

也就是说，这种文学文本价值观将文学的价值局限于某部分人，文学成了圈内人的游戏，这就回归到"精英主义"文化的局限当中，大大降低了文学价值的社会性和普遍性。因此伊格尔顿在文学文本生产的理论基础之上，结合文学文本的社会性和政治性，重新思考文学文本的价值问题。在马克思主义价值理论的影响下，伊格尔顿肯定了文本的价值在于文本与人们需要的关系，认为这种需求关系的大小决定了文学的价值的轻重，"当莎士比亚的文本不再使我们思考的时候，当我们从它们当中什么也得不到的时候，它们就不再有价值了"②。

文学的价值被伊格尔顿称之为交换价值，认为文学文本价值的存在形式就是交换价值，"文学价值，是用对文本的思想价值，用作品的'消费性生产'，亦即读解行为所制造出来的一种现象。它所表示的永远是由相互之间的关系所确定的价值：'交换价值'"③。既然文学价值是由读者的读解行为所产生，那么读者的这种行为又会受到何种因素的影响从而影响文学的价值呢？

伊格尔顿指出，这种因素就是意识形态内容和文学文本的相对独立性，即文学风格的"无政治性"，"决定文学价值的，是它插入意识形态系统的和文学论述的通用等级的双重方式"④。也就是说，文学文本的价值既受到意识形态的制约，也受到文学文本自身的风格的影响，不体

---

① 陆梅林：《西方马克思主义美学文选》，703 页，桂林，漓江出版社，1998。
② Terry Eagleton，*Criticism and Ideology*，London：Verso，1976，p. 169.
③ 陆梅林：《西方马克思主义美学文选》，705 页，桂林，漓江出版社，1998。
④ Terry Eagleton，*Criticism and Ideology*，London：Verso，1978，p. 186.

现自律性也没有多大价值。实际上，在伊格尔顿这里，文学的价值就是意识形态因素和非意识形态形式的统一所体现的价值，同时满足社会的意识形态需求和美学需求，这两个因素结合起来共同决定文学的价值。伊格尔顿列举了但丁的例子，"但丁作品的价值不在于它讲述了一个重要的历史时代，或者表达了这个时代的精神，而在于那种复杂的意识形态联系以一种文本表意的形式疏离意识形态从而表达出非常有洞察力的深度和复杂关系的效果"①。

伊格尔顿始终认为文学文本的价值最终还是要由意识形态来决定的，文学文本必须给人类以希望，这就是文学文本的最大的价值。即便在当前资本主义统治日益加强的社会形势下，文学文本的价值必须保持对资本主义的批判，保持对未来社会的向往。伊格尔顿认为只有这样，文学的价值才能得到展现，"在缺乏真正的革命艺术的情况下，只有一种像马克思主义一样敌视自由资产阶级社会的萎缩价值的极端保守主义，才能产生出最有意义的文学出来"②。或许这一点可以解释为什么伊格尔顿不断地对资本主义社会进行激烈批判的原因，这是因为他要从对当下社会的批判中来实现其文学文本的价值和意义。

伊格尔顿立足文本生产，深刻揭示意识形态生成的动态性，文本是一个语言学概念，原意指文字的编制物，是作品意义的物质载体。随着文学批评理论、结构主义理论与后结构主义理论的兴起，文本这一术语的内涵也日趋复杂起来。文本被视为一种语言表层结构，一套符号体

---

① Terry Eagleton, *Criticism and Ideology*, London: Verso, 1978, p. 177.

② ［英］伊格尔顿：《马克思主义与文学批评》，文宝译，12 页，北京，人民文学出版社，1980。

系，一种借助于语言符号来进行的意指实践，甚至是一切具有表意功能的语言符号以及类语言符号，以至于德里达认为："文本之外，别无他物。"①这既勾勒出文本概念的广泛特征，也证实了这一概念的模糊性。

对伊格尔顿而言，"文本"原意是指一种文学文本（Text），但后来他突破了文本的文学范围，将其扩展到多重领域，并考察文本生产的具体过程及其产物。文本生产涉及多种要素的互相作用，基本包含一般生产方式、文学（文本）生产方式、一般意识形态、审美意识形态、作者意识形态与文本六个要素，这六个要素之间互相影响，互相斗争与联合，共同促进自身与对方的生成与变化，从而影响整个社会意识形态变化。伊格尔顿将意识形态与文本生产结合起来，力图在文本生产的复杂性语境中，揭示意识形态生成的动态性与矛盾性。

意识形态虽然是文本加工的对象，但文本与意识形态并不直接对应，而是一种扭曲了的关系，意识形态以变形的方式存在于文本之中并经由文本生产而产生出来。他指出，文本与意识形态生产过程主要分为文本的物质性生产、文本意识形态的生产与文本的意识形态解读三个密不可分的方面。

文本生产是一种物质性生产过程，其生产要受物质生产力和生产关系制约，"作为一件人工产品、一种社会意识的产物、一种世界观的文学（文本），属于一种制造业"②。文本是一种文化精神或思想意识的物

---

① Jacques Derrida, *Of Grammatology*, (*G. Spivak*, *Trans*), Baltimore and London：Johns Hopkins University Press，1976，p. 158.

② Terry Eagleton，*Marxism and Literary Criticism*，London：Methuen & Co. Ltd，1976，p. 59.

质载体，同其他商品生产一样，文本生产及其过程是一种资本主义的商品生产，也是一种生产关系的生产。伊格尔顿指出，文本生产的物质属性方面同样受到生产力的制约，其生产形式与产品形式随着生产力的变化而改变，使其背后蕴藏着的意识形态生成处于一种动态的过程当中。

伊格尔顿将文本生产作为一定社会生产方式的内在组成部分，揭示文本及其意识形态生成过程中的物质性与实践性。从历史性维度来考察，包含着意识形态生产的文本生产不仅是一种上层建筑的生成过程，而且是经济基础的生成过程，即"占主导地位的文学生产方式，再生产出占主导地位的一般生产方式"①。在这一生成过程中，意识形态内容与表现方式随着文本的生产方式的变化而生成与变化，进而体现为一种动态的过程。

文本、意识形态与历史真相之间的关系非常复杂，意识形态不只是对历史现实的一种直观的镜式反映，而是一种历史的隐喻与象征，文本生产中的意识形态生成并不是纯粹主流意识形态的形成与发展，还是一个各种意识形态不断斗争与妥协的过程，充满了竞争性。

伊格尔顿认为历史真相在文本中处于一种"双重的缺场"状态，文本生产的对象不是历史真实，而是意识形态，历史真实在意识形态中已经被"隐藏"，而意识形态在文本及其生产中又被"隐藏"，造成了历史真相在文本中的"双重的缺场"，由于客观历史真实的"双重"缺场，文本与社会真相之间的直接联系被切断，因此，在文本生产中，意识形态成为文

---

① Terry Eagleton, *Criticism and Ideology: A Study in Marxist Literary Theory*, London: NLB, 1976, p. 51.

本进行加工与改造的原料，各种意识形态在文本的生产中纠结，互相影响与争斗，共同推进文本生产的完成与意识形态的生成与变化。

在意识形态与文本的生产中，一般意识形态处于基础性的地位，对其他意识形态形式与文本的内容施加决定性的影响，以此保证文本生产与主流意识形态相一致。审美意识形态对于文本意识形态的生产也具有重要的影响，其通过情感倾向与感情因素来影响作者与读者的意识形态选择，作者意识形态尽管发挥作用，但受到多种其他因素的影响，"这些因素是：社会阶级、性别、民族、宗教、地区等"①。由于作者人生经历、阶级地位、风俗习惯以及思维模式的不同而有差异，又因在文本生产中受到一般意识形态和审美意识形态的压力而不能直接表达出来。

文本作为各种意识形态争斗的主战场，在受到各种意识内涵影响的同时，也会受到一般生产方式和文学（文本）生产方式的影响和制约，在这些因素的互相作用下最终形成自身的文本意识形态。可以看出，意识形态作为文本生产的本质，既充斥各种社会要素之间的斗争，同时也是一种相互协作、相互影响的生产过程。通过文本生产过程，伊格尔顿揭示了意识形态的生成关涉的各种复杂的社会因素，指出意识形态内部也充满各种斗争与矛盾。这种冲突性也表明，文本中的意识形态生产不是一种行之有序的主导意识形态的生产过程，而是异质性与冲突性共存的动态过程，文本内部各种意识形态处于矛盾统一的情形之中，并充满各种空白与断裂，这也正是反抗与斗争之所在。

---

① Terry Eagleton, *Criticism and Ideology: A Study in Marxist Literary Theory*, London: NLB, 1976, p. 658.

作为生产的一个必要环节，文本消费处于各种意识形态不断的斗争当中，包含着不同的阶级利益与冲突。各种文本与意识形态"是由不同符号系统的共存而传达给我们的象征性信息，这些符号系统本身就是生产方式的痕迹或预示"①。由于文本包含意识形态的内涵，阅读者在解读文本的过程中，肯定会受意识形态的影响，不自觉地接受某种意识形态的内容。伊格尔顿认为，文本阅读本质上是一种实践活动，"这种实践决不是对已制作好了的产品进行单纯的'消费'，而是必须作为文本的一种实在进行的再生产加以研究"②，即在文本阅读中还要生产意识形态的内涵。

文本消费不仅是一种单向性的阅读与接受过程，还是一个通过阅读创造意义的过程，由此生成不同的读者意识形态。社会现实的多元性与复杂性，意识形态的象征性与扭曲性，文本内部各种意识形态的共存性与冲突性，读者审美意识形态的多样性与独特性，决定了对于同一文本，不同的读者会体验到不同的意识形态内涵，生成不同的意识形态内容。尽管读者意识形态会受到一般意识形态的压制和制约，但它仍会显示出自身的创造性与革命性，从而与主导意识形态形成各种各样的关系。伊格尔顿认为正是在这种与主流意识形态异质化的关系中，读者才能逐渐认识到文本背后包含的历史真实。

马克思认为，社会意识的生产归根到底要受物质生产的制约与影响，"宗教、家庭、国家、法、道德、科学、艺术等，都不过是生产的

---

① Fredric Jameson, *The Modernist Papers*, London: Verso, 2007, p. 76.

② Terry Eagleton, *Criticism and Ideology: A Study in Marxist Literary Theory*, London: NLB, 1976, pp. 166-167.

一些特殊的方式，并且受生产的普遍规律的支配"①。作为意识形态生产的文本解读必然也会受生产方式的制约。伊格尔顿指出："解读，就是在对本文的确乎是物质性的东西进行特殊的思想生产的过程中去消费本文中那个确乎是物质性的东西。"②因此，国内有学者从文本生产与意识形态生产中去寻找物质性元素，来说明文化与意识形态的物质性基础与元素，以此论证意识形态是一种被经济基础决定的上层建筑形式，这在某种程度上违背了伊格尔顿的原意。

伊格尔顿从文本生产的物质性方面揭示意识形态生产与经济基础以及社会生产方式的内在联系，他深入文本生产内部探析意识形态生产的复杂过程，同时还解释文本解读过程中意识形态生产的庞杂性。伊格尔顿的这种考查方式阐明了意识形态生产的动态性与复杂性，"文本并非形式主义眼中的那种封闭的、静态的审美客体，而是一个动态的、进行的、开放的、具有实质内容的'生产'过程"③。既然文本生产与意识形态生产共处于文本生产当中，是同一过程的两方面，那么，意识形态作为一种现实的生产实践要比单纯文本生产更加复杂，其内容更具有流动性，并且处于不断的生成与变化之中。

（二）文本生产的要素

既然文学文本的主要属性、基本内容和重要价值都是社会性的，那

---

① 马克思：《1844年经济学哲学手稿》，82页，北京，人民出版社，2000。
② 陆梅林：《西方马克思主义美学文选》，706页，桂林，漓江出版社，1988。
③ 马海良：《文化政治美学：伊格尔顿批评理论研究》，169页，北京，中国社会科学出版社，2004。

么文学文本的生产也必须是在一定的社会背景和历史条件之下进行的，受到社会历史各种条件和因素的影响和制约，与其他生产方式具有紧密的联系，"我们可以视文学为文本，但也可以把它看作一种社会活动，一种与其他形式并存和有关的社会、经济生产的形式"①。伊格尔顿认为，文学文本生产不仅仅是文学文本自身的生产过程，而且是一个系统性的生产过程，它包含六个主要的范畴：一般生产方式、文学生产方式、一般意识形态、审美意识形态、作者意识形态和文本。其中，前五个范畴是文学文本生产的外部要素，这五种要素相互作用，共同从外部建构了文学文本，文本则是文学生产的内部要素，也内在的包含了其他五种要素的内容。这六个理论范畴相互制约、彼此影响，参与到文学生产的各个过程中去，发挥各自不同的功能，但是其各自作用又有所不同，并且具有一定的结构性关系，它们之间的地位在不同的条件下也是不同的。

生产方式是指人类主体获得社会生活所必需的物质资料的方式，它是在生产过程中形成的人与自然界和人与人之间的相互关系。在伊格尔顿这里，一般生产方式是指特定社会中占统治地位的社会物质生产方式，它不仅是整个社会存在和发展的基础，而且是其他生产，特别是文学艺术生产的前提。在一般社会生产方式的内部，伊格尔顿又提出了文学生产方式的概念，用来阐述文学艺术的生产问题。文学生产方式指的是文学生产力和社会关系在特定社会形态中的统一，它是一般生产方式

---

① ［英］伊格尔顿，《马克思主义与文学批评》，文宝译，66 页，北京，人民文学出版社，1980。

的一部分，并受到一般生产方式的制约。

伊格尔顿提出文学生产方式的概念，目的是为了考察文学文本生产的社会性和系统性，一方面突出了文学文本生产的物质性特征，揭示了文学文本生产的基础是物质生产方式的生产。另一方面文学文本生产也是客观性的生产力与生产关系的统一，文学文本生产既体现了一定的生产力发展程度，如文学文本载体的变化就是科学技术不断发展的结果，又体现了一定的生产关系和意识形态，文学文本生产中同样存在着人与人之间的关系以及各种思想观念，这与其他社会生产方式具有一致性。在伊格尔顿看来，文学文本生产就是社会历史发展的产物，是社会结构和社会意识共同发展的结果，也是上层建筑互相制约的结果，这就进一步坚持了文学文本的社会性和物质性。

伊格尔顿指出，意识形态"是由一套相对一致的价值、表征和信仰等'话语'构成，它们在物质机构以及与物质生产相关的结构中实现，并反映了个体与其社会状况的经验性关系，由此能够保障对占主导地位的社会关系的再生产的'真实'的误识"①。与一般生产方式相对应的是一般意识形态，一般意识形态由一套系统性的价值符号构成，是个体对社会状况的一种有意识或无意识的认同与体验关系。任何社会形式都需要有自己的一般意识形态以维护其存在，一般意识形态是一个社会形态中占支配地位的所有意识形态的综合与用以维持社会结构的各种社会观念的整体，而不是各种意识形态的抽象或典型代表。伊格尔顿提出一般意识形态主要是为了区别于其他特殊的具体意识形态，也是为了给所有意

---

① Terry Eagleton，*Criticism and Ideology*，London：Verso，1978，p.54.

识形态形式提供一个总的名称。在文学文本理论中，他主要描述了审美意识形态和作者意识形态。审美意识形态是指文学艺术在审美表现过程中显示的意识形态内涵，其包含着审美的功能、意义以及价值的意识形态判断等因素，审美意识形态表明审美中浸透了意识形态，意识形态巧借审美传达出来。借用审美意识形态，伊格尔顿否定了文学艺术中审美的先天性和形式性，肯定了文学文本审美的社会性和政治性。作者意识形态作为社会一般意识形态在个人身上的独特体现，是文本作者凭借其主观能动性对一般意识形态进行改写包括无意识的改写，它是由作者本身的性别角色、阶级地位、国家地区以及文化观念等各种因素所决定的思想观念。伊格尔顿提出作者意识形态既肯定了文本主体对文学文本的个人影响，又强调了社会因素尤其是意识形态对文学文本的重要作用。

文本是文学艺术生产的最后作品，是上述五种文学文本生产范畴或社会因素互相影响、彼此斗争与融合的产物。因此文学文本不是孤立的东西，是物质性和精神性的综合体，它是包括作者本身因素在内的各种社会因素共同创造的结果，是社会历史和作者个体因素的产物，一方面，文本在质料上表现为一定的物质形态，在形式上也体现了特定的风格，这与一般生产方式和文学生产方式有着密切的联系。另一方面，文本有自己的内容和意识形态内涵，需要人们去解读。文本"并不是从《贝奥武甫》直到弗吉尼亚·沃尔夫的某些作品所展示的某一或某些内在性质，而是人们把自己联系于作品的一些方式"①。这也说明，文本的内涵并不是文本所展示的物质性的载体，而是其背后的社会生产方式和社会关系的联结和意义挖掘。

伊格尔顿认为，文本及其生产总是处在社会关系与意识形态的缠绕之下，这种影响既是有意识的，也是不自觉的或是无意识的，而这种无意识具有更大的作用，"作为一首诗，它当然不知道自己是某种意识形态危机的产物，如果它知道，它就不存在了"②。尽管受到上述五种因素的制约，文本的内容或文本意识形态却不同于其他意识形态，它有着自己的特殊规定性，"文学文本意识形态不是作者意识形态的表达，它是对一般意识形态进行美学加工的产品，正如一般意识形态本身是由与作者自身经历相关的多元因素所生产、影响"③。文本意识形态利用美学的方式区别于其他的意识形态，并在一定程度上隐藏了自己的意识形态内涵，也远离了作者意识形态，从而成为一种貌似无政治性的文本存在，静静地等待读者的阅读和挖掘。

文学文本生产的这六个理论范畴之间是一个有机联系的整体，文本的内部构成与外部要素具有内在的一致性，它们共同构成了文学的形式与内容。伊格尔顿将这些因素的关系及其作用进行了分析，力图找出它们之间的真正秘密用以确定文本的建构过程与方式，所以我们"有必要

①　［英］伊格尔顿：《二十世纪西方文学理论》，伍晓明译，11 页，北京，北京大学出版社，2007。

②　［英］伊格尔顿：《马克思主义与文学批评》，文宝译，20 页，北京，人民文学出版社，1980。

③　Terry Eagleton, *Criticism and Ideology*, London：Verso，1978，p. 59.

发展一种方法，凭此可以严密地说明文学作品的结构，并使它们的准确的连接方式得到检查"①。伊格尔顿认为这就是分析考察文本生产的目标之一，"批评的任务就是分析生产文本的这些结构的复杂的历史联系"②。而这些联系中，最主要的就是文本与意识形态的联系。在这一点上，伊格尔顿并不同意阿尔都塞和马舍雷的观点，阿尔都塞指出，"艺术使我们看到的，因此也就是以'看到''觉察到'和'感觉到'的形式（不以认识的形式）所给予我们的，乃是它从中诞生出来、沉浸在其中、作为艺术与之分离开来并且暗指着的那种意识形态"③。马舍雷则认为，文学文本的虚构"通过洞察幻觉的缺陷并改变我们同意识形态的关系而使幻觉处于不确定状态"④。可以看出，阿尔都塞和马舍雷坚持文本思想与意识形态的异质性，认为文本和意识形态是一种对立性的关系，他们都认为文本与意识形态在形式上是分离的和互相否定的，尽管文本背后充斥了意识形态的因素，但这不是文本的应有之义。而伊格尔顿在借鉴吸收他们思想的基础上，认为文本与意识形态是一种复杂的建构性关系。他认为，一般意识形态和一般生产方式对文学生产方式有重要的作用，从而影响文学生产方式的内容和形式，"一般意识形态通常包括某些一般因素或结构，所有的或者其中的一部分将在特殊历史阶段对文学

---

① Terry Eagleton, *Criticism and Ideology*, London: Verso, 1978, p. 4.

② Ibid., pp. 44-45.

③ [法]阿尔都塞：《一封论艺术的信》，见杜章智译，陆梅林编：《西方马克思主义美学文选》，520—521 页，桂林，漓江出版社，1988。

④ Pierre Macherey, *Theoty of Literary Production*, London: Routledge & Kegan Pau, 1978, p. 64.

生产方式的特点产生重要影响"①。这种影响很大程度上制约了文本的内容，将意识形态镶嵌进文本之中。伊格尔顿还认为，在文本生产和意识形态之间不存在线性的简单决定关系。他指出，"生产以一种双向运动与文本的意识形态共同存在并超越它，这种运动被由意识形态决定的生产技术的美学逻辑和决定美学方案的意识形态需要所建构"②。正是在这种复杂的互动关系中，文本与意识形态共同作用于对方，互相影响和渗透，文本产生了，文本意识形态随之产生了。

此外，文本之外的这五个因素之间互相影响，并且这种影响可以是双向的，它们之间是一对多、多对一的复杂关系，并且互相改造和促进，"一般生产方式、文学意识形态与一般意识形态、审美意识形态及文学生产方式之间的双向连接是可能的，例如，一个一般意识形态范畴当可以被审美意识形态改变成为某种文学生产方式的意识形态成分时，又可以与一般生产方式的社会关系发生冲突，它本身还是对这种社会关系的重现"③。对伊格尔顿而言，文本生产的这六个要素之间的关系是极其复杂的，这也决定了文本的复杂性和文本意识形态的特殊性。一般而言，文学文本就是在这些因素的互动中逐渐被建构起来的，但是在产生的过程中，文本不是一个被建构的产品，它也具有主动性和张力，通过建构过程对其外部的各种要素发挥作用。伊格尔顿指出，文本既内在的隐含了意识形态的因素，在其生产的同时也进行着意识形态的生产，

---

① Terry Eagleton, *Criticism and Ideology*, London: Verso, 1978, p. 54.
② Ibid., p. 68.
③ Ibid., p. 61.

即文本生产也"是意识形态的某种生产"①。这就揭示了文学文本与意识形态的共谋关系，这种关系可以通过对与其相类似的戏剧生产的分析予以揭示，"文学文本不是意识形态的表达，意识形态也不是社会阶级的表达。文本是某些方面类似于戏剧生产的意识形态生产"②。这也就说明，文学文本既区别于意识形态的生产，同时也是一种意识形态生产，文本生产与意识形态生产共同导致了文本意识形态生产的复杂性和间接性。

伊格尔顿重点探讨了意识形态与文本之间的双向同构关系，"这里所讨论的确实是一个双向关系，文本与意识形态之间不仅是客观决定的关系，这种关系同时也被文本自身'主观地'炫耀、隐藏、暗示或者神秘化"③。文本生产在一定意义上就是意识形态生产，意识形态的内容制约了文本生产的内容，但是文本也具有自己的能动作用，它能够将意识形态的痕迹消除，隐藏起来，从而以更加隐蔽的形式践行意识形态的功能。

意识形态决定文学文本的题材和内涵，"意识形态内容的形式，也就是意识形态问题构成的范畴性结构，对文本形式有一个决定性的效果，不仅决定文学体裁"④。首先，文本的形式和题材都受到意识形态内容的制约，文本要生产什么、如何生产以及生产的过程都受到社会条件和思想观念的影响，这些社会条件和思想观念包含着意识形态的内

---

① Terry Eagleton, *Criticism and Ideology*, London: Verso, 1978, p. 64.
② Ibid., p. 64.
③ Ibid., pp. 80-81.
④ Ibid., p. 85.

容。其次，文本对于意识形态也具有建构性的功能，"文本作为一种结构建构自身，为了根据它自己的相对自律性重新建构意识形态，通过美学生产加工并重铸它，它对意识形态进行解构，同时基于它自身意识形态效果的需要它又被解构到各种程度"①。文本对于意识形态也具有重要的影响，文本尽管不是直接的意识形态生产，但是却是在间接地、以象征性的形式生产或再生产意识形态，也可以说生产一种变化了的、变形的意识形态，文本在生产意识形态的同时又反对明显的意识形态内容，但为了意识形态的效果又需要改变自己的形式去容纳意识形态，最终文本与意识形态之间保持了一个适当的关系和距离，这种神秘化的生产形式对于意识形态的传播与认同具有更为重要的作用。"文学作品是一种生产，将已经生产出来的某些关于真实的再现形式生产成想象的客体。"②文学文本将意识形态对于社会现实的歪曲反映所产生的思想观念显示在物质载体上，作为一种好像是客观存在的东西存在，使人误认为其是真实的东西。

因此，文本对意识形态的重新建构需要文本以自己的形式对意识形态进行化妆和变形，意识形态范畴通过形式的变形实现了向一般社会生活材料的转化。这种转化使得意识形态深藏于文本的结构之中，并借助于文本的无功利性和无政治性悄然地行使着自己的政治功能，扰乱人们对于现实世界的认识和理解，用以维护支配性意识形态的权威。

---

①　Terry Eagleton，*Criticism and Ideology*，London：Verso，1978，pp. 98-99.

②　Ibid.，p. 75.

文学文本的六个要素互相影响、共同促进，建构起了文本的内容和形式，形成了文本意识形态，并与其他要素进行复杂而多向的互动，共同组成了文本生产和再生产系统性的动态过程。伊格尔顿系统考察了文本生产的内外因素及其建构作用，论证了文本生产与一般社会生产、意识形态、文本作者以及社会审美之间的关系，认为它们构成了一个整体性的结构，并且在时间维度上处于系统性的发展过程之中，这也就充分说明了文本生产的复杂性、非线性和整体性。

(三)文本生产的整体性

伊格尔顿的文学文本生产理论主要是由三个层面和六个要素组成的，这三个层面和六个要素是文学文本生产中的重要的构成因素，它们之间具有内在的统一性，在互相影响、彼此制约中动态地建构着文学文本的生产与再生产。文学文本生产是社会生产的一部分，其基本属性即社会属性具有意识形态内涵，意识形态内在地统摄着文学文本生产的逻辑和过程。这种文学文本理论坚持文学文本生产中诸多层面互相叠合、互相阐发的整个互动过程，强调文化生产和社会关系与整个生产、生活方式的联系，突出了文学生产中的意识形态的核心要素及其建构，因此伊格尔顿的文学生产理论具有整体性特征，内在地体现为一种系统化的理论体系。

文学文本生产是社会生产的一部分，文学生产方式决定于一般生产方式。伊格尔顿认为文学生产既是上层建筑的一部分，也是经济基础的一部分，具有物质性，"文学可以是一件人工产品、一种社会意识的产物、一种世界观、但它也是一种制造业"①。既然是一种制造业，那么肯定受到社会生产和生产关系的影响和制约，与整个社会的生产方式具有一致性。伊格尔顿借用西方资本主义社会的例子进行了具体说明："在发达资本主义社会结构中，一种大规模的资本主义印刷、出版和发行的占主导地位的文学生产方式，再生产出占主导地位的一般生产方式，但也合并作为一种关键成分的次要生产方式。文学生产者本人的手艺人方式，他象征性的出卖他的劳动产品而非劳动力给出版商，以交换生活费用。"②在这里，伊格尔顿用文学文本生产的过程连接了经济基础与上层建筑的关系，文学文本生产蕴含着基础与上层建筑的统一，从而体现了生产的系统性和社会性。

伊格尔顿进一步阐述了文学文本生产与其他生产的关系，主要包含两个方面的内容：一方面"文学艺术作为社会意识形态对整个社会生产方式的关系，艺术将世界的一切都看作对象，但它本身是一种商品"。这说明了文学生产的社会性和物质性以及对于社会生产方式的依赖关系。另一方面"文学艺术从本身的生产性质来说，是一种立足于生产性质的意识形态。二者相互渗透，形成完整的艺术形态"③。这又说明了文学艺术生产与意识形态之间的同质性结构，二者共同形成了一种艺术的内涵。同时，伊格尔顿也强调了物质生产方式的基础性作用，"人

---

① Terry Eagleton, *Marxism and Literary Criticism*, London: Methuen, 1976, p. 59.

② Terry Eagleton, *Criticism and Ideology*, London: Verso, 1978, p. 51.

③ Terry Eagleton, *Marxism and Literary Criticism*, London: Methuen, 1976, pp. 75-76.

类的物质生产隐约占据着人类历史……政治、法律、文化和社会观念都不得不拜倒在它的脚下，成为占统治地位的社会秩序增强自身合法性的工具"①。实际上，伊格尔顿在赋予文学艺术生产独立性的同时，又将其拉回到物质生产的基础之中，并在物质生产方式的整体性中规定了文学文本生产的整体性特征。

由此可见，伊格尔顿从整体性的一般生产方式来规定文学生产方式，揭示出文学生产与社会生产及其各种社会因素的统一性，文学生产方式既能体现社会的生产力尤其是科学技术的形式，显示了一般生产方式的物质性方面，也能体现出社会的生产关系以及上层建筑，这一点是通过文学生产的意识形态性来实现的，也就是说，文学文本的生产其实是作品意义和价值的生产。而这种意义和价值必须放置于文学生产的各种要素和环节中去理解，其中意识形态是关键的环节与内容，即意识形态内在地编码于文学文本之中，"在某种意义上，每一文学文本内化其社会生产关系，即每一文本都以其特有惯例暗示它的消费方式，在自身中包含一个意识形态的代码，说明它是如何、由谁以及为谁生产出意识形态"②。只有识别了这些意识形态的代码，才能真正理解某一文学文本的意义所在，而这些代码又是与整个的社会关系连接在一起的，进而决定了文学文本生产的整体性特征。

伊格尔顿认为，在某种意义上文学文本生产就是意识形态生产，意识形态概念就是文学文本的核心内涵，以此为基础，伊格尔顿从意识形

————————

① ［英］伊格尔顿：《马克思为什么是对的》，李杨译，153 页，北京，新星出版社，2001。

② Terry Eagleton, *Criticism and Ideology*，London：Verso，1978，p. 48.

态审视了文学生产的过程，形成了以意识形态为中心，统摄各种文学生产要素的系统性的理论观点。

关于文学文本生产的三个层面，按照伊格尔顿的观点，文学文本生产的核心是意识形态的生产和传播，意识形态体现为各种社会思想观念和经验认知，其对象是社会大众，因此文学生产必然针对社会性的群体，并且受到社会性群体历史条件和自身素质的制约。在形式和内容方面，文学文本的形式和内容都受到意识形态的影响，文学内容本身就包含了意识形态的内涵，是对意识形态的一种特殊方式表达和显现。伊格尔顿特别指出，具有相对独立性的文学文本形式同样受到意识形态的制约，"文学形式的重大发展产生于意识形态的重大变化。它们体现感知社会现实的新方式以及艺术家与读者之间的新关系"①。这就否定了文本形式的客观性和中立性，文本形式就代表了某一形态的社会意识形态，或者说，有什么样的意识形态就有什么样的文本形式，虽然它们之间并不是一一对应的关系，但却具有内在的一致性。

实际上，伊格尔顿同样视文学形式为意识形态的内容，强调了意识形态对于文学形式的影响和文学形式对于意识形态的附属性质。文学形式在强调独立性的同时，内在地蕴含着意识形态的要求和内容。伊格尔顿认为文学文本的价值也是意识形态的意义和效果，"文学价值是由一种文本的意识形态挪用和作品的'消费性生产'，即阅读行为所产生的现象。它总是关系的价值：'交换价值'。'价值'的历史，是文学意识形态的实践的历史

---

① Terry Eagleton, *Marxism and Literary Criticism*, London: Methuen, 1976, pp. 24-25.

基础——这种实践绝不是对已经制作好了的作品进行单纯的'消费'，而是必须作为文本的一种确实在进行的生产加以研究"①。文学文本的交换价值是一种社会关系的解读，这种价值实际也是一种意识形态的内容，对于文学价值的消费同样需要具备一定的社会常识和思维方式，这同样属于意识形态的内容，并且这种消费随着社会生产的发展而变化。

文学文本价值是一种阅读性的关系和需求，是在意识形态的基础上生产的实践性活动的结果，它实际上是由意识形态决定的。"文本价值是由它对一种意识形态结构和文学话语的可用等级的插入的双重方式所决定的。"但是这种决定关系不是直接的，而是经历了符号加工的过程，"正是通过这种方式，文本进入了一种总体与部分领域的关系中，而这一领域是历史决定的价值、利益、需要、权力和能力的，不是它表达或再生产这些东西，而是它在与将它们编码为意识形态符号的关系中建构它自己"②。这就解释了文本与意识形态之间的复杂的关系，伊格尔顿认为文学文本的价值在本质上就是一种意识形态编码，内在地蕴含了社会历史的价值观念演变，而传播或反抗某种意识形态并生产某种意识形态则是文学价值生产的意义所在。

关于文本生产的六个要素，伊格尔顿认为，这六个要素中，意识形态同样是其基础和核心内容，在意识形态的基础上，这六个要素之间互相影响、彼此制约共同构建了文学文本与文本意识形态。伊格尔顿的文学生产理论，就是要分析在复杂的意识形态生产实践中各种因素的相互

---

① Terry Eagleton, *Criticism and Ideology*, London: Verso, 1978, pp. 166-167.

② Ibid., pp. 166-167.

渗透和作用，将意识形态作为一个核心的要素进而连接其他相关的社会因素，论证了文学生产方式与一般生产方式、一般意识形态与审美意识形态以及作者意识形态之间复杂而深刻的联系，从而说明文本生产的复杂性和总体性，关于具体内容，前面已有具体阐述，在此不再赘言。

可见，在伊格尔顿的文学文本生产理论体系中，意识形态是核心和本质，伊格尔顿以意识形态为中心论述了文学文本的社会属性、内容与形式、文学文本的价值及其与意识形态的关系，阐明了文本生产六个要素的互动及其与意识形态的关联。文学生产的各个环节和因素之间通过意识形态成了一个有机相连的系统，从而使得伊格尔顿的文学生产理论具有鲜明的整体性特征。

在文本生产理论中，伊格尔顿阐明了文学文本生产中意识形态生产的过程及其影响因素，揭示了在文学领域中意识形态生产的复杂性和系统性，进一步丰富了马克思主义的文学理论和意识形态理论。伊格尔顿认为，要想更深入的理解意识形态，不但要考察意识形态的生产过程，而且要考察意识形态的功能，鉴于此，伊格尔顿又提出了"修辞学"的批评理论，以便更生动地揭示文学意识形态的社会效应和政治功能。

二、文本意识形态的生产

伊格尔顿明确指出从雪莱到诺曼·霍兰德，文学文本理论从未与政治信念和意识形态价值标准分开过。他反复强调文学是跨学科、多形式、高评价的文化形态，扎根于信仰的深层结构，但是文学文本又是不稳定的事物，而文学作品的评价体系是动态的。文学和意识形态之间也不只是简单的二元对立关系，不能粗略地将文学作品归为占统治地位的意识形态的反映，要理解它就得首先理解它与其所处的意识形态之间错综复杂的关系，而文学文本的生产就是一种意识形态的生产，从而生产出文本意识形态。

意识形态的生产被伊格尔顿界定为文学艺术生产的根本性质，这一观点带有独特的伊格尔顿风格，他的"这一看法与传统马克思主义观点不同，也与其他西方马克思主义观点，甚至与本雅明、布莱希特这些生产论美学的倡导者的观点大相径庭"。实际上，伊格尔顿将文学文本生产作为连接经济基础与上层建筑的中介，揭示文本生产的意识形态性，"他用文化生产的观念连接了基础与上层建筑的复杂关系，作为意识形态的文学艺术与基础、上层建筑的复杂关系，文学与社会历史、意识形态的复杂关系"①。而这些关系则是理解意识形态含义的关键，在这里，伊格尔顿将意识形态视为文化艺术生产的本质内容，认为文化意识的生产表面上复杂多样、形式多变，看似有自己独立的发展规律，但是从根本上而言，这些文化艺术生产的背后既潜藏着社会的意识形态和主流思想观念，也包含着社会生产结构和权力运行逻辑，还蕴含着社会意识形态与社会结构和权力要素的互动关系，所以文本生产的本质就是一种特殊形式的意识形态生产即文本意识形态生产。

文本创作与意识形态观念之间的关系是伊格尔顿重点探讨的内容，

---

① 周忠厚编：《马克思主义文艺学思想发展史教程》，456 页，北京，中国人民大学出版社，2002。

他区分了文学文本创作与意识形态的各种相关因素，从具体细节方面论述了文学文本生产要素与意识形态形式之间的关联。伊格尔顿指出，因为文本是由一系列复杂的历史条件决定的，文本意识形态又具有特殊性，因此不能将占统治地位的一般意识形态与文本的意识形态等同，也不能认同作者意识形态的体现是文本意识形态。"文本意识形态不是作者意识形态的'表现'，它是对于一般意识形态进行美学加工所得的产品。"①在伊格尔顿看来，意识形态内部的各种形式之间既有联系又有区别，这种联系性保证了它们的意识形态本质，这种区别性又体现了意识形态表现形式的多样性，也揭示了文本意识形态的特殊性，这样，伊格尔顿就推动了意识形态理论研究的细致化和深入化。

文本与意识形态的关系被伊格尔顿解读为剧本和演出的关系，二者并不只是简单的反映或者复制的关系，而是一种劳动关系，剧本的内在逻辑影响着演出，演出拥有着自己内在逻辑的生产方式生产出戏剧产品，它们之间相互影响、相互决定。"剧本的性质将决定着演出的性质，但反之亦然，演出也决定着剧本的性质。"②他认为，文本生产是"生产的生产"，而意识形态话语本身可以看作一种产品，这种将文本视为意识形态生产的观点继承和发展了经典马克思主义关于艺术属于意识形态的思想。伊格尔顿的文本意识形态生产概念较好地解决了文本和意识形态的关系问题，艺术构成和意识形态生产本来就是一回事，既不能把意识形态看作作品形式的内容，也不能把作品简单看作对意识形态的反

---

① ［英］伊格尔顿：《美学意识形态》，王杰等译，1 页，桂林，广西师范大学出版社，1997。

② Terry Eagleton，*Criticism and Ideology*，London：Verso，1976，p. 66.

映，二者是社会生产过程中的有机统一体，内在的包蕴着彼此的内容和形式，共同促进着社会结构的生产与再生产。

马克思主义文学批评的主要任务就在于给文学文本意识形态基础提供一种唯物主义的解释，伊格尔顿认为，"这个任务，依我看来，雷蒙德·威廉斯在评论英国小说时还远远没有完成。马克思主义批评挑选来审查的文学文本，不可避免地会跟文学唯心主义奉为'伟大'的那些作品相重叠。这并不应使人感到为难，这是一个唯心主义者无能进行挑战的问题。唯心主义只能给价值标准提供主观主义的解释，除此之外，它再也拿不出更多的货色"①。也就是说，文学文本的意识形态性不能用唯心主义的观点进行解释，否则就会出现文学价值与意识形态因素相脱离，与文学背后的社会生产方式相脱离，如此一来，文学的意识形态内容就成了纯粹空洞的想象，从而失去了文学文本的社会历史价值和意义。

鉴于这种理解，在《批评与意识形态》一书中，伊格尔顿开始构想建立属于自己的文学文本意识形态理论。在吸收和理解马克思主义的价值观念、本雅明的艺术生产论、现象学、阐释学和美学等各种思想的合理内涵后。他指出，文学批评实际上是对于生产出来的文学文本作品的消费，由于文本中蕴含着意识形态和审美意识。可以说，文学消费就是对文本意识形态的进行解读，是阅读和批评所创造的各种现象，这样他就站在马克思主义宏观批评的立场上，把文学文本意识形态生产看作文学艺术价值的最终归宿，使得价值论与认识论充分统一起来，从而进一步完善了他的文学意识形态理论。

---

① 陆梅林编：《西方马克思主义美学文选》，699 页，桂林，漓江出版社，1988。

三、文本批判的主要手段——修辞学批评

意识形态性一直是伊格尔顿文学理论强调的重心所在，在文学文本生产理论的基础上，伊格尔顿又进一步提出了其文本批评理论，以彰显文学艺术批评的政治性功能，以期实现文化批评在社会革命中的积极作用。

伊格尔顿认为，文学艺术批评一方面属于意识形态的领域，受到一般意识形态的支配和制约，"批评属于意识形态的审美领域，一个具有相对自律性的领域。但是一种批评的出现标志着这一领域与其他领域之间的某种联系，在这种联系中审美领域属于整个意识形态的支配性"[①]。另一方面文学批评也是对意识形态的批判，通过批判一般意识形态而促进另一种意识形态的传播，这体现了文学批评的社会批判功能。伊格尔顿的文学批评理论不仅要揭露文学批评的意识形态属性，更是为了用文学批评的方式来批判资本主义的意识形态。

伊格尔顿将自己的文学批评理论称为马克思主义文学批评理论，他最初设想建立起一套科学的马克思主义的文学批评理论，但逐渐发现这种设想对资本主义意识形态批判的力度不够，也不完全科学，因为这种设想忽视了马克思主义批评的实践性，"抽去马克思主义的实践性，片面强调它的科学性，也就等于放弃革命"[②]，这与伊格尔顿追求的人类解放目标不相符合，因此他放弃了这种科学的文学批评理论的建构，转

---

① Terry Eagleton, *Criticism and Ideology*, London: Verso, 1978, p. 20.

② 俞吾金：《传统重估与思想移位》，序言，2 页，哈尔滨，黑龙江大学出版社，2007。

而去重新尝试建构一种修辞学的文学批评理论。

(一)科学文本批评的设想

伊格尔顿的科学文本批评观,首先受到阿尔都塞的重要影响,阿尔都塞认为意识形态与科学理论存在着根本区别,科学理论能够脱离意识形态的制约,从而具有独立性,"认识史理论使我们懂得,人的认识在不同生产方式更迭史上是如何首先以意识形态然后以科学形式产生的"[①]。阿尔都塞以为,在人类的认识过程中,意识形态早于科学形式,科学理论是从意识形态之中产生的,阿尔都塞将这种科学从意识形态中的脱离过程称为"认识论断裂"。

"马克思的立场,他对意识形态的全部批判都意味着,科学就其含义而言是同意识形态的决裂,科学建立在另一个基地之上,科学是以新问题为出发点而形成的,科学就现实提出的问题不同于意识形态的问题,或者可以说,科学以不同于意识形态的方式确立自己的对象。"[②]可见,阿尔都塞认定科学理论与意识形态理论分属于不同的问题域。因此,二者是有根本差别的,伊格尔顿在 20 世纪 60 年代开始接受吸收了这种欧洲大陆传来的新理论,并将这种观点引入到他的文化批评思想之中。他指出,一切文学以及文学批评都是意识形态,不是科学的理论,而马克思主义文学批评则是科学理论。为什么伊格尔顿这么说呢? 这是因为马克思主义文学批评建立的基础和对象都是科学的,那就是唯物

---

① ［法］阿尔都塞、艾蒂安·巴里巴尔等:《读〈资本论〉》,李其庆、冯文光译,62页,北京,中央编译出版社,2008。

② ［法］阿尔都塞:《保卫马克思》,顾良译,58 页,北京,商务印书馆,1984。

史观。

伊格尔顿指出："历史唯物主义非但不是意识形态，而且包含着意识形态起源、结构、衰弱的科学理论。"①也就是说，较之于被意识形态制约的其他文学和文学批评，马克思主义文学批评则是对意识形态进行分析和批判的，并且科学地说明了意识形态的发展过程。因此，伊格尔顿进一步指出，马克思主义文学批评指向意识形态及其功能，必然能够提供一种关于文本意识形态规律的知识，"一种科学批评的保证是一种关于意识形态结构的科学。只有这样一种科学的基础上，这样一种批评才有可能被建立——只有有关意识形态的知识才能确保我们要求一种有关文学文本的知识"②。

他实际上是将马克思主义文学批评视为一种意识形态批判理论，在这种批判中，马克思主义文学批评才可以与意识形态保持一定距离，从而能够客观科学地审视文学和文学批评，并在这种审视的基础上指出人类解放的前景。伊格尔顿认为马克思主义是解释意识形态的工具，"马克思主义批评是一个更大的理论分析体系中的一部分，这个体系旨在理解意识形态——即人们在各个时代借以体验他们的社会的观念、价值和感情"。但是对意识形态的理解，也需要文学批评理论，"而某些观念、价值和感情，我们只能从文学中获得。理解意识形态就是更深刻地理解过去和现在：这种理解有助于我们的解放"③。因此，马克思主义的文

---

① Terry Eagleton, *Criticism and Ideology*, London: Verso, 1978, p. 16.

② Ibid. , p. 96.

③ ［英］伊格尔顿：《马克思主义与文学批评》，文宝译，2 页，北京，人民文学出版社，1980。

学批评理论是理解文学意识形态的有力工具，进而还成为了解整个意识形态的有力工具。在这里，伊格尔顿确立了马克思主义文学批评的科学地位，认为只有这一批评理论才能打破意识形态理论的束缚和制约，指导人们去争取解放，这也是马克思主义理论的生命力所在。

伊格尔顿将马克思主义文学批评理论认定为科学的文学批评理论，是为了推动马克思主义文本的研究，增加马克思主义文化批评的影响，促进马克思主义思想的传播，从而将马克思主义文学批评理论的范畴系统化。但是到了 20 世纪 80 年代，伊格尔顿的这种马克思主义的批评观发生了改变，一方面是伊格尔顿对于科学与意识形态的关系有了新的认识，认为就算是科学知识，同样也应该是一种意识形态，"任何从事教学的社会主义者都知道，没有什么比知识更具有意识形态效果"[1]。那么，在这种情况下，对科学和意识形态的进行区分不但没有现实的价值和意义，而且也是不可能的，"在知识与意识形态这两者之间的任何独尊的认识论划分不过是一种理论幻想"[2]。

另一方面，资本主义世界发生了重大变化，资本主义危机进一步加剧，而无产阶级运动得到了新的发展，迫切需要马克思主义理论的指导。伊格尔顿认为，在这种情况下，需要用马克思主义的意识形态进行无产阶级运动的政治宣传，必须发挥马克思主义文学批评的政治效果。也就是说，马克思主义文学批评的分析要从"狭隘的文本分析和概念分

---

① Terry Eagleton, *Walter Benjamin: Or Toward a Revolutionary Criticism*, London: Verso, 1981, p. 112.

② Ibid., p. 112.

析转向文化生产的问题和艺术品的政治用途"①。在这种情况下，伊格尔顿保留了文学批评的政治性效果，放弃了科学的文学批评理论的设想，转而去建构一种强调革命效果的修辞学的文学批评理论。

(二)修辞学批评理论的建构

伊格尔顿认为，任何文学文本和文化批评都具有意识形态的内涵，文本批评的意义不仅在于解释文学的形式，更为重要的是要突出文学艺术批评的社会效果，这就需要文学艺术批评的政治性和技巧性，要求一种新形式的文学批评方式，伊格尔顿用"修辞学"来指称这种文学批评方式，并追溯了其历史渊源。"从古代社会后期到中世纪之前，'批评'事实上就是修辞学；之后修辞学仍然是统治阶级政治霸权的技巧方面的文本训练……历史上所记载的最广泛的早期文学批评，在我们看来，不是审美的，它是我们今天成为'话语理论'的一种形式，专注于分析具体社会关系中语言的具体用途的是在效果。"②这就说明，文学批评与修辞学具有很深的渊源，都是为了增强话语的表达效果和批判效应。

可见，修辞的最初含义就是一种政治批评，就是为了提高话语的政治性效果和意识形态影响，而这种效果与话语的表达形式具有紧密的关联。现代文学理论则反映了现代的意识形态内涵，"现代文学理论的历史是我们时代的政治和意识形态的一部分……文学理论一直与政治信念和意识形态价值标准密不可分。的确，与其说文学理论本身有权作为知

---

①　Terry Eagleton，*Walter Benjamin：Or Toward a Revolutionary Criticism*，London：Verso，1981，Preface.

②　Ibid.，p. 101.

识探究的对象，不如说它是观察我们时代历史的一个特殊视角"①。伊格尔顿又指出，虽然现代文学批评也是政治意识形态的一部分，但是如果只是退缩于狭隘的文学内部，将会失去自己的存在价值，面对现代文学批评的颓废倾向，"文学批评的未来如果不定位于反抗资产阶级国家政权的斗争，它将毫无前途"②。因此，伊格尔顿主张回到文学批评的原初含义中去，即作为修辞学的文学批评。

修辞学的文学批评不能仅仅关注文学的所谓本质，而应当去关注文学话语的政治效果、社会背景和实践价值，"事实上不可能给文学下一个'客观'的定义。因为这就把为文学下定义变成了人们决定如何阅读的问题，而不是判定所写事物之本质的问题"③。也就是说，文学的定义实际上体现的是一种社会关系和意识形态，而不是客观的文学对象的本质。伊格尔顿又批评形式主义者对于"文学性"的追寻，"'文学性'（Literariness）是一种话语与另一种话语之间的区别性关系（Differential Relations）所产生的一种功能，'文学性'并不是一种永远给定的特性。他们一心想要定义的不是文学而是'文学性'——即语言的某些特殊用法，这种用法可以在'文学'作品中发现，但也可以在文学作品之外的很多地方找到"④。文学性只是文学话语的一些特殊用法而已，它不能概括并规定文学的内涵和价值。按照伊格尔顿的看法，文学的本质或文学性不是

---

① ［英］伊格尔顿：《二十世纪西方文学理论》，伍晓明译，244—245 页，北京，北京大学出版社，2007。

② Terry Eagleton, *The Function of Criticism*, London：Verso, 1984, p. 124.

③ ［英］伊格尔顿：《二十世纪西方文学理论》，伍晓明译，11 页，北京，北京大学出版社，2007。

④ 同上书，7 页。

文学自身内涵的真正体现，而文学就是一种意识形态的表达，即文学文本就是一套话语体系或一种话语实践，"有史可考的、影响最广泛的早期文学批评并不是我们所理解的'美学性'批评，而是现在称之为'话语理论'的一种方式。它着力分析在特定的社会形态中使用特定的语言所产生的实质性效果"①。

再者，伊格尔顿认为，一切文学形式都与意识形态有关，"一切话语、符号系统和意指实践，从电影与电视到小说和自然科学语言，都产生效果，形成各种形式的意识和潜意识，我们现存权力系统的维持或改变则与此密切相关"②。文学形式产生的效果也就是意识形态效果，而这种意识形态效果与社会的权力结构以及背后的阶级利益紧密关联。伊格尔顿认为，既然文学会产生社会性的效果和影响，那么我们就应该"关心话语产生什么效果以及如何产生这些效果"③。也就是说，不但要考察文学话语产生的意识形态效果，而且要关注产生这些效果的作用机制。

修辞学批评就是要"发现有效的申辩、说服和论争方式，修辞学家研究他人语言中的这些手段是为了在自己的语言中更为有效的运用它们"④。伊格尔顿指出，发挥、运用文学话语的政治性效果就是修辞学文学批评的主要意旨所在，革命的文学批评就是要"捣毁统治性的文学

---

① ［英］伊格尔顿：《沃尔特·本雅明或走向革命的批评》，郭国梁、陆汉臻译，133页，南京，译林出版社，2005。

② ［英］伊格尔顿：《二十世纪西方文学理论》，伍晓明译，263页，北京，北京大学出版社，2007。

③ 同上书，257页。

④ 同上书，259页。

概念，将文学置于整个文化实践领域……它将解构既定的文学等级，重估既定的价值判断，关注文本语言和无意识对主体的意识形态的建构"①。修辞学批评就是要进行意识形态批判功能，革命的修辞学批评就是要揭发旧的意识形态的欺骗性和虚假性，宣扬新的意识形态的进步性。

在此，伊格尔顿大力提倡马克思主义的修辞学批判作用，"历史上从未出现过建立在笛卡尔思想之上的政府，用柏拉图思想武装起来的游击队，或者以黑格尔的理论为指导的工会组织。马克思彻底改变了我们对人类历史的理解，这是连马克思主义最激烈的批评者也无法否认的事实"②。既然马克思主义能够改变社会历史的进程，那我们必须发挥马克思主义的这种革命性的历史作用。因此，他指出马克思主义文学批评的任务，"马克思主义批评家的首要任务就是参与并帮助指导大众的文化解放"③。只有在大众文化的解放运动中发挥批判旧社会意识形态的功能，才能够充分发挥马克思主义文学批评的真正功能，实现人类的解放，而这也是伊格尔顿文化批判思想的目标。

伊格尔顿关注文学批评的科学性，试图建立科学的马克思主义文学批评理论，但是最后发现科学知识与意识形态具有不可分割的关系，从而又重新审视文学批评的政治效果和实践影响，从对文学文本内涵"是

---

① Terry Eagleton，*Walter Benjamin：Or Toward a Revolutionary Criticism*，London：Verso，1981，pp. 96-98.

② ［英］伊格尔顿：《马克思为什么是对的》，李杨译，2页，北京，新星出版社，2001。

③ Terry Eagleton，*Walter Benjamin：Or Toward a Revolutionary Criticism*，London：Verso，1981，p. 97.

什么"的本质性追问转移到对文学文本影响"怎么样"的效果性追问之中（这种效果主要是一种政治性效果和意识形态功能），从而逐渐建构了修辞学的文学批评。伊格尔顿认为，修辞学的文学批评以改善人类的处境，争取人类的解放为宏观目标，微观而言，是为了改善个人的存在状态，这种存在状态是要使得每个人都能更好地生活，"我所提出的修辞学的重创是怎样可以有助于我们成为更好的人"[①]。可以看出，伊格尔顿的修辞学的文学批评具有现实的价值取向和人道主义意蕴。

(三)修辞学批评的方法

修辞学批评以整个人类和社会个体的解放为目标，对资本主义的意识形态和主流观念进行批判，那么，这种文学批评的方法是什么呢？伊格尔顿认为，为了达到修辞学批评的目标，即人的解放，方法可以是多种多样的。

"它考察人们为了达到某种效果而建构话语的方式。它并不在乎自己的研究对象是言语式作品、诗歌或哲学、小说或历史，它的视野就是社会整体中的话语实践领域，它的特殊兴趣在于将这些实践作为权力形态和行事方式加以把握。"[②]也就是说，只要能实现政治性的效果和作用，保证人的解放目标的实现，修辞学的文学批评采用什么方式都是被允许的，这体现了伊格尔顿文学批评目标的坚定性和手段的灵活性，"激进的批评家对于理论和方法问题也是虚怀若谷的，在此他们倾向于

---

① ［英］伊格尔顿：《二十世纪西方文学理论》，伍晓明译，257 页，北京，北京大学出版社，2007。

② 同上书，225 页。

成为多元主义者。任何方法和理论，只要有助于人类解放的战略目标，有利于通过社会主义改造而创造'更好的人'，就都可以接受"①。也就是说，只要能实现人类解放的宏大目标，在方法上可以兼收并蓄、多管齐下，以保证文化批判的效果。

这样就可以利用一切利用的资源，为批判资本主义意识形态提供尽可能多的力量。虽然如此，伊格尔顿还是区分了几种马克思主义的文学批评：人类学批评、政治批评、意识形态批评和经济批评等，伊格尔顿认为，在不同的历史时期，以上四种批评方式具有不同的作用，对于修辞学文学批评的目的具有不同的影响，甚至在同一历史时期，这四种批评方式也都发挥作用并互相影响，维护或者批判当时社会的一般意识形态。伊格尔顿指出，只要有利于社会主义的实现和人类的解放，四种方法或其他批评方法只要能够发挥实际的作用，产生实际的效果，就可以在现实中进行应用，伊格尔顿在论述政治批评时指出："作家创作室，艺术家的工作室和大众剧院的组织；文化和教育设施的改造；公众设计和建筑的事务；对日常生活的质量的关注——简言之，尽管历史条件不同……所有这些工程都依然是革命文化理论的主要职责。"②只要目标一致，方法可以多样，也就是说，为了实现修辞学的文学批评目标，不但需要宏观的文学批评形式，而且也需要微观的、日常生活的文学批评形式。

---

① ［英］伊格尔顿：《二十世纪西方文学理论》，伍晓明译，264 页，西安，陕西师范大学出版社，1986。

② ［英］伊格尔顿：《当代西方文学理论》，王逢振译，303 页，北京，中国社会科学出版社，1988。

　　伊格尔顿修辞学的文学批评理论通过集中"分析在特定的社会态势中使用特定的语言所产生的实质性效果。这是一个庞杂的、有关具体意指行为的理论——但最重要的是有关法律、政治和宗教等国家机器的言语行为理论"，就是为了揭示意识形态话语的政治效果和影响，"其意图是十分明显的，就是要把话语和权力的表达进行系统地理论化，并且以政治的名义进行，丰富意指的政治效应"①。这种政治性效应必须揭示并发挥文学批评理论的意识形态性和修辞性功能，并在现实的社会运动发挥战斗檄文的功能，起到鼓动现实实践运动的作用。

　　在伊格尔顿看来，修辞学的文学批评就是要用激情的语言去教化大众，去表达马克思主义和社会主义的美好形象，去揭露资本主义意识形态的欺骗性和虚假性，以便获得社会主义意识观念对资本主义意识观念的优势。马克思认为，"哲学对自身的超越不在于构建新的哲学体系，也不仅仅是为了阐述新的哲学思想，它的任务就是为历史和现实服务，为推进人类解放与社会发展做贡献"②。为了实现修辞学文学批评的价值，伊格尔顿着重强调马克思主义文学批评的宣传性和鼓动性，这就要求马克思主义批评家作到如下任务：第一，构建包含社会主义精神的作品，"参加到作品的生产当中去，在转变了的文化媒介中，对现实进行想象虚构，以至于达到有助于社会主义胜利的效果"。第二，揭露某些作品中所蕴含的资本主义意识形态，"作为批评家去揭露非社会主义作品产生的不良效果的修辞结构，作为一种与虚假意识形态作斗争的方

---

　　① ［英］伊格尔顿：《沃尔特·本雅明或走向革命的批评》，郭国梁、陆汉臻译，133页，南京，译林出版社，2005。
　　② 乔瑞金：《马克思技术哲学纲要》，216页，北京，人民出版社，2002。

法"。第三，在非社会主义作品中寻找其价值，以便为社会主义服务，"阐释这些作品，以便从中汲取一切对社会主义有价值的东西"①。伊格尔顿指出，这三个任务紧密结合，互相促进，在批判资本主义、宣扬社会主义的过程中，制造社会主义必将胜利的气氛与趋势，这比一味照本宣科地宣讲马克思主义批评的科学性要有效得多。

此外，伊格尔顿还认为，马克思主义文学批评必须要与马克思主义的政治斗争和经济斗争结合起来，在现实的综合斗争中推进社会主义运动，"应该自觉地把自己的学术文化活动与社会主义政治追求和早日结束商品统治或资本主义制度的政治任务结合起来，在自己的批评作品中表达社会制度所压抑的无数男男女女的利益和欲望，从而使自己的批评行为成为真正有效的话语实践，成为变革整个制度和实现社会主义革命的政治运动中的一项重要工作"②。只有这样才能进行有效的社会实践运动。实际上，伊格尔顿将修辞学的批评作为表达资本主义社会下普通人民大众苦难和理想，既是揭示资本主义制度丑恶的理论武器，也是社会主义思想观念宣传的工具，在伊格尔顿看来，有效地利用修辞学批评，积极地宣扬马克思主义的理论，对于人类的解放具有重要的作用。

修辞学批评为何能够容纳如此众多的方法呢？伊格尔顿的一段话可以作为注解："修辞学——或者叫作话语理论——分享形式主义、结构主义和符号学对于语言形式手段的兴趣……它可以向解构批评和精神分

---

① ［英］伊格尔顿：《沃尔特·本雅明——或走向革命的批评》，郭国梁、陆汉臻译，113 页，南京，译林出版社，2005。
② ［英］伊格尔顿：《马克思主义与文学批评》，文宝译，2 页，北京，人民文学出版社，1980。

析理论学到很多东西，而它对于话语可以成为一项人的改造事业的信念则与自由人道主义有不少共同之处。说文学理论是虚幻并不意味着我们不能从中为一种不同的话语实践找回很多宝贵的概念。"①也就是说，伊格尔顿在修辞学批评中采用如此众多的方法就是为了实现革命的实践即社会主义实践运动。按照他的理解，正是由于修辞学的文学批评兼收并蓄、广征博引，融众多理论于一炉，而又能坚持对意识形态的批判和对人类解放的向往。所以，其自身构成的复杂性决定了其实现方法的多样性，而其中心目标的专注性则决定了各种方法的有效性和针对性，或许这正是众多方法的殊途同归的作用。因此，较之于科学的文学批评，修辞学的文学批评更加具有强大的理论威力和实践效果，或许这也是伊格尔顿放弃科学的文学批评转向修辞学批评的重要原因之一。

文学文本生产理论和文学批评理论的核心就是意识形态的生产和再生产，但是这种生产与一般意识形态的生产不同，它是一种特殊的意识形态即文学意识形态的生产过程，这种生产过程既体现了其生产的意识形态性，也体现了其特殊性，因此，文本意识形态理论是伊格尔文化批判理论的重要内容。伊格尔顿试图开辟文化批判的新领域，在对于文本意识形态的研究中，目的是为了寻找一条更加可行的道路，用以实现人类的解放。

伊格尔顿的文化批评理论又称为"文化政治批评"，其研究路径从文学批评到文化理论、从政治文化到文化政治、从理论思辨到政治事件充

---

① ［英］伊格尔顿：《二十世纪西方文学理论》，伍晓明译，225—226 页，西安，陕西师范大学出版社，1986。

分体现了他对文化的社会功能和政治功能的强调和重视。

首先，伊格尔顿把语言分析方法运用于哲学解释。重视对语言问题的研究，强调概念的明确性和严密性，其作为一种研究方法在社会科学很多方面已取得积极成果，英国马克思主义者吸收并运用这些成果，以充实自己的理论，使其更加规范化和科学化。在伊格尔顿的"文化政治批评"理论中，文化一词是基石，必须做出严格规范的定义，才能展开其他领域的论述，他用英国哲学特有的经验主义和分析的手法，对文化本身做了十分精细的剖析，奠定了"文化政治批评"理论的基础。

其次，伊格尔顿强化了文化政治批评的整体主义方式。伊格尔顿的"文化政治批评"是一个较为系统的理论体系，表现为在分析文化与意识形态关系的过程中，所采用的整体主义的思维方法。整体主义方法论注重整体性，强调各构成要素之间的互动共生性和时空结合性。他在分析和阐述"文化政治批评"时，既注重分析各要素之间的关系，又注重它们之间的互动性，以实现其共时性和历时性的统一。

伊格尔顿坚持文化意义的辩证性质，提供一种整体论的视角，"文化不仅是我们赖以生活的一切，在很大程度上，它还是我们为之生活的一切"①。文化其实就是一种整体的生活方式。文化还是一种生产形式和过程，这一点对于文化的功能具有极其重要的意义，"如何说明艺术中'基础'与'上层建筑'的关系，即作为生产的艺术与作为艺术形态的关

---

① ［英］伊格尔顿：《马克思主义与文学批评》，文宝译，9 页，北京，人民文学出版社，1980。

系，是马克思主义批评当前面临的最重要的问题之一"①。他将文化的复杂关系结构理解为一种"生产"关系或物质关系，即整个社会生活方式的决定因素是经济生活中的社会关系，这种社会经济关系集中表现为政治权力的结构形式。"文化生产"既表明作为精神和价值的文化不可能独立于物质条件之外，最终取决于作为社会根本结构的一般生产方式，同时也表明文化生产是一个动态的、开放的、不断变化和生成的物质过程，最关键的是全体社会成员都有机会参与文化实践过程，伊格尔顿坚持从马克思主义的经济基础与上层建筑关系入手来分析文化生产的特点，突出了文化的整体性特征。

最后，伊格尔顿坚守马克思主义的理论立场，英国马克思主义以技术批判、文化批判和社会批判为批判武器，坚持社会主义的理念，他们的"这个理念也产生了一种新的实践，即去发现新的社会主义政治"②。其中伊格尔顿的观点更为彻底。伊格尔顿认为，文化研究的根本目的不是为了解释文化，而是为了实践地改造和建设文化，文化从来就是问题的一部分，而不是解决问题的办法。

政治不能通过自身来达到其目的，它必须通过文化这个中介来塑造国民。文化"根据新型政治体制的需要铸造人的自我，重新将他们铸造成秩序驯良的、温和的、崇高的，爱和平的、不好争吵的、无私的主

①　[英]伊格尔顿：《马克思主义与文学批评》，文宝译，81 页，北京，人民文学出版社，1980。
②　[英]列奥·潘尼奇：《作为社会主义知识分子的拉尔夫·密里本德》，159 页，见载张亮编：《英国新左派思想家》，南京，江苏人民出版社，2010。

体"①。伊格尔顿秉承其师雷蒙德·威廉斯"文化与社会"问题的研究方法，把"文化"置于历史和政治的视野中加以思考，文化"艺术首先是一种社会实践，而不是进行学院式的解剖的标本，我们可以视文学为文本，但也可以把它看作一种社会活动，一种与其他形式并存和有关的社会、经济生产的形式"②。

综上所述，伊格尔顿的"文化政治批评"首先界定"文化"的整体内涵，再去挖掘文化或文学背后的意识形态意蕴，最后进行政治性的批判，从而形成了自己独具特色的理论。语言分析的方法保证了文化、意识形态等核心概念的明晰性和特殊性，这是理论建构的必要条件。整体主义的思维范式则强调了文化、意识形态与政治批评及其他各要素之间的互动关系和动态过程，使得"文化政治批评"体现为一个动态发展的整体性理论体系。激进的革命批评则保证其批判性和进步性。正是在对资本主义文化和意识形态的揭露和批判中，伊格尔顿的"文化批评理论"具备了现实性和时代性，因此具有前瞻性的意义。

小　结

文本批判是意识形态批判的特殊化和深入化理解，促进了意识形态

---

① ［英］伊格尔顿：《历史中的政治、哲学、爱欲》，马海良译，9页，北京，中国社会科学出版社，1999。

② ［英］伊格尔顿：《马克思主义与文学批评》，文宝译，66页，北京，人民文学出版社，1980。

理论领域的进一步拓展。伊格尔顿考察了文本生产、文本意识形态和文本的修辞学批评等内容，揭示了文本与意识形态之间的关系以及文本批判的社会功能。文本生产具有社会性，是社会历史发展的产物，文本的内容具有意识形态内涵，它决定文本的形式，文本的价值则属于交换价值，对于文本解读体现出，文本生产过程中，一般生产方式、文本生产方式、一般意识形态、审美意识形态、作者意识形态和文本六个要素在文本的生产和再生产过程之中互相影响，彼此制约，使得文本生产成为一个复杂的整体性生产过程。文本生产在一定意义上就是一种意识形态生产，文本意识形态有自己的形式与内容，它是在文本的载体上潜藏着社会意识形态的内容，并且又否定自己的意识形态性。因此，文本意识形态与其他意识形态之间并不是简单一一对应的关系，但是文本生产的内容取决于意识形态的内容并且以特殊的方式为意识形态服务，与意识形态具有内在的一致性。文本的修辞学批评阐述了文本的批判功能，主要从文本批判的政治性效果方面论述了文本批判的作用，这正是修辞学的功能所在，即发挥文本批判的政治性影响，获取最大的社会性批判效果，最终形成独具特色的"文化政治批评"思想。

第四章 | 审美批判

"新生的马克思主义者们大多深信社会主义制度的优越性，开始探索不同于苏联的社会主义发展道路，预设社会主义的未来形势，尝试构建美好的理性世界。"[1]作为英国马克思主义的代表性人物之一，伊格尔顿试图通过文化批判理论来探索社会主义革命的可能性。在此，他提出了以人生意义作为解放的诉求，以唯物主义审美观为解放的途径，以塑造社会主义新人作为解放主体等内容的审美批判思想。

---

[1] 乔瑞金：《英国的新马克思主义》，7页，北京，人民出版社，2013。

一、人生的意义

伊格尔顿认为，实现人的解放，就要实现人生的意义和价值，这样就提出两个问题：何谓人生的意义，怎样去实现人生的意义。

伊格尔顿首先批判了对人生意义的唯心主义的解释："'人生的意义'这个词组里的'意义'一词，是否可能拥有类似于'某人意图证明什么'这个范畴的意思？这当然不可能，除非你相信人生是上帝的言辞，即上帝借以向我们传达重要内容的一个符号或一段话语。伟大的爱尔兰哲学家贝克莱主教就是这么想的。"①

这就是说，唯心主义宣称存在着一个"终极"事物来作为人生意义的标准，实际上这就否定了人生意义的创造性和社会性，"上帝在永恒之中早已预见到了我的行为，一切不过是按他早已计划好的剧本进行。全知全能的上帝早就知道我一定会那么做，在设计宇宙蓝图的时候也早已把这一点考虑在内了"②。既然上帝都替你们做主了，那么人生的意义就是去绝对服从上帝，而不需要自己的创造。伊格尔顿反对这种消极的人生态度，他同样也反对从人的自身出发，去规定事物和人生的意义，"如果意义只是某种我们钻研出来的东西，它就不能充当现实的牢固基础。事物必须内在的有意义，而不是靠我们钻研出意义"③。或许我们能够认识到人生的意义，但是却不能凭空钻研出人生的意义，想象和杜

---

① ［英］伊格尔顿：《人生的意义》，朱新伟译，42 页，南京，译林出版社，2012。
② ［英］伊格尔顿：《马克思为什么是对的》，李杨译，64 页，北京，新星出版社，2001。
③ ［英］伊格尔顿：《人生的意义》，朱新伟译，65 页，南京，译林出版社，2012。

撰出的人生意义本来就是荒谬可笑不切实际的。对于这种形式的人生的意义，伊格尔顿认为终究是一种幻想和空谈。

再次，伊格尔顿还批评了后现代主义者所坚持的那种"否定的"人生的意义，"后现代主义坚称，只要我们还有深度、本质和根基，我们就仍然活在对上帝的敬畏之中。我们还没有真正把上帝杀死并埋葬。我们只是给他新换了一套大写的名字，如自然、人类、理性、历史、权力、欲望，诸如此类……'深刻的'意义总会诱惑我们去追寻那诸意义背后的元意义这种妄想，所以我们必须与之切割，才能获得自由。当然，这里的自由不是自我的自由，因为我们已经把'自我'这个形而上学的本质同时消解掉了"①。伊格尔顿认为，后现代主义的自由既然消解掉了主体即自我，那么这种自由只能是一种抽象的自由，实际只是一种空虚的概念和文字游戏。

最后，伊格尔顿发现后现代主义在消解自我和基础的同时，引入了一个叫作"根基"的概念，"到底这一工程解放了谁，这还是一个谜。虽然后现代主义厌恶一切绝对根基，它还是偷偷地加入了一个他们自认为很牢固的绝对信条。当然这个绝对信条不会是大写的上帝、理性或历史，但它的作用同样是根本性的，像其他绝对信条一样，再往下面深挖是不可能的。对后现代主义者来说，这个绝对信条叫作'文化'"②。也就是说，后现代主义在否定基础和本质的同时，提出人生的意义在于自由，但是为了弥补这一自由背后合理的理论支撑，不得不将文化作为人

---

① ［英］伊格尔顿：《人生的意义》，朱新伟译，16—17 页，南京，译林出版社，2012。

② 同上书，17 页。

生意义的基础，这一点充分说明，人生的意义需要有载体的支撑，否则就会陷入历史虚无主义的泥沼。

伊格尔顿指出，人生的意义不是先天规定或上帝赋予的，它是我们在相互关系中创造出来的，因为"人生没有既定的意义，这就为每个个体提供了自主创造意义的可能。如果我们的人生有意义，这个意义也是我们努力倾注进去的，而不是与生俱来的"①。这就说明，人生的意义其实是社会历史的产物，与人的创造性活动密切相关，而这种创造活动，是在一定的社会历史条件下进行的，"马克思主义者通常也是无神论者但他们相信人类生活——或者用他们更喜欢的词，'历史'——有其意义，能够展现出某种意味深长的模式……相信人生有意义并且不需要声称这个意义是由某个主体所赋予的，这是可能的……倘若人类生活中没有意味深长的模式，即使没有单独的个人想这样，结果也会造成社会学、人类学等人文学科全盘停摆"②。这种意味深长的模式就是在社会历史发展和人类生活的基础上，去探索人生的价值和幸福，而不是在虚无的环境中追寻人生的幸福和意义，伊格尔顿认为"马克思对那个没有痛苦、死亡、损坏、失败、崩溃、冲突、悲剧甚至劳动的未来根本不感兴趣"③。而马克思的兴趣就是要在人类的劳动实践中创造人类的自由和解放，"因为我们是会劳动、有欲望、会说话的生物，我们就有能力在那个我们称作'历史'的过程中改变我们的状况。而在这一过程中，我

---

① ［英］伊格尔顿：《人生的意义》，朱新伟译，29 页，南京，译林出版社，2012。
② 同上书，43 页。
③ ［英］伊格尔顿：《马克思为什么是对的》，李杨译，89 页，北京，新星出版社，2001。

们也同时改变着我们自己"①。

历史唯物主义认为，人生意义的创造过程必须与自然和社会紧密联系，"这也不是无中生有的创造过程。人类可以自我决断——但只能建立在更深刻的对自然、现实世界的依赖以及人类相互以来的基础之上"②。在伊格尔顿看来，人生意义的实现是社会主体自己创造的，也是人的主体性能力的体现。这种创造活动并不是孤立的，人生的意义是在社会历史的具体环境中、在现实的生产关系条件下，在人们进行现实的实践活动中得到体现的。伊格尔顿同时认为，这种实践活动既要体现于日常生活之中，也要体现于政治活动之中，"对马克思来说，乌托邦主义描绘出的社会蓝图分散了人们对于现实生活中政治任务的注意力。那些投入畅想美好未来中的精力，如果用在政治斗争中将会更有效"③。

伊格尔顿指出，人类的个体生命在时间维度上是有限的，每个人都要面对死亡，但是正是这种不可回避式的面对，赋予了人生更丰富的意义，"人生若不包含人们没准备好为之赴死的东西，这种人生就不可能富有成就，或者可以表示，怀着人必有一死的意识生活，就是在怀着现实主义、反讽、诚实以及对自我有限性和脆弱性磨炼意志而生活。"④死亡更能体现人生的意义，因为死亡能使得人们意识到自身的局限，从而超越自身，达到与他人的互动，"意识到自身的局限，也即意识到我们

① ［英］伊格尔顿：《马克思为什么是对的》，李杨译，111页，北京，新星出版社，2001。

② ［英］伊格尔顿：《人生的意义》，朱新伟译，74页，南京，译林出版社，2012。

③ ［英］伊格尔顿：《马克思为什么是对的》，李杨译，94页，北京，新星出版社，2001。

④ ［英］伊格尔顿：《人生的意义》，朱新伟译，89页，南京，译林出版社，2012。

与其他人相互依赖、互相束缚的方式"①。

那么，这种对自身的超越和对他人的关注，就可以形成人们之间更加和谐的关系，"死亡作为一种自我不断消失的过程，乃是好的人生的源泉。如果这听起来过于软弱、谦卑、自我否定，让人不舒服，那么，这仅仅是因为我们忘了如果别人也和我们采取同样做法的话，结果将形成互惠互利的局面，为每一个人的充分发展提供环境。这种互惠互利的传统名称叫作'爱'"②。而这种"爱"就是实现人生意义的最恰当的方法，是一种充满乐观可能的中介，"我们称为'爱'的东西，即我们调和个体实现社会性动物之本性的方式。因为，爱表示为别人创造发展的空间，同时，别人也为你这么做。每个人的自我实现，成为他人的实现的基础。一旦以这种方式意识到我们的本性，我们便处于最好的状态"③。伊格尔顿认为，"爱"既是人们的自然属性，又是人们的社会属性，"死亡就是作为种群的人类战胜个人的残酷方式"④，当这两种属性统一结合在"爱"的身上，就能够使我们更好的生活，获得幸福，从而真正实现人生的意义和价值。

爱是实现人生幸福的手段，幸福是人们追求人生意义的目标，幸福和人生意义一样，都是人们社会活动的结果和社会关系的反映。马克思认为幸福不仅仅是一种道德上的辞令和理想，更涉及背后的社会利益，

---

① ［英］伊格尔顿：《人生的意义》，朱新伟译，89 页，南京，译林出版社，2012。

② 同上书，89—90 页。

③ 同上书，95 页。

④ ［英］伊格尔顿：《马克思为什么是对的》，李杨译，111 页，北京，新星出版社，2001。

"马克思主义坚决质疑那种自以为是的道德主义，时刻警惕理想主义的倾向。他们总在探寻潜藏在轻率的政治辞令背后的物质利益，对那些外表虔诚的言论和感情用事的愿望背后单调而可耻的力量保持警觉"①。同时，追求人生的意义和幸福一样是一种实践活动，"在亚里士多德看来，幸福是通过美德实现的，美德首先是一种社会实践，而不是一种心灵态度。幸福是实际的生活方式的一部分，不是某种私密的内在满足"②。

此外，英国马克思主义者也主张通过实践活动去实现人生的意义和理想，他们"基于马克思主义的基本理论和英国自身的经验主义传统，不仅批判资本主义，构造社会主义理想社会，同样也以实际行动来践行他们的理想"③。因此，伊格尔顿指出，追求人生的幸福，实现人生的意义，必须进行社会实践，而不单单是在精神层面进行逻辑推演和对资本主义的文化批判，"如果人生有意义，那个意义肯定不是这种沉思性的。人生的意义与其说是一个命题，不如说是一种实践。它不是深奥的真理，而是某种生活形式"④。也就是说，人生的意义就是一种活生生的生活形式，是人们在具体社会实践活动中体现出来的意义，是人们追求幸福的实践活动和生活方式，这与"伯明翰学派"着力推崇的"文化"的功能和意义逐渐趋于同一。

---

① ［英］伊格尔顿：《马克思为什么是对的》，李杨译，105—106 页，北京，新星出版社，2001。

② ［英］伊格尔顿：《人生的意义》，朱新伟译，80 页，南京，译林出版社，2012。

③ 乔瑞金：《英国的新马克思主义》，43 页，北京，人民出版社，2013。

④ ［英］伊格尔顿：《人生的意义》，朱新伟译，92 页，南京，译林出版社，2012。

所以，伊格尔顿说："人生的意义便是人生本身。"①是在人生的存
在状态下展现出来的实践活动的价值和效果，那么，在资本主义社会，
实现人生的意义、追求人生的幸福会是怎样的呢？伊格尔顿的回答既是
悲观的，又给人以希望，"在这样一个危险无处不在的世界中，我们追
求共同意义的失败过程既鼓舞斗志，又令人忧虑"②。虽然如此，伊格
尔顿仍然坚持相信马克思主义理论的生命力，主张人民大众在资本主义
社会进行不懈的反抗，这样才有希望真正实现人类的全面解放，因为
"资本主义制度的崩溃必将引导人民凭借自己的自由意志彻底扫除资本
主义的残余"③，从而实现自己的自由和解放，"而要做到这一点，就必
须从眼下的现实入手。社会主义的实现不可能有天上掉馅饼的好事"④。
而这个现实就是要在社会实践与洞察中进行意识形态批判。

二、唯物主义审美观

关于如何实现人生的意义和人类的解放，伊格尔顿认为这是人类主
体的解放问题，是人类作为社会存在的主体摆脱物质和精神束缚的过
程。因此，他深入审美领域，力图通过审美批判来实现人生的意义和人

---

① ［英］伊格尔顿：《人生的意义》，朱新伟译，93 页，南京，译林出版社，2012。
② 同上书，99 页。
③ ［英］伊格尔顿：《马克思为什么是对的》，李杨译，66 页，北京，新星出版社，
2001。
④ 同上书，95 页。

类的解放。

19世纪末20世纪初，西方哲学出现了"语言学转向"，在这种现象下，文本研究逐渐成为热门话题，文本学与解释学悄然兴起，诸多学者对文本结构、文本内容以及文本与社会的关系作了深入的探讨，形成了多种理论观点。福柯将文本作为一套话语事件置于具体的社会实践语境中，研究了社会主体及其知识被权力建构的过程，他指出了知识的权力性质和规训作用，反对知识的客观性，也反对知识是解放全人类的力量的马克思主义观点。同时福柯指出，由于人们时刻处于各种权力的束缚之中，人类的主体地位是不可能的，这就陷入审美悲观主义。德里达认为文本之外无它物，文本就是语言游戏的迷宫，作品没有明确界限，文本间相互播撒、延异和消解，关于社会主体，德里达提出"人的终结"的口号，认为不存在所谓的"大写的人"或主体，主体只是一种踪迹或替补，被具体的社会历史条件所指涉和限定，这就陷入审美虚无主义。伊格尔顿反对德里达只局限于文本内部进行文本解读的方法，指出文本与社会历史条件和思想观念具有紧密的关联，文本不是延异和散播，而是集中指向意识形态，而主体和人并没有终结，在资本主义条件下，主体只是迷失了，它会有恢复的时候。同时，伊格尔顿较为赞同福柯的文本研究方式，将文本与权力结构和意识形态联系起来，揭露了知识对于人类主体的塑造和驯化，但是，伊格尔顿不同意福柯对于知识的悲观性理解，认为通过科学文本知识和马克思主义理论的指导，人类能够重新获得自身的主体地位，实现自由和解放。

在批判继承德里达和福柯文本审美理论的基础上，伊格尔顿通过揭示文本的意识形态性、现代文本审美的资本主义本质，进行马克思主义的审美文本批判，既要改造审美的主体即建构社会主义新主体，又要改造文本审美的内涵，即通过修辞学文本批评宣扬马克思主义文本审美意识形态，以促进人类主体与社会客体的和谐，实现人类的自由和解放。伊格尔顿的这种文本审美批判，面对当前资本主义的文化问题和阶级问题，在坚持马克思主义基本观点和理论旨趣的前提下，借助于语言学、结构主义以及文本学的理论成果进行了深入细致的分析，得出了自己的理论观点，这对于认识资本主义意识形态的发展及其本质具有重要的理论价值，对于马克思主义意识形态理论和审美理论的发展具有较为重要的推动作用。[①]

伊格尔顿认为，在认识史上，审美活动具有唯物主义内涵，它包含实然性和应然性两重维度。"美学话语的特殊性在于，它一方面植根于日常生活经验的领域"，审美或美学来源于人们的日常生活，它是关于人们日常生活活动的感觉体现，反映了人们对于社会生活的认知和理解以及对于生活实践活动的态度，但是在阶级社会中，人们的这种生活审美体验却受到了扭曲。这是审美活动的实然方面"另一方面它详细地阐述了人们假定为自然的、自发的表现方式，并把它提升到复杂的学科知识水平"，审美活动被曲解、升华为一种复杂的知识体系，抽掉了其活生生的生活现实性，开始走向抽象化和形式化，逐渐脱离现实的生活经验的真实性，走向应然性，"人们认为美学依然持有一份不能降低其特殊性的责任，美学应向人们提供一个看来属于非异化认知模式的范式"。

[①] 乔瑞金、薛稷：《伊格尔顿的文本批判思想探析》，94 页，载《马克思主义与现实》，2013(3)。

可见，审美源于生活，高于生活，而这种高于生活的结果却是使得审美进入了应然的领域，掩盖了现实生活中的人类苦难，将其抽象化为一种审美形式，这就先入为主地规定了审美的神秘的功能，走向了唯心主义的窠臼。

伊格尔顿认为，这种抽象化的审美形式实质上却伤害了审美本身，"因为美学始终是一个矛盾的、自我消解的工程，在提高审美对象的理论价值时，人们有可能抽空美学所具有的特殊性或不可言喻性，而这种特殊性在过去往往被认为是美学之最可宝贵的特征。任何一种抬高艺术的语言都会暗中对美学造成持久的危害"①。这种持久的伤害就是将审美理解为纯粹的形式活动，是一种无功利性和无利害性的人类的普遍性活动，从而割裂了审美与现实生活的有机联系，掩盖了审美的社会性和阶级性。

实际上，审美活动在被抽象为形式主义的同时，也在悄然地行使着其社会职能，这种社会职能并不是提供一种"美"的感受，而是提供一种意识形态，以维护或批判统治阶级的意识形态及其政治统治。伊格尔顿指出，审美思想或美学范畴，尤其是现代审美理论与政治斗争具有紧密的关联，"广义的美学范畴在现代欧洲思想中占有重要地位，因为美学在谈论艺术时也谈到了其他问题——中产阶级争夺政治领导权的斗争中的中心问题。美学著作的现代观念的建构与现代阶级社会的主流意识形态的各种形式的建构，与适合于那种社会秩序的人类主体性的新形式都

---

① ［英］伊格尔顿：《审美意识形态》，王杰等译，导言，2页，桂林，广西师范大学出版社，2001。

是密不可分的"①。也就是说，美学观念与主流意识形态观念以及社会主体的形式具有内在的一致性，审美活动作为一种美学观念建构活动，也在建构着意识形态的内容和社会主体的思想观念，"随着早期资产阶级的出现，各种美学概念已开始不动声色地在主流意识形态的结构中起着非同寻常的内部核心作用"②。因此，审美活动也是一种社会政治活动，它对于当前的社会具有维护作用。但是，伊格尔顿也指出，审美活动的政治性还体现在对于当前社会秩序的反抗作用，"美学对主流意识形态形式提出了异常有力的挑战，并提供了新的选择，美学又是一种极其矛盾的现象"③，而这种矛盾性与审美的阶级性有关，不同的阶级具有不同的审美判断，并以这种判断为基础对主流意识形态或是支持或是批判。

伊格尔顿考察了资本主义历史条件下审美的这种矛盾性，他认为审美本身所具有的集意识形态建构和意识形态解构于一身的矛盾性，源于审美的自律性或自指性，而这种自律性与资本主义社会生产紧密联系在一起。"文化生产在资本主义社会的早期阶段通过物质的生产成为'自律的'——自律于其传统上所承担的各种社会职能"，文化艺术生产的生产过程由于摆脱了传统上政治制度的束缚，走向商品的市场，具有了较大的自主性，"一旦艺术品成为市场中的商品，它们也就不再专为人或物而存在，随后它们便被理性化，用意识形态的话来说，也就是成为完全

①　［英］伊格尔顿：《审美意识形态》，王杰等译，导言，3页，桂林，广西师范大学出版社，2001。

②　同上书，导言，4页。

③　同上书，导言，9页。

自在的自我炫耀的存在"①。但是这种自律性的存在只是一种形式，它在避开社会实践活动的同时，却被不同的社会思想观念所占据和控制，成为自相矛盾的存在，既维护主流意识形态的权威，又对主流意识形态构成挑战。对于资本主义而言，审美的这种自律性正好可以掩饰资本主义社会的弊端，审美"极易避开其他社会实践而孑然独处，从而成为一块孤立的飞地，在这块飞地内，支配性的社会秩序可以找到理想的庇护所以避开其本身具有的竞争、剥削、物质占有等实际价值。更为微妙的是，自律的观念——完全自我控制、自我决定的存在模式——恰好为中产阶级提供了它的物质性运作需要的主体性的意识形态模式"②，而这种主体性就是资本主义生产关系中劳动力交换的自由。这种资本主义的自由构成了人们真实的生活情境，正如马克思所说，资本的观念使得一切传统的东西都消失了，资本的逻辑统治了人们的头脑。

可以说，现代审美消解了传统的社会价值观念，树立了资本主义的"自由"的主体，从而掩盖了资本主义的剥削和压迫。另一方面，审美自律性对于自我力量和自我本质的强调又成为反对资本主义规范化生产的依据，审美自律性"一方面提供了资产阶级意识形态的核心要素。那么，另一方面它又强调了人的力量和能力自我决定的特征，这种特征在卡尔·马克思那里和其他人的著作中成了革命性的反对资产阶级的功利主义的人类学的基础。"在这里，伊格尔顿揭示了审美的这种双重性，审美既是一种资本主义的意识形态，提供了资本主义社会里人的主体性特征，

---

① ［英］伊格尔顿：《审美意识形态》，王杰等译，导言，9页，桂林，广西师范大学出版社，2001。

② 同上书，导言，10—11页。

同时也是一种资本主义意识形态的批判，它为人们提供了一种解放的幻想，这种幻想坚决地反对工具主义或专制主义，提倡一种普遍性的平等主义，审美一方面为当前社会"提供了一种和谐的乌托邦形象，那么美学又阻碍着走向这种历史性一致的现实的政治运动，并使之神秘化"①。在这里，伊格尔顿将审美视为一种主观性的意识观念，但是，这种审美意识确实对客观社会结构和阶级现状的反映，也就是说，审美不是人类的普遍活动，而是与人的社会实践活动及其物质利益紧密相连。

伊格尔顿指出，审美既是一种意识形态，又是一种意识形态批判，在资本主义社会这种特征更加鲜明，"审美作为这样一个范畴，一方面可以被保守地用来强调政治权力嵌刻于我们的主体之中，另一方面也用来强调主体的自主性是抵制权威的基础"②。那么，在这种情形下，如何发挥审美的解放作用呢？伊格尔顿提出了身体的观念，"我试图通过美学这个中介范畴把身体的观念与国家、阶级矛盾和生产方式这样一些更为传统的政治主题重新联系起来"，这个身体的观念强调感觉性，认为这是审美活动的一种进步，"美学标志着向感性身体的创造性转移，也标志着以细腻的强制性法则来雕凿肉体"③。伊格尔顿认为，身体是一种物质性的存在，而这种物质性的身体在现实生活中具有活生生的情感体验，这种体验与社会地位、阶级经历以及政治意识联系在一起，感

---

① ［英］伊格尔顿：《审美意识形态》，王杰等译，导言，10 页，桂林，广西师范大学出版社，2001。

② ［英］列奥·潘尼奇：《作为社会主义知识分子的拉尔夫·密里本德》，334 页，见张亮编：《英国新左派思想家》，南京，江苏人民出版社，2010。

③ ［英］伊格尔顿：《审美意识形态》，王杰等译，导言，10 页，桂林，广西师范大学出版社，2001。

性的身体因而产生与这些东西相关的现实需要，而这种需要也是社会主体实现其自由的前提条件，"对身体最为基本的需要的不断肯定是实现伦理和政治的团结以及自我和他者相互联系的必不可少的基础，同时，与自我和他者的联系相伴而存在的是一种为公共社会秩序提供基础的潜能"①。

在这里，伊格尔顿将身体与他者以及社会关系联系起来，主张从这种联系中发挥身体的潜能，因为"人体的特殊之处在于，它具有在改造周围物质的过程中也改造自身的能力"②，这种身体的改造也包括改善身体的审美意识，以反抗社会权力的压迫，"审美是朴素唯物主义的首次激动——这种激动是肉体对理论专制长期而无言的反叛的结果"③，而通过这种对理论专制的反抗，感性的身体就能够提升自己的审美能力，"肉体中存在反抗权力的事物，而权力又规定着审美"④。因此，身体在反抗现实社会的权力实践中会使得审美意识得到进一步发展，从而实现身体的自由，"一旦他人已被确定，一旦他人注视我的目光把我置于他的视觉场，夺取了我的一部分存在，人们就能明白，只有我和他人建立联系，只有我使他人不受拘束的认识我，我才能收回被夺去的一部分存在，我的自由需要他人同样的自由"⑤，只有实现了我和他者的自

---

① ［英］列奥·潘尼奇：《作为社会主义知识分子的拉尔夫·密里本德》，334 页，见张亮编：《英国新左派思想家》，南京，江苏人民出版社，2010。
② ［英］伊格尔顿：《美学意识形态》，王杰等译，371 页，桂林，广西师范大学出版社，2001。
③ 同上书，200 页。
④ 同上书，17 页。
⑤ ［法］梅劳-庞蒂：《知觉现象学》，姜志辉译，450 页，北京，商务印书馆，2001。

由，我才能实现自身的全部存在和丰富性。

那么，如何实现这种自由呢？伊格尔顿在这里受到了马克思的启发，马克思指出，"感性是一切科学的基础"①，而在资本主义社会中，人的感性被严重的扭曲了，"感性生活在相反的维度上分裂并且两极分化……在一个维度上，资本主义把男人和女人身体的丰富性降低到'原始和抽象的简单需要'……另一个维度上，资本是幻觉性的身体"②。这说明了，在资本主义社会中，资本将人的身体需求降为最低，以维护劳动力的生产和再生产，同时又将身体的需求与资本连接起来，使资本能满足人们的一切感性需求，从而维护资本主义的统治。因此，在马克思这里，要恢复人的感性身体的丰富性，必须推翻资本主义私有制的统治，将身体从资本的枷锁中解放出来，"马克思主义的目标是恢复身体被掠夺的力量，但是只有废弃个人的财产，感觉才能回到他们自身"③，也就是说，只有在实现公有制、废除资本主义制度的前提下，才能实现身体感性的全部。

可见，伊格尔顿将审美视为一种社会实践活动，它涉及人们的生活经历、阶级情感和感情倾向，不同的阶级有不同的审美观，这是对社会存在和社会结构的独特反映。伊格尔顿揭示了审美活动的意识形态属性，并提出以物质性的身体作为审美的载体，通过资本主义批判来实现感性身体的复原，从而实现人类的自由和解放。可以看出，伊格尔顿反

---

① 《马克思恩格斯全集》，第42卷，128页，北京，人民出版社，1979。

② [英]伊格尔顿：《美学意识形态》，王杰等译，192页，桂林，广西师范大学出版社，2001。

③ 同上书，192页。

对审美的先天性和无功利性，坚持审美的物质基础和社会属性，主张通过审美批判实现人类的自由，这与马克思主义的审美批判具有某种一致性。

伊格尔顿强调要关注身体①审美，凸显出了意识形态功能的感性维度，审美关系到人们的情感与感性层面，传统审美观认为审美是一种无功利行为，与意识形态无关。但伊格尔顿提出，审美情感是意识形态的重要组成部分，而现代审美理论的建构与资本主义意识形态的发展具有内在的一致性。国内有些学者在阐释伊格尔顿的审美意识形态理论时，仅从虚假反映论层面来说明伊格尔顿的审美意识形态理论，认为他试图探求现代审美背后的资产阶级内涵。但有关审美意识形态的问题，伊格尔顿其实更多的是从身体感性的实践性层面进行阐述与揭示，目的是凸显意识形态的感性维度。

有关审美意识形态的建构及其功能，伊格尔顿转向人的"身体"，通过"身体"来说明审美是如何通过排斥人的感性来麻痹广大人民群众的。由于资本主义生产方式导致人的本质的异化，人类主体的整体性被撕裂，其中人体中活生生的感性情感被抽象化。马克思曾指出，资本主义一方面将无产阶级丰富的感性需求降低为动物层次的需求，另一方面将资本家的感性需求抽象为一般的资本形式，追求剩余价值成了人生的价值与终极意义。"资本主义制度将人的身体分裂为原始的物质主义与多变的理想主义的拼凑存在。"②因而，造成人们感性情感的萎缩与资本理

①　第三章内容中伊格尔顿在分析《德意志意识形态》文本时已经开始浓墨重彩的强调身体和感性维度的体验。

②　Terry Egleton, *The Ideology of Aesthetic*, London: Blackwell Publishers Ltd, 1990, p. 201.

性的霸权，而现代美学意识形态的建构主要是为了弥补感性与理性的分裂，以虚假的形式弥合制造感性与理性的和谐，以便维护资本主义的生产秩序。现代美学所采取的手段，就是通过排除人们身体丰富的感性情感与感性需求来塑造一个物欲化的身体，通过物质的获取与满足将身体与物质需要紧密结合起来，用以掩盖身体多方面的需求，尤其是自由解放的诉求，从而将"生活的手段变成了目的，生存所需的物质建设的安排变成了生命的主轴"①。

有鉴于资本主义审美意识形态对身体感性的虚无化，伊格尔顿将关注重点立足于身体审美维度，在突出意识形态身体感性内涵的基础上，揭示资本主义意识形态的运行机制与功能。在他这里，身体、个人情感与社会认知的综合体成为人感性与理性共存的物质载体。

福柯认为，"在任何一个社会里，人体都受到极其严厉的权力的控制。那些权力强加给它各种压力、限制或义务"②。伊格尔顿承认身体受到权力的控制与制约，但他进一步看到，社会权力与意识形态不仅通过有意识的理性规则与各种规训对身体进行操纵与控制，更重要的是用意识形态对感性情感进行控制与压迫，以操纵人们的心理情感倾向，从人的深层心理方面对其进行控制与蒙蔽，人们由于各种"集体无意识"，在情感上不自觉地倾向社会主流文化意识，从而淡然接受社会现实的统治秩序。

伊格尔顿指出，在审美实践中，审美概念与形式为社会个体提供了

---

① Terry Egleton, *The Meaning of Life*, Oxford University Press, 2007, p. 85.
② ［法］福柯：《规训与惩罚》，刘北成、杨远婴译，155 页，北京，生活·读书·新知三联书店，2003。

一个认知基础或感知范式，而这种感知范式或认知基础就是一种意识形态的范式，其实质是一种审美表象，这种表象以特殊方式，即在否认意识形态的基础上制造一种自然化的表象，从潜意识深入人们的情感心理，成为一种情感体验或心理本能，达到掩饰意识形态与历史真相的目的，也从现实实践中抽离或扭曲人们丰富的感性情感。"习以为常性作用于每一实践领域，包括政治实践，表现为一种直接意识的自发性，但却是一种反对感性解放的社会操纵的经验。"①审美意识形态成为个体情感经验与社会现实之间的中介，通过这种中介，个体经验对社会现实产生虚假的认知，认为这就是真正的社会现实，在情感上无条件接受这样的社会现状。伊格尔顿认为，意识形态的这种感性情感层面的操纵更具有迷惑性，较之权力的压制与训诫，这种意识形态的感性维度将会形成实践习惯与无意识，从而更能塑造主体，"日常习性与本能的顺从比抽象的权力更具有张力，主体被赋予活生生的力量和情感以维持社会统治"②。

通过对审美意识形态的深入考察，伊格尔顿突出了意识形态功能的感性内涵，明晰地看出现代资本主义意识形态正是借助审美来辐射和影响人们的感性情感。利用人们"活生生"的肉体情感认同，更能巩固资本主义的统治，审美意识形态正是在肉体感性领域施加自己的影响，操控人们的感性情感，把权力渗透到个体的主观意识层面，更好地控制了人们

---

① ［美］马尔库塞：《审美之维》，李小兵译，111 页，桂林，广西师范大学出版社，2001。

② Terry Egleton, *The Ideology of Aesthetic*, London：Blackwell Publishers Ltd, 1990, p. 22.

的身体。如此一来，人们身体里感性与理性的断裂就通过权力的主观性与象征性得到恰当的弥合，人们因此忘记身体感性的真正内涵，将身体感性转化为一种赤裸裸的消费主体与享受主体，忽略身体感性所蕴含的自由维度与解放需求，将丰富的身体感性与抽象的资本逻辑完美地结合起来。

人身的自由与解放被消费的快感所遮蔽，身体成为资本的奴隶，伊格尔顿不无忧虑地指出："对从事文化研究的学者而言，身体是一个始终流行的主题，不过，他们感兴趣的通常是情欲炽热的身体，而不是饥饿的身体，是交媾的身体，而不是劳动的身体。"①现代审美意识形态正是通过物欲化的身体来塑造广大的社会主体，在这种物欲化的社会群体中，审美给人们提供了一种虚假的自由形式，而这种虚假形式恰恰就是操控感性的重要手段。

传统美学注重理性维度的考察与应用，提倡审美的"无功利性"，导致身体感性在审美话语中缺场，这种缺场忽视身体的全面性与统一性，将身体的感性自由内涵让位于资本的理性逻辑。针对这种局面，伊格尔顿努力尝试恢复审美的身体感性向度，通过重视审美身体话语，复原现代审美对身体分裂的手段及其本质，揭示现代审美背后所隐藏的意识形态因素，达到对资本主义社会感性与理性分裂根源的深刻认知。

关于意识形态的现实运行机制及其功能，阿尔都塞从理性层面出发，认为意识形态的功能属于社会结构的功能，是非暴力的国家机器为了整个社会的利益而通过意识形态召唤或质询主体。因而这种"伪主体"在进行社会实践活动中，实际执行的是社会结构或国家机器的功能。具

---

① Terry Eagleton, *After Theory*, London: Penguin Books, 2004, p. 17.

体到资本主义社会，审美中的"自由"就是欺骗"伪主体"的一种意识形态的游戏，"资产阶级意识形态中关于自由的宣传……反映着资产阶级需要被剥削阶级体验自由那样去体验自己的阶级统治"①。

伊格尔顿认为，意识形态虽然属于国家机器的非暴力功能，但仅依靠国家机器与客观结构的压制与欺骗，并不能充分发挥其维护社会统治的作用，必须将其渗入到人们心灵深处。就这种心理渗透而言，通过人们的身体感性要比通过人们的理性思维更加快捷有效，因为理性是一种更为抽象的东西。资本主义审美意识形态通过扭曲人们的身体感性情感，将意识形态与人们活生生的感性情感与现实的感性实践结合在一起，从而生产出资本主义意识形态的感性话语，在人民大众的肉体中镌刻上统治阶级的意识形态色彩。

三、社会主义新人

关于如何实现人生意义和获得人类的解放，伊格尔顿设计出了解放的主体力量即"社会主义新主体"，而这种新主体的确立是通过批判后现代主义理论实现的。

(一)反思后现代主义

关于什么是后现代主义这一问题，学术界议论纷杂，各抒己见而又

---

①　[法]阿尔都塞：《保卫马克思》，顾良译，204页，北京，商务印书馆，1984。

各执一词，这个词语与意识形态一样，始终处于争论之中，很难对其下一个大家都肯定或赞同的定义。伊格尔顿也没有给后现代主义下一个明确的定义，而是描述了其基本特征及其影响。

在伊格尔顿的思想中，后现代主义站在一种绝对的怀疑主义，它"怀疑关于真理、理性、同一性和客观性的经典概念，怀疑关于普遍进步和解放的观念，怀疑单一体系、大叙事或者解释的最终根据"。这种怀疑主义主要是针对启蒙主义的思想理念，也就是说，后现代主义是理性启蒙主义的对立面，否认一切确定的和基础性的东西，"与这些启蒙主义规范相对立，它把世界看作是偶然的、没有根据的、多样的、易变的和不确定的，是一系列分离的文化或者释义，这些文化或者释义孕育了对于真理、历史和规范的客观性，天性的规定性和身份的一致性的一定程度的怀疑"。后现代主义就是在这种反对基础、本质、真理和同一性的基础上，形成了自己的风格，"后现代主义是一种文化风格，它以一种无深度的、无中心的、无数据的、自我反思的、游戏的、模拟的、折中主义的、多元的艺术反映这个时代性变化的某些方面，这种艺术模糊了'高雅'和'大众'文化之间，以及艺术和日常经验之间的界限"①。

伊格尔顿认为后现代主义虽然有积极的理论意义和实践价值，对于资本主义进行了一定程度的揭露，但在总体上他对后现代主义是持否定态度的，在激进的文化批判语境中，从政治批评的角度出发，对后现代主义文化作出了深入的分析和批判。伊格尔顿指出，后现代主义是激进

---

① ［英］伊格尔顿：《后现代主义的幻象》，华明译，3 页，北京，商务印书馆，2000。

政治运动(西方社会中的政治左派)失败所引起的思想和情绪反应,是这一政治运动因力量减弱而无法挑战资本主义现实情形下的一种替代性选择,也就是说,在社会现实运动方面的无能为力,催生了在理论方面的畸形改变,后现代主义就是这种理论改变的产物。

因此,后现代主义者放弃了从理性、进步、公平正义以及阶级革命等方面去分析社会矛盾,寻找解放途径,而是转向身体、权力、欲望、文本、符号等理论范畴谈论资本主义社会的问题及其表现,但是又找不到一个统一的理论基点和设想。因此,后现代主义理论学说既是丰富的又是含糊的,"谈论人类文化而不是谈论人类本性,谈论性而不是阶级,谈论身体而不是生物学,谈论快乐而不是正义,谈论后殖民主义而不是资产阶级"①。后现代主义的这种思想倾向和理论方法很多时候就是语言游戏和政治策略,既要批判资本主义,又不至于引起资本主义的镇压,这反映了后现代主义模糊不清的理论态度。

后现代主义在历史问题上拒绝"大写的历史"观,"后现代主义对所谓的'宏大叙事'不屑一顾,并满怀自豪感的宣称'历史的终结'。这一思潮主要植根于以下这样一个信念:未来不过是现在的重复"②。因此反对历史的意义性和持续性,而主张历史观上的断裂性和随机性,走向了历史偶然论。针对这种观点,伊格尔顿指出,整个人类的历史特征表现出的是惊人的连续性,即剥削和受剥削的顽固持续的社会现实。后现代

---

① [英]伊格尔顿:《后现代主义的幻象》,华明译,27页,北京,商务印书馆,2000。

② [英]伊格尔顿:《马克思为什么是对的》,李杨译,13页,北京,新星出版社,2001。

主义却无视这种苦难的连续性，而拾起了历史中的偶然性碎片，以此作为历史的特征，后现代主义这种对待历史的方式恰恰是"以它自己多元论原则臭名昭著的侵犯性抹平了历史的多样性和复杂性"①，从而掩盖了历史发展的过程，也不利于真正地认识和理解现实，"后现代主义对历史多面性的一种漠视，这种漠视当然能够为这样一种混同策略颁发许可证"②。

后现代主义否定本质的存在，强调事物之间的差异性，从而否认社会历史发展的规律和基础，倡导一种新的普遍主义——文化相对主义，将世界描述为一个多样性的和相对发展的存在。伊格尔顿认为，这种论调对社会政治运动造成了严重的危害。因为将所有差异和价值平等看待将会使价值这一概念变得空洞，从而丧失了政治行动的目的，后现代主义也就因此失去其批判性，而与资本主义的市场精神形成共谋，一切价值都由供求关系所决定，人不过是生产与消费机制中的被动自我。也就是说，后现代主义否认了事物的基础和本质，强调事物之间的相对性关系，实际上也就否定了价值的存在基础，将一切行为看作交换和妥协的产物，这是变相地宣扬资本主义的市场主义精神，从而为现代资本主义制度进行隐秘的辩护。

伊格尔顿进一步指出，后现代主义这种崇拜相对主义和差异性的特征，表面上是对自我价值和反抗意志消解的一种安慰和麻醉，但实际上却是充当了资本主义意识形态的帮凶，后现代主义不敢直接反对资本主

---

①　[英]伊格尔顿：《后现代主义的幻象》，华明译，60页，北京，商务印书馆，2000。

②　同上书，71页。

义的经济基础，反而否定这种基础的存在，麻痹人民大众思想的同时，逐渐沦为资本主义政治上的反对派和经济上的合谋者，这样的后果其实就是等于为资本主义制度做永久的广告，也就违背了后现代主义社会文化批判的初衷。

(二)主体的建构

主体性是现代性的基本原则，主体性是在反抗宗教神学的神本体的过程中逐渐确立起来的，它突出了人类主体与人类理性的重要作用，凸显了人类认识世界与改造世界的主体地位，成为现代性的主要标志。正是在这种意义上，海德格尔称笛卡尔的"我思原则"，即"主体性原则"实际上是现代的自我立场及其主观主义的来源①，现代性是以主体性原则为前提条件的，主体原则是一个不断扩展的过程，从文化精神层面延伸到制度安排和社会组织层面，再到具体的日常生活层面，从而使现代性获得实体意义的规定并具有存在论上的内涵。由此可以看出，现代科学技术、理性形而上学以及现代性（现代社会）在本质上同出一源，它们都源自理性—主体性原则在社会各个层面的渗透和贯穿。

既然"现代性"奠基于主体性原则，而主体性原则本身蕴含着反思和批判的辩证意识，那么"现代性"本身也必然带有自我指涉、自我反思和自我批判文化基因，这也就是说，现代性的发展表现在社会主体的反思与批判的实践过程之中，呈现出不断变化发展的状态。马克思主义指

---

① ［德］海德格尔：《海德格尔选集》下卷，孙周兴译，876 页，上海，上海三联书店，1996。

出，在现代资本主义社会，反思与批判现代社会的主体就是工人阶级，其实践活动推动了现代资本主义社会的发展以至于发展到极限而趋于灭亡，因此，作为现代性进程的推动者，"工人阶级的状况是当代一切社会运动的真正基础和出发点"①。经过经典马克思主义理论的阐发与论证，工人阶级作为创造现代社会、推动人类进步的社会主体的理念曾经深入人心，影响深远，工人阶级在社会主义运动中也曾经展现出了自身的主体力量。随着社会经济结构与阶级结构的调整与变化，西方资本主义工人阶级的主体地位与主体意识也发生了鲜明的变化，主要表现为工人阶级主体意识的淡化与堕落，这种状况源于工人阶级生活条件与感知方式的变化，也受到当时社会主体理论的影响。

伊格尔顿的文化批判理论立足于当代工人阶级的现实问题，在反对结构主义与后现代主义社会主体理论的前提下，在批判文化精英主义文化观与社会运动发展口号的语境中，在坚持社会主义的立场上，通过继承马克思主义的社会发展主体思想，从而提出了自己的现代性社会主体理论，阐述了现代性社会主体即工人阶级主体的发展方向以及其基本途径，从而形成了独具特色的工人阶级主体理论。

马克思早在 1848 年的《共产党宣言》中就社会发展的主体问题指出："至今一切社会的历史都是阶级斗争的历史。"②在《神圣家族》一书中，马克思、恩格斯说："'历史'并不是把人当做达到自己目的的工具来利用的某种特殊的人格。历史不过是追求着自己目的的人的活动而

---

① 《马克思恩格斯选集》，第 1 卷，84 页，北京，人民出版社，2012。
② 《马克思恩格斯选集》，第 1 卷，272 页，北京，人民出版社，1995。

已。"①也就是说，历史发展的动力是阶级斗争，历史的主体是现实活动中的人。马克思、恩格斯在《共产党宣言》中呐喊道："全世界无产者，联合起来！"②这鲜明揭示了无产阶级作为社会历史主体的使命。对此，卢卡奇认为，无产阶级是历史主体与客体的统一，是历史发展的真正动力。而阿尔都塞则提出"历史过程无主体"的论断，他指出："在唯一的和绝对的主体名义下把个体质询为主体的所有意识形态结构……是推测性的，即一种镜像结构。"③即所谓的主体仅仅只是一种假想和幻象。后现代主义者则认为，主体就是一种人为建构，"主体是虚构的；在极端意义上它只是一个建构，只是一个面具，一个角色，一个牺牲品；它充其量只是一个意识形态的建筑，至多也不过是一个让人怀旧恋昔的肖像"④。从而否认历史发展的主体及其主体性。伊格尔顿继承了马克思的历史主体思想，又吸收了卢卡奇关于无产阶级历史主体理论的观点，反对阿尔都塞与后现代主义者的"历史无主体"理论，提出社会历史发展的主体就是无产阶级的观点。

后现代主义坚持多元主义和相对主义，否认本质主义和基础主义，在高呼激情革命口号的同时，否认革命的主体性和现实性，实际上消解了革命理论的科学性和人民群众革命意志的坚定性，这对社会主义运动产生了不利的影响。鉴于这种情况，伊格尔顿坚持马克思主义的理论立

① 《马克思恩格斯选集》，第 2 卷，118—119 页，北京，人民出版社，1961。

② 《马克思恩格斯选集》，第 4 卷，504 页，北京，人民出版社，1958。

③ Althusserl, *Lenin and Philosophy and other Essays*, New York and London: Monthly Review Press, 1971, p. 180.

④ ［美］罗斯诺：《后现代主义与社会科学》，张国清译，61 页，上海，上海译文出版社，1998。

场，捍卫和重申马克思主义革命理论的理论意义和现实效果，并在对后现代主义的批判中指出了当前资本主义情势下社会主义运动的新出路，即通过社会主义新人的锻炼，构造新的社会主体力量，这种新的主体力量就是通过对资本主义社会进行批判从而达到对人的重新构造。

后现代主义否认主体的存在，高呼主体死亡，认为"主体是虚构的，在极端意义上它只是一个建构，只是一个面具，一个角色，一个牺牲品；它充其量只是一个意识形态的建筑，至多也不过是一个让人怀旧恋昔的肖像"①。在这里，后现代主义将社会主体视为一种理论的建构，是社会意识形态的一种塑造，它不是一种真实的历史存在，而是一个人为打造的角色，既然主体不存在，那么谈论革命和解放，都将失去意义。因此，后现代主义否认主体的同时，将视野转向了身体，力图在身体解放的基础上实现人类的自由和解放。

伊格尔顿认为，这种简单依靠身体实现人的自由的设想不但是荒谬的，而且也是危险的，因为身体作为感性的存在，很容易无意识地陷入意识形态的陷阱和骗局。另一方面后现代主义强调身体的自然属性，以此来对抗意识形态的侵蚀，实现自然的解放，但是如果没有科学理性的指导和意识形态的作用，仅仅依靠身体的自然属性和人的本性无法实现人的解放。这只是一种理论上的幻想（或者幻象），在现实社会中肯定也是无法实现的。

伊格尔顿不无忧虑地指出，后现代主义这种否定主体强调身体的观

---

① ［美］罗斯诺：《后现代主义与社会科学》，张国清译，61 页，上海，上海译文出版社，1998。

点，对于社会主义运动有着极大的破坏性影响。按照后现代主义的观点，既然没有社会主体，也就没有主体的解放，那么以人的主体性解放为目的的解放观念也就失去了存在的根基，而这将对社会主义运动产生致命的影响。因此，伊格尔顿在批判后现代主义的过程中，重点批判了其主体消解理论，并在此基础上力图重建主体性理论。

但是伊格尔顿没有简单的回到理性主义的主体理论，而是在批判后现代主义主体理论的基础上，同样吸取了其合理因素，来建构自己的主体理论，即在身体自然性的基础上突出"主体"的能动创造力量。伊格尔顿认为，我们不能放弃人们的自然属性，也不能随意抛弃身体的概念，"我们思考的方式源于我们的动物属性。我们的思想之所以具有延续性，也是因为我们的身体构成和感知这个世界的方式……人类的思想离不开感官、实践和情感因素"①。马克思主义认为，劳动是社会主体的自然属性，人的主体性是在具体劳动实践中形成并发展起来的，然而在阶级社会中，人类的劳动被异化，人的劳动自由受到了他者的束缚，丧失了人类的主体性和主动性，这才是"主体"的真正迷失。伊格尔顿指出，只有消灭劳动异化及其产生的社会根源即资本主义私有制，恢复劳动的本来面目即人类自由自觉的劳动，才能真正实现人的自由而全面的发展，唯有如此，才能实现人类主体的地位和尊严。

在当今资本主义社会现实中，人类主体确实存在迷失的现象，改变这一状况的现实的路径是在分析和批判资本主义社会制度和意识形态的

① ［英］伊格尔顿：《马克思为什么是对的》，李杨译，174—175 页，北京，新星出版社，2001。

基础上，力拨"主体"于迷失之中，充分张扬人的主体性，恢复"主体"的自然属性和应有尊严，"人类的存在历程无论如何应该是'主体'完满实现其自然属性的过程"①，人类主体地位的实现既不能依靠理性主义所主张的——仅进行思想领域的革命，也不能像后现代主义主张的那样——用身体去取代主体性，而是要靠人自觉改造世界的"主体性"的劳动实践。"我们必须将主体视作一种实践，并把客观世界重新定义为人类实践的产物"②，也就是说，只有在具体的劳动实践中，人不但延续了自己的存在，而且创造了自己的主体性，也只有在劳动实践中才能恢复自己的主体地位。

伊格尔顿认为，激进的文化批判必须超越后现代主义之后的"主体"，坚持唯物史观的"主体"范畴，"它既不是那种密闭的漂浮于物质实践之上的超验主体，也不是斯图亚特·霍尔断定的那种不完整、不确定、无中心的'个体'"③，而是实践性的、以人为目的的主体性。面对资本主义社会人的主体性的迷失和异化现象的严重性，人类的解放思想必须建立在对于资本主义现实的批判和社会主义运动的推动之上，这就需要坚持马克思主义的批判性，树立社会主义运动的革命目标，"造反

---

① 马海良：《文化政治美学——伊格尔顿批评理论研究》，224 页，北京，中国社会科学出版社，2004。

② ［英］伊格尔顿：《马克思为什么是对的》，李杨译，175 页，北京，新星出版社，2001。

③ 马海良：《文化政治美学——伊格尔顿批评理论研究》，226 页，北京，中国社会科学出版社，2004。

者必须具有相当的自信和镇定，具有确定的目的和实现目的的始终同一性"①。针对后现代主义者对于社会主义革命的诘难和质疑，伊格尔顿坚持认为必须要进行社会主义运动，"历史必须被打破重写——这并不是因为社会主义者都是酷爱对抗的嗜血野兽，偏偏喜欢革命胜过改革，而是因为社会主义者认为治标更要治本"②。

这种确定的目标就是要批判资本主义的社会制度和意识形态，实现人类的自由和解放，在现实中就是要通过社会主义实践塑造"社会主义新主体"，"我们往往是通过体验事物对我们需要的抗拒，来确认事物的存在，而这种体验的获得者主要来自实践"③。因此，这就需要在劳动实践中、在社会主义运动实践中来确立人的主体性，并体现人的主体性。这里需要指出的是，伊格尔顿提出"社会主义新主体"，不是后现代主义所说的那种个体的人，而是一种具有集体意识的能动个体。按照他的看法，只有通过这样的新主体，在资本主义中才能汇聚起冲破一切社会物质权力和意识形态权力的资源和力量，才能最终打破资本主义社会制度和意识形态的束缚，从而在社会主义的基础上实现人的真正主体性，展现个人和整个人类的全部丰富性。

在现实政治斗争中寻找社会历史发展动力和根据，寻求西方发达资本主义转向社会主义的主体力量，突出了无产阶级历史主体的地位，这

---

① Terry Eagleton，*The Illusions of Postmodernism*，Oxford：Blackwell，1996，p. 18.

② ［英］伊格尔顿：《马克思为什么是对的》，李杨译，101 页，北京，新星出版社，2001。

③ 同上书，176 页。

对于继承和发展马克思主义社会历史主体思想具有积极的意义。工人阶级的文化形式与文化内容具有进步的意义，体现了人类社会发展的先进方向，"工人阶级拥有强烈的群体归属感，这种感觉联系着一种观念，即认为友好、合作、邻里互助是非常重要的"①。这种工人阶级文化强调社会性的内涵，反对私有占有性，从而具有更远大的历史前途，"工人阶级由于他的地位，自从工业革命以来还没有产生清楚的意识到的文化。它所产生的文化是集体的民主机构，诸如工会、合作化运动和政党，认识到这个文化是重要的，工人阶级文化，以其一直在经过的阶段而言，基本上是社会性的，而不是个人的。把这种文化放在它的来龙去脉中思考，可以看出这是一种非常出色的创造性成就"②。

　　因此，在马克思主义社会主体理论遭到种种质疑和危机的时刻，"文化唯物主义"没有在纷繁复杂的社会运动中迷失方向，它卓有成效的论证了社会主义的先进性与进步性，始终坚持工人阶级价值诉求相对于其他价值诉求的基础性地位，进而将各种形式的新兴社会运动归纳到社会主义运动的系统之下，有力地借助了各种社会力量来复兴社会主义运动，这对于当前处于低潮的国际社会主义运动无疑能起到新的启蒙作用。

　　伊格尔顿的文化批判思想秉承"文化唯物主义"的主张，试图通过批判资本主义意识形态和后现代主义来重新发现人的主体性，面对后现代

---

① Raymond Williams，*The Uses of Literacy*，New York：Oxford University Press，1970，p. 68.

② ［英］威廉斯：《文化与社会》，吴松江译，405 页，北京，北京文学出版社，1991。

主义者否认社会历史发展主体的观点，他明确重申："人类的存在历程无论如何应该是'主体'完满实现其自然属性的过程"①。他从人的"身体"出发来重建文化主体，"身体"既指具体感性的生物性的存在，也指劳动和社会关系的存在，人的类本质是自由自觉的活动，人正是通过实践活动来实现自己的感性活动主体的角色，而要推动社会历史的发展就需要建立无产阶级的主体性。伊格尔顿试图通过马克思主义理论的影响和社会主义实践运动的发展来培养社会主义新主体，并在这种新主体的运动中实现人类的解放和自由。

(三)通向宗教之路的不合理性

实现人类的解放要通过社会主义革命的胜利，但是伊格尔顿也看到了社会主义革命的曲折性和成本，"我们可以说，即使社会主义制度最终在阶级社会中得以实现，人类为这个理想的结局所付出的代价还是太高昂了。一个社会主义的世界要持续多久，取得多大的成就才可以抵消阶级社会在历史上造成的巨大痛苦？就像奥斯维辛集中营这样的暴行变得合理，社会主义是否真的有能力彻底补偿人类为之付出的代价？"②实际上，这里可以看出，伊格尔顿对社会主义革命的有效性产生了一丝怀疑，他想寻求一种更为有利的方式。他也明确地说过："我一直对研究神学(形而上学)和政治之间的关系感兴趣。我的著作曾一度离开这个主

---

① 马海良：《文化政治美学——伊格尔顿批评理论研究》，224 页，北京，中国社会科学出版社，2004。

② [英]伊格尔顿：《马克思为什么是对的》，李杨译，84 页，北京，新星出版社，2001。

题，但近年以来，我又回到这个主题……可以说，研究上升到了更为哲学的层次。"[①]

另外，资本主义意识形态也发生了新的变化，需要用新的方法去应对，"资本主义在当代已经破败不堪，但自由主义的意识形态并未枯竭，而是以一种更加激进的'新自由主义'的面貌出现，成为当今资本主义国家的施政纲领，并取得了意想不到的成果，成为世界历史上最成功的意识形态，构成仿效的模式，其核心教条几乎以宗教教义的面孔出现"[②]。这就导致伊格尔顿为了实现目标，不惜采用多种方法提高批判性和针对性，甚至另辟蹊径吸纳宗教的方法，仿佛看到了宗教神学与马克思主义有些异曲同工之处。他指出，"理想上，西方需要的是某种文化能够赢得人们衷心的爱戴，准确地说，也就是传统名义上的宗教。"伊格尔顿进一步指出了其中的理由，即宗教具有强大的实践性力量，"没有任何形式的文化证明比宗教在联结超越价值与普通实践，社会精英的精神与社会大众的投入之间更有力量。宗教的无效是因为它的出世，但是它的有效是因为它的出世体现在现实生活中。因此，它能给普遍文化与具体文化，绝对价值与日常生活之间提供一种联系"[③]。正因为这种联系，宗教便具有了强大的精神力量和社会实践功能。

黑格尔认为，宗教是绝对精神发展的阶段和途径，"对于黑格尔来说，宗教仍然是真实的，宗教就是精神认识自身并且赋予知识以自己的

---

① 王杰、徐方赋：《"我的平台是整个世界"——特里·伊格尔顿访谈录》，载《文艺理论与批评》，2008(5)。

② 乔瑞金：《英国的新马克思主义》，35 页，北京，人民出版社，2013。

③ Terry Eagleton，*The Idea of Culture*，Oxford：Blackwell，2000，p. 69.

绝对力量，并因此通过这种知识把自己推向了理性的最高峰"①。受到这一观点的影响，伊格尔顿也将宗教视为实现人类自由的过程和手段。因此，伊格尔顿的宗教伦理观以人类的自由和解放为目的，倡导人类社会的自由以及积极的个体自我实现，从促成他者的自我视线中完成自我实现并最终促使整个社会走向理想状态。"从一开始，宗教就必须履行理论的功能同时又履行实践的功能。它包含一个宇宙学和一个人类学，它回答世界的起源问题和人类社会的起源问题。而且从这种起源中引申出了人的责任和义务。"②伊格尔顿认为，只要确定人的责任和义务，就能确定人生的意义，指明人生的方向，使得人们去追求幸福的生活，进行有价值和有意义的生活实践。

伊格尔顿尤其重视"爱"的力量，认为"爱"的生活是一种有德行的生活，这种德行"只有在我促成你的自我实现时，我才能完成我的自我实现，反之亦然。不过，在亚里士多德的思想里，这种相互性很少被提及。这种伦理学的政治形式即为社会主义；如同马克思所言，每个个体的自由发展是全体成员自由发展的条件。因此，这是一种政治化的爱"③。

可见，伊格尔顿的文化批判思想强调了意识形态的作用和功能，主张用意识形态批判实现人类的自由和解放，为了这个美好的目标，伊格尔顿认为，一切艺术形式包括宗教都属于意识形态，也都是意识形态批判的手段。因此，伊格尔顿对于宗教的力量给予了一定的重视，并将之

---

① 乔瑞金：《马克思技术哲学纲要》，202 页，北京，人民出版社，2002。

② ［德］恩斯特·卡西尔：《人论》，甘阳译，143 页，北京，西苑出版社，2003。

③ Terry Eagleton, *After Theory*，New York：Basic Books，2003，p. 122.

视为实现人类解放的重要手段之一。

"马克思认为，宗教把人的本质变成了幻想的现实性，因为人的本质没有真实的现实性。"①这就说明宗教虽然具有意识形态的政治性效果，但是宗教所描绘的世界毕竟是一个虚幻想象的世界，伊格尔顿这种为达目的不计手段的文化批判立场，固然能够对资本主义及其意识形态进行多方面的批判，增强了其批判手段的多样化，但是与此同时，由于这种批判倾向不区分意识形态批判手段的科学性，一味地为批判而批判，最终会削弱其意识形态理论的科学性，甚至陷入神秘主义的泥潭。所以我们有必要再重新回到关于意识形态批判的问题上来。

伊格尔顿着力坚持马克思主义的理论旨归，充分彰显意识形态批判的解放目标。对他而言，意识形态不仅仅是一种理念系统与封闭的话语形式，还是一种动态的生产活动与话语实践，背后是诸多盘根错节的社会生产方式与阶级利益。

意识形态的生产与实践方式既生产出多样化的意识形态及话语，维护社会统治秩序，又生产出意识形态批判话语，作为反抗性的力量，在对既有意识形态尤其是主流意识形态批判的基础上，产生出一种更为异质性的意识形态形式，用以颠覆社会的现实秩序。但这种异质性的意识形态不一定是先进的意识形态话语，与社会历史进步的方向或人类的理想社会并不完全一致。因此伊格尔顿指出，意识形态批判的目的是为了发展一种更加先进的话语系统，促进人类的自由与解放，这就要求意识形态批判必须坚持人类幸福与进步的原则，究其实质仍是马克思主义所

① 乔瑞金：《马克思技术哲学纲要》，202页，北京，人民出版社，2002。

追求的人类解放的宗旨。

在文本生产的过程中，一般生产方式、文学生产方式、一般意识形态、作者意识形态、审美意识形态等因素都会发生作用，各自赋予文本某种内涵，导致作为最后产品的文本及其意识形态与历史真实处于一种扭曲的虚幻关系当中，成为一种社会现象的表征，文本本身则变成一种寓多种意识形态内涵与话语符号于一身的意义载体，而处于动态的发展变化之中。

伊格尔顿创造性地提出，文本的复杂性与其内部的冲突性为我们寻找文化反抗的力量提供了条件，我们可以在文本的断裂处、空白处或沉默处寻找出有意义的话语符号，根据这些话语的内涵来分析文本意识形态生产的过程。在此，他借鉴阿尔都塞的意识形态批判理论，认为"科学的评论必然关涉到意识形态的结构的科学说明"[①]，伊格尔顿将这种科学的批评理论归结为历史唯物主义，"历史唯物主义乃是一种关于意识形态起源、结构、衰落的科学理论"[②]。他坚持历史唯物主义的基本立场，力图寻找出文本生产的各种制约要素及其作用，分析文本与意识形态生产的结构形式的社会历史联系，从而科学地说明文本意识形态及其生产的科学规律，把握意识形态生产的条件，以清晰准确地揭露各种意识形态的作用机制及其影响，试图建构出一种进步的科学知识文本，为人类社会的良性发展提供智力支持。

随着对意识形态认识的深化，伊格尔顿逐渐体悟到在意识形态生产

---

① 　Terry Eagleton，*Criticism and Ideology*，London：Verso，1978，p. 96.

② 　Ibid.，p. 96.

的过程中，要条分缕析地梳理意识形态的要素与功能几乎是不可能的，其政治效果也不一定显著。与其努力发掘一种科学的意识形态批评话语，不如尝试建构一种激进的文本批评理论，通过对文本生产与意识形态生产进行政治批评，来促进人类的解放。这种理论转向，使得伊格尔顿将文本生产与意识形态生产理论的分析转移到文本批评的政治成效上，"反抗资产阶级国家政权的斗争才是文学批评的真正前途"①。但在这种理论批评转向过程中，他进一步坚定了马克思主义批评的原则，即寻求人类解放的终极诉求，与马克思主义理论内在连接起来，通过激烈的意识形态批判促进人类的自由与解放。

　　面对当今社会审美异化的困境，伊格尔顿试图通过审美理论批判重新恢复美学的身体感性维度，"以美学为中介，将身体的观念与传统政治主题（国家、阶级矛盾和生产方式）重新相连"②。身体的感性维度与人类的解放密切相关，要想破解现代审美意识形态的"魔咒"，恢复身体审美的感性内涵与解放诉求，就必须坚持马克思主义美学批判的理论导向。他固守着马克思主义劳动美学的阵地，将人的自由视为最终价值诉求，通过废除资本主义制度来恢复人类的感性内涵，消除异化和人身体的分裂，来实现真正的解放。最后得出"作为最深刻的美学家，马克思坚信人类的感性能力的威力……但是这种感性丰富性的展开必

　　① Terry Eagleton，*The Function of The Criticism*：*From the Spector to Post-Structuralism*，London：Verso，1984，p. 124.
　　② Terry Eagleton，*The Ideology of Aesthetic*，London：Blackwell Publishers Ltd，1990，p. 9.

须通过颠覆资产阶级社会关系的工具主义（实验主义）行径才能实现"①
这一结论。

　　马克思在反思资本主义社会中人的异化现象时，从物质生产方式的
视角出发，深刻地看到资本主义雇佣劳动对人类感性需求的压制与抽
象，导致在资本主义条件下人的感性与理性对立，提出感性维度对人类
存在具有重要意义。"感性必须是一切科学的基础……全部历史是为了
使'人'成为感性意识的对象和使'人作为人'的需要成为需要而做准备的
历史。"②伊格尔顿指出，马克思抓住资本主义异化的本质，认识到解决
人的异化的根本出路，就是要恢复人类丰富的感性。马克思主张通过异
化背后的经济批判来废除私有制以实现人类的自由与解放。这种经济批
判与美学批判，无论是在逻辑上还是现实中都应当是内在统一的，是对
人类身体丰富性的回归，"马克思许多最重要的经济学范畴都蕴含着美
学"③。只有彻底废除资本主义私有制，解除资本逻辑的控制，人们的
感性才会回到人类自身，那时，人不只作为资本的工具，而是作为一个
充满丰富感性的人而存在。

　　现代审美主要关注审美形式的变化与发展，甚至借助于审美的纯粹
化与符号化来抵制资本主义商品意识形态的侵蚀，导致审美话语形而上
学化或形式化，脱离现实社会活生生的实践，而失却社会批判的激进功

---

　　① Terry Eagleton, *The Ideology of Aesthetic*, London：Blackwell Publishers Ltd，1990，p. 201.

　　② 马克思：《1844 年经济学哲学手稿》，89—90 页，北京，人民出版社，2000。

　　③ Terry Eagleton, *The Ideology of Aesthetic*, London：Blackwell Publishers Ltd，1990，p. 208.

能。伊格尔顿将审美问题置于历史发展的辩证法中，揭示出审美异化与身体感性"缺场"的社会历史根源，并通过历史发展的辩证法来克服现代审美意识形态，只有这样才能实现人的审美与身体解放。受马克思的启发，伊格尔顿将审美的身体与现实历史紧密结合起来，在工业发展的过程中观察身体的发展，"将身体的主体性维度置于工业发展的历史之中"[1]。他认为，现代审美意识形态正是建基于人类本质力量发展不足的历史条件上，资本通过压制人们的感性需求来获得剩余价值，导致身体感性的失落与物欲化身体的兴起。随着人类自身力量的充分发展，人们必将夺回失去的身体感性，实现理性与感性在身体领域中的重新结合，这是当今资本主义发展的方向所在，"资本主义造就出个体身体的创造性、丰富性与交往的新形式"[2]。在未来的新的社会交往形式下，人类将会获得身体的真正解放。

　　由此看出，伊格尔顿既觉察出资本主义对于身体感性的剥夺与扭曲，也认识到资本主义生产力的发展对人类主体解放的积极意义。在未来社会，"人类存在成为绝对目标，美好的生活也就是自由的生活，就是全面地实现人的能力、进行自由的沟通"[3]。这就是伊格尔顿现代审美批判的终极意义，也是对通往宗教之路的不合理性的驳斥着力点所在。

　　既然都基于这样一个主题，即在当前的资本主义现实条件下，如何

---

　　① Terry Eagleton, *The Ideology of Aesthetic*, London: Blackwell Publishers Ltd, 1990, p. 203.

　　② Ibid., p. 218.

　　③ Ibid., p. 226.

更好的发挥人民群众革命主体力量，反抗资本主义统治，寻求走向社会主义的路径，我们在这里还应当简单省察一下 20 世纪 50 年代以来英国马克思主义的主体理论的流变①，才能够更好地认识到伊格尔顿对"社会主义新主体"这样一个独创范畴的良苦用心。

文化主体与结构主体都试图探寻同质性的主体，以期揭示工人阶级主体意识形成的必要条件，这二者分别可以还原为文化经验与结构位置，多元主体试图将各种新社会运动主体纳入一个更大的场域，同时又不否认它们的独立性与差异性，以便更好地实现社会主义运动主体与其他运动主体的联合。

英国马克思主义主体理论发展的三种形态实质上昭示出有关社会主体理论三段转向过程，即文化主义转向、结构主义转向以及多元主义转向，这些转向"都不只是纯粹的理论（逻辑）问题，而是传统左派政治实践和理论的失败（以及这种失败必然与之相关的社会历史条件变迁）之后果。……无论是被动还是主动，转向都是一种政治上的'突围'，在理论上'生活在别处'的感叹"②。这也体现了英国马克思主义对社会主体问题的不懈探索和对社会主义革命运动方式不断挖掘，这种精神非常值得肯定。但我们也要看到，在对社会主体问题的反思中，英国马克思主义者也存在一些理论上的失误，比如文化主义者过于强调文化经验而忽视经济规律的基础性作用；结构主义者则侧重于政治革命与社会结构的分

---

① 薛稷：《20 世纪 50 年代以来英国马克思主义的主体理论流变》，12 页，载《江西社会科学》，2018(1)。

② 胡大平：《社会批判理论之空间转向与历史唯物主义的空间化》，32 页，载《江海学刊》，2007(2)。

析而贬低了工人阶级尤其是英国本土工人阶级的文化传统对于建构意识形态的作用；而多元主体论"存在一种通过构建政治甚至意识形态的独立性与支配性地位，从而渐渐疏离马克思主义的'经济主义'倾向"①。后马克思主义者甚至在主体问题上提出"主体问题的真正核心，正如我们将看到的，恰恰是作为欠缺之主体的主体"②。来否定社会主体的存在性，由此消解工人阶级社会主义革命主体地位，并最终否定了历史唯物主义的科学性。

伊格尔顿试图通过意识形态批判、社会主义新主体的塑造等方面来论证如何真正实现人类解放，深刻彰显出他的马克思主义立场与自由情怀，对于他的意识形态解放宗旨，英国马克思主义主体理论流变的考察的说明，局限于建立文本科学话语或建构解放的审美知识，或将这二者不作区分的认知有失公允。伊格尔顿的文化批判理论主旨经历了一个从建立科学的文本批判即唯物史观视域下的批判理论，转向建构一种解放的知识即激进的文化批评，尤其是解放的审美话语批判的过程。这两方面既统一又有区别，深刻展现出伊格尔顿对于意识形态理论认知的深化，只有正确辨析这种区别，才能真正把握伊格尔顿文化批判思想的终极旨归。

----

① ［加］艾伦·伍德：《新社会主义》，尚庆飞译，22 页，南京，江苏人民出版社，2008。

② Laclau，ed. *The Making of Political Iderrtities*，London and New York：Verso，1994，p. 12.

小 结

审美批判主要从主体与社会意识形态的关系出发，通过审美意识形态的批判来促进人类的解放。审美批判的目标是实现人生的意义，伊格尔顿驳斥了宗教与后现代主义对于人生意义的观点，指出人生的意义既不是依托于一个伟大的神灵，也不是一种虚幻的建构，而应该在宏大的历史叙事即历史唯物主义的辩证发展过程之中得到实现，以自己的实践活动去践行人生的意义和价值，实现人生意义的过程也就是人类的解放过程。

伊格尔顿揭示了审美活动的意识形态性及其矛盾性，指出了现代审美背后的资产阶级意识形态内涵及其与资本主义社会主体建构的同步性，对于审美活动的意识形态性和意识形态批判性的属性，他提出从感性的身体出发建立唯物主义的审美观，在马克思主义审美批判的基础上实现人的身体的全面性回归。在现实领域进行审美批判方面，伊格尔顿主张通过批判后现代主义意识形态，揭露后现代主义"主体终结论"的危害性，结合唯物主义审美观，在对身体有一种崭新定位的基础上重新考察意识形态理论、梳理英国马克思主义主体理论的历史对于"主体"创设的重要影响，用以尝试建立社会主义新主体，来促进社会主义运动的发展，并最终实现人类的解放。但是由于看到了以往社会革命的消极因素和负面结果，伊格尔顿提出通过宗教的方法来改造主体，进行社会的改造，这就使得他不可避免地陷入了神秘主义的误区，对此我们必须加以清醒的判断。

| **文化批判思想的特征**

伊格尔顿的文化批判思想在借鉴前人研究成果的基础上，面对现实的社会问题和文化问题，对文化意识形态理论进行了深入的探索和研究，具有较为重要的理论意义和实践价值，同时也存在一些不足，本章内容着重对其思想进行客观系统的评述。

一、意识形态论域的拓展

文化批判思想拓展了意识形态理论的内涵和外延，深化了文化研究的政治批评维度，同时也综合运用了多种现代社会科学方法，并且强调了意识形态批判的实践性特征。

伊格尔顿的文化批判思想，在坚持马克思主义理论的基础上，以意识形态为核心，阐述了文学、文化、艺术、审美以及审美的生产过程和政治性效果等内容，解释了生产方式与意识形态的关系，以及不同意识形态形式之间的复杂关系，说明文学意识形态的形成及其相关因素，深入拓展了马克思主义的意识形态理论。伊格尔顿的意识形态理论从社会生产的角度对经济基础与上层建筑的关系进行了细致考察，揭示了文学意识形态的基本属性及其生产过程，在面对新的社会问题的基础上，对马克思主义意识形态理论作了新的探索。

伊格尔顿对马克思主义的经济基础和上层建筑的关系作了更深层次的探索，阐释了文本意识形态和审美意识形态的基本属性。唯物史观指出："人们在自己生活的社会生产关系中发生一定的、必然的、不以他们的意志为转移的关系，即同他们的物质生产力的一定发展阶段相适合的生产关系。这些生产关系的总和构成社会的经济结构，即有法律的和政治的上层建筑树立起来，并有一定的社会意识形态与之相适应的现实基础。物质生活的生产方式制约着整个社会生活、政治生活和精神生活的过程。不是人们的意识决定人们的存在，相反，是人们的社会存在决定人们的意识。"[①]威廉斯也认为，"任何对马克思主义文化理论的现代理解都必须从考察关于决定性的基础和被决定性的上层建筑的命题开始"[②]。受这一观点影响，伊格尔顿的意识形态理论并没有脱离马克思主义的经济基础和上层建筑的理论维度，但他却对经济基础和上层建筑

---

① 《马克思恩格斯选集》，第 2 卷，32 页，北京，人民出版社，1995。
② ［英］威廉斯：《马克思主义文化理论中的基础和上层建筑》，胡谱忠译，载《外国文学》，1995(5)。

作出新的界定，把文学艺术既作为经济基础的一部分，也作为政治上层建筑的一部分，揭示了文学艺术生产的双重属性，"如何说明艺术中'基础'与'意识形态'的关系，即作为生产的艺术与作为意识形态的艺术之间的关系，依我看来，是马克思主义文学批评当前面临的最重要的问题之一"①。

伊格尔顿将文本生产引入经济基础决定上层建筑、社会存在决定社会意识的思维范式，并借用了"文化唯物主义"的研究方法。"文化唯物主义"是"研究文化的（社会与物质）生产过程的理论，它研究特定的实践和'各门艺术'，把它们视为社会所利用的物质生产手段（从作为物质性'实践意识'的语言，到特定的写作技术和写作形式，直到电子传播系统）"②。通过这种方式，伊格尔顿将意识形态的生产与物质性的生产统一于文本生产的过程当中，更加强调了物质生产和意识生产的不可分割性及其互动性，其实这也就是将马克思主义的意识形态理论进行了改造，从而达到把意识形态生产的物质性过程也揭示的淋漓尽致的目标，即意识形态生产和物质性生产是同一文本生产过程的产物，从而丰富了马克思主义意识形态理论的内容，也打破了"经济决定论""机械反映论"所表现出的对于经济基础决定上层建筑片面性绝对化的理解。

伊格尔顿将意识形态作为系统性的对象进行考察，而不仅仅是简单从上层建筑的功能（反作用方面）去解释意识形态的生产和作用。他区分

---

① ［英］伊格尔顿：《马克思主义与文学批评》，文宝译，81 页，北京，人民文学出版社，1980。

② Raymond Williams，*Problems in Materialism and Culture*，London：Verso，1980，p. 243.

了多种形式的意识形态，主要涉及一般意识形态、作者意识形态和审美意识形态以及文本意识形态，并较为详细地论述了不同层次意识形态之间的关系及其互动。伊格尔顿又将意识形态与生产方式结合在一起，指出了各种意识形态与一般生产方式和文学生产方式的关系，论述了意识形态生产的物质性和复杂性，将意识形态的要素及其作用进一步细化，促进了意识形态理论的精确化。

阿尔都塞分析了意识形态与科学的关系并认为，"意识形态是具有独特逻辑的和独特结构的表象体系，它在特定的社会历史中存在，并作为历史而起作用"[①]。也就是说，意识形态不能提供真正的科学知识，它只是特定社会历史条件下人们对于社会存在的感受与体验，而科学则能对意识形态进行客观的分析与辨别，总结出意识形态的规律和作用。"文学包含在意识形态之中，但又尽量与意识形态保持距离，使得我们感觉或察觉到产生它的意识形态"[②]。由于文学作品也属于意识形态，科学就应该依据意识形态的原则去阐明文学作品。马舍雷则将马克思主义进行了结构主义的改造，以此在科学与意识形态的张力中寻求文学文本的地位，"正是通过赋予意识形态某种确定的形式，将它固定在某种虚构的界限内，艺术才使自己与它保持距离"[③]。本雅明则从语言学出发，将艺术生产理论解释为审美形式主义的生产理论，而这种审美形式也遮盖了意识形态在文学艺术中的直接显现。伊格尔顿批判地继承了阿

---

① ［法］阿尔都塞：《保卫马克思》，顾良译，201 页，北京，商务印书馆，1984。
② ［英］伊格尔顿：《马克思主义与文学批评》，文宝译，22 页，北京，人民文学出版社，1980。
③ 同上书，22 页。

尔都塞、马舍雷、本雅明等人的文学意识形态理论，在接受他们将意识形态引入文学生产的同时坚持马克思主义的理论指向。伊格尔顿特别强调了意识形态同样也是社会生产的要素，意识形态的生产和文学的生产与生产方式和社会关系具有密不可分的联系，文本和文本意识形态的产生是社会各种因素综合作用的结果。

　　伊格尔顿还强调了意识形态与知觉结构的关系，并指出这种知觉结构整体性的社会性质，"如果不把握住意识形态在社会整体中所起的作用，即它怎样由特定的、与历史相关的、巩固特定社会阶级权力的知觉结构所组成，我们也不能理解意识形态"①。这说明意识形态发挥作用要借助于特定历史条件下人们的知觉结果，意识形态是人类认识和情感体验的产物，并且也只有在这种知觉结果中才能发挥其政治性的效果。伊格尔顿指出，这种认知背后具有物质性的内容，但却不是简单地对物质生产方式的反映，而是与物质生产方式相统一的实践过程，"意识形态并不是毫无根据的幻觉，而是一种坚实的现实，是一种积极的物质力量，它至少必须有足够的认知内容，以组织人类的实践生活"②。在这里，伊格尔顿反对将意识形态仅仅看作"虚假"的意识形态，因为意识形态所反映的社会存在也有真实性的内容，只是意识形态对于社会存在的反映不是直接的反映，而是经历了一个复杂的过程。"一种意识形态从来不是一种统治阶级意识的简单反映，相反，意识形态永远是一种复杂

---

　　① ［英］伊格尔顿：《马克思主义与文学批评》，文宝译，22 页，北京，人民文学出版社，1980。

　　② Terry Eagleton，*Ideology：An Introduction*，London：Verso，1991，p. 26.

的现象，其中可能掺杂着冲突的，甚至是矛盾的世界观。"①"之所以意识形态不能被看作一种虚假意识，就是因为许多被看作意识形态的观念明显的是真实的。"②

伊格尔顿认为马克思提出"意识形态"的概念分为两个阶段，早期是作为认识论提出来的，认为意识形态是关于社会存在的颠倒的反映，阐明了意识形态产生的认识论根源。后期是从对资本主义社会的客观结构考察进行说明的，认为意识形态是社会关系和权力结构的组成要素，是对资本主义物质结构和认知结构的分析和说明。伊格尔顿认为，马克思所坚持的"虚假的意识形态"是认识论和物质结构与认知结构的结合，"意识形态的错觉不仅是扭曲了思想观念或'虚假意识'的产物，而且也可以说是资本主义社会本身的物质结构固有的东西"③。伊格尔顿的这一观点深入挖掘了马克思主义意识形态理论的全面性和具体性，从认识论和社会学维度呈现出马克思意识形态理论的丰富内涵，对于一些理论家仅从认识论角度理解"虚假意识形态"的含义，从而走向经济决定论的误解，进行了一定程度的纠正。

关于意识形态与特定阶级的阶级关系，有种观点认为意识形态代表了特定社会集团和阶级的利益，意识形态具有鲜明的阶级性特征，可以不经过任何中介直接为特定阶级的经济、政治和文化利益服务。伊格尔顿严厉地批评了这种将意识形态与阶级简单对应的观点，他指出，阶级

---

① Terry Eagleton，*Criticism and Ideology*，London：Verso，1976，p. 87.

② Terry Eagleton，*Ideology：An Introduction*，London：Verso，1991，p. 5.

③ ［英］伊格尔顿：《历史中的政治、哲学、爱欲》，马海良译，91页，北京，中国社会科学出版社，1999。

性不是意识形态的直接特点，而是一种隐蔽的、间接性的关系，"特定的意识形态成分并不直接明示其阶级属性"①。在社会实际生活中，并不存在一种特定的"阶级的意识形态"，它完全是人为建构的结果，这种建构不但不利于认识意识形态的属性，反而更不利于理解意识形态的内涵，因为"把一种意识形态看作某一特定阶级的表述，社会就因此可以看作由各不相同的、各种与生俱来的意识形态的社会组成，而这样是不能解释意识形态的"②。如果跳不出这种思维模式的束缚，就不能科学地解释意识形态的本质，因此，必须摆脱对意识形态阶级性的封闭性的理解，从整体上和动态中对意识形态进行分析，才能真正把握意识形态的本质。意识形态是一种文化建构，要把握其本质就必须理解文化的阶级性和政治性，即对文化要进行一种政治化的解读。

伊格尔顿的意识形态思想探究了意识形态的诸多内涵及其相互影响因素，对意识形态理论的研究领域作了进一步扩展，但是我们也应该看到伊格尔顿的意识形态思想在科学技术维度上的认识有些薄弱和欠缺。

他从文学批评入手开展意识形态理论的研究，始终关注的是意识形态视野中的文学、美学以及政治学等问题域，却没有认真谈论过意识形态与科学的关系。科学技术是第一生产力，当代西方学者在肯定科学技术物质性功能的同时，深入分析了科学技术的负面性效应以及意识形态功能，哈贝马斯在这方面的成就较为突出，他在《作为"意识形态"的科学与技术》一文中，深入分析了科学技术的新形式及意识形态功能。一

①　[英]伊格尔顿：《当代西方文学理论》，王逢振译，426页，北京，中国社会科学出版社，1988。

②　同上书，426页。

方面，科技意识形态更加隐蔽，"技术统治的意识同以往的一切意识形态相比较，意识形态性较少，因为它没有那种看不见的、迷惑人的力量，而那种迷惑人的力量使人得到的利益只能是假的"。另一方面，在它面前人们更加难以拒绝其影响，"当今的那种占主导地位的，并把科学变成偶像，因而变得更加脆弱的隐性意识形态，比之旧式的意识形态更加难以抗拒，范围更加广泛"，这种情况较之于旧式的意识形态形式，其消极影响更加严重，"因为它在掩盖实践问题的同时，不仅为既定阶级的局部统治利益做辩护，并且站在另一个阶级一边，压制局部的解放的要求，而且损害人类要求解放的利益本身"①。

这种科学意识形态的新形式和新特征充实了意识形态理论的内容，也就是说，在新的社会形势下考察科学技术的功能尤其是其意识形态功能，可以为马克思主义意识形态理论提供新维度。尽管"新的信息科技在资本主义制度的全球化过程中发挥了关键的作用"②，伊格尔顿虽然也认识到了科学技术的重要作用，但是他却没有看清楚当代社会实践的科技化倾向和内涵，"马克思眼中的实践不只是认识活动、交往或其他活动，而是一种以技术为基础的现实的整体活动"③。由于没有深刻理解实践的技术性因素，使得伊格尔顿在意识形态实践分析中对科学技术维度重视不够，因而导致其意识形态理论的现实力量弱化。忽略了当代

---

① ［德］哈贝马斯：《作为"意识形态"的科学与技术》，李黎等译，166 页，上海，学林出版社，1999。

② ［英］伊格尔顿：《马克思为什么是对的》，李杨译，11 页，北京，新星出版社，2001。

③ 乔瑞金：《马克思思想研究的新话语》，144 页，太原，书海出版社，2005。

意识形态在内容和实质方面这一重大变化，所以也就无法完全实现意识形态理论方面的突破，无法真正全面把握意识形态的实践性功能，"只有首先把实践理解为技术意义上的活动，才能真正的超出传统实践哲学理解的视界，把握实践哲学'改变世界'的精神真谛"①。

二、文化研究的政治化审视

"文化"是一个历史悠久的词汇，东西方对"文化"一词均有所描述，内容也有相近之处。

在古代中国，"文化"本指"以文教化""观乎天文，以察时变；观乎人文，以化成天下"(《周易·贲卦·象传》)，这可看作"文化"的原始提法。"文化"作为一个整词出现，是在西汉以后，"圣人之治天下也，先文德而后武力。凡武之兴，为不服也。文化不改，然后加诛"(《说苑·指武》)，"文化内辑，武功外悠"(《文选·补之诗》)。从这里可以看出，在中国的语境中，"文化"一词的最初含义与武力相对，也是文治教化之意，侧重于对人的化育。而在西方，"文化"(Culture)，来源于拉丁文Cultural，原义是指农耕及对植物的培育，"Cultural原义有神明崇拜、土地耕作、动植物培养及精神修养等含义"②，"Cultural""从16世纪初，

---

① 乔瑞金：《马克思思想研究的新话语》，156页，太原，书海出版社，2005。
② 陈华文：《文化学概论》，11页，上海，上海文艺出版社，2001。

'照料动植物的生长'之意涵，被延伸为'人发展的历程'"①。这一时期，"文化"一词所针对的对象也包括了人，文化内在地包含着对于人类生长及生活方式的参与以及指导过程。可见，"文化"一词的中西两个来源，都具有培养教化之意。

由文化的最初含义可以看出，文化一词主要包含三方面的内容：第一，物质维度，不论是"以文教化"还是耕作、对于动植物的培养，都体现出物质方面的含义，教化不仅仅是说教，内在地包含着对于生产方式和生活方式的指导过程，而耕作、动植物的培养则更为明显地体现出文化的物质性属性；第二，精神维度，文化教化与神明崇拜、精神修养等则涉及文化对于人类精神方面的影响，主要表现为改变人们的信仰或精神意识从而实现人们精神的改变，以适应教化者或培养者的目的；第三，政治维度，文化的教化和培养都是一个过程，具有一定的指向性，是将某物培养教化成适合某种目的的过程，对于人类而言，这种目的明显就是政治目的。可见，"文化"一词自诞生之始，就是一个表示物质和精神发展过程的概念，文化的物质属性和精神属性是文化的两个基本属性，而政治属性内在地包含于二者之中。

以上关于文化的三个维度仅仅是就文化的内容属性而言，属于文化客体方面的规定性，但是文化还有一个主体层面，即文化的践行者问题，必须要有一个主体去进行文化活动，才能充分表现文化的内容。一般而言，文化就是人化，是人的意志对客观世界和主观世界能动作用和

---

① ［英］威廉斯：《关键词：文化与社会的词汇》，刘建基译，102 页，北京，生活·读书·新知三联书店，2005。

互相影响的体现，文化的主体和客体在人的实践活动中是密不可分的统一体，共同推动着文化的发展以及人类文明的进步。

因此，谈论文化的解放必然要涉及文化主体和文化属性的解放问题，也就是说，实现人类的文化解放关涉以下两个问题：第一，谁的解放，这是文化主体解放的问题；第二，什么的解放，这是文化内容属性解放的问题。这两个问题是有机统一的整体，文化主体的解放必然有待于文化内容属性的解放，否则将陷入抽象主义的误区。而文化内容属性的解放必须是主体的实践活动，脱离了主体的解放，会导致"人"的缺席，陷入神秘主义的泥沼。实际上，文化的解放内在地包含着物质、精神和政治层面的解放，也包含着文化主体即人的解放，这里的人应该是所有的人，没有所有人的物质、精神和政治的解放，则不会有真正意义上的人类的解放。但是，人们对文化解放问题尤其是文化主体解放的理解却经历了一个曲折的过程。

随着社会分工的发展，尤其是体力劳动和脑力劳动分离以后，社会上出现了一个专门从事精神生产的阶层，与物质性生产相对立，文化似乎逐渐与物质实践脱离，成为精神性的形式。如弗朗西斯·培根就强调文化是对"心智的栽培与施肥"，阿诺德则认为，"文化是曾经有过的最好的思想和言论，是彻底的、无私的对于完美的研究，文化对人心是内在的，对整个社会是普遍的，文化是所有让人产生美和价值的力量之和谐"①。文化的政治性体现在神学意识形态对于人们的束缚，而物质性

————————

① ［英］马修·阿诺德：《文化与无政府状态》，韩敏中译，41 页，北京，生活·读书·新知三联书店，2002。

的文化生产随着广大劳动者的具体实践则隐藏于下层社会,在被否认的情形下顽强地生长着,寻求着自己的突破。随着物质性文化生产的边缘化,文化主体主要被规定为知识分子和神学家,而广大人民群众则被排除于文化的主体之外,也成为文化解放的"盲点",他们被精英主义者蔑称为"群氓"。这与当时落后的生产力尤其是科学技术发展的水平密切相关,生产力的低下导致了物质性活动低下和精神高扬,从而形成鲜明对照。

随着工业革命的深入和资本主义的发展,人类文化迎来了重大变革,广大人民群众的力量空前发展,工人阶级逐渐走上历史舞台,同其他劳动群众一道,以其伟大的物质性力量改造着世界和社会。随着人民群众社会力量的壮大和地位的相对提升,民众的文化诉求和意识表达能力也得到了提高,而科学技术的发展又为这种文化意识的传播提供了必要的物质条件。于是,底层群众的文化形式即大众文化逐渐发展和壮大起来,人民群众文化主体性的地位也得到凸显。另外,随着社会结构的变化和资本对利润的疯狂追求,知识分子和社会精英所提供的精神性文化产品的地位逐渐下降,影响已大不如前,无法对大众文化进行行之有效的约束,知识分子文化主体性相应地遭到削弱。因此,大众文化对精英文化造成了很大的威胁,二者的冲突也构成阶级斗争的一个重要方面,尤其是文化主体性问题成为双方争论的焦点。

面对大众文化的蓬勃兴起,一部分知识分子对精英文化以及文化的纯粹形式进行思考和守护,并对大众文化进行奚落和反击,以便否认人民群众文化主体性,复兴知识分子文化主体的影响力,这主要表现在以英国"利维斯主义"和德国法兰克福学派早期"大众文化批判"为代表的两种思想上。

英国的"利维斯主义"的代表人物主要是 T. S. 艾略特和 F. R. 利维斯，他们都坚持"从上往下看"的文化观念，推崇精英文化而贬低大众文化。艾略特认为："值得尊敬的是这种专门化的高级文化，群众文化则被它贬为'文化代用品'。"①由此反对大众对精英文化的干涉，"如果让任何人都参与对有意识的高级文化代表人物的成果进行评价的话，那只能是糟蹋文化"②。利维斯则认为文化活动是"具有洞察力的艺术欣赏和文学欣赏"，坚信"文化一直是掌握在少数人手中"，而大众文化则是商业化的产物，是粗制滥造的"山寨"货色，是威胁和破坏优秀文化传统的大敌。法兰克福学派的代表人物阿多诺和霍克海默使用"文化工业"一词来称呼大众文化，"文化工业的整体效果是种反启蒙的效果，就像霍克海默和我注意到的那样，期间本应是进步的技术统治的启蒙，变成了一场大骗局，成为束缚意识形态的桎梏。它阻碍了自主的、独立的个性发展，这些个性本来是很明智的为自己做出判断和决断的"③。

可见，面对底层文化形式的兴起，英国文化精英主义批判和法兰克福学派文化工业批判都表明了对于大众文化的否定和失望，他们坚守文化的理想主义性质和精英主义立场。虽然看出工业技术对文化的影响并由此产生了文化的新形式，但却看不到文化的物质性和实践性，囿于文化的精神独立性而不能自拔。因此，他们还是将文化主体局限于知识分

---

① ［英］T. S. 艾略特：《略论文化的定义》，杨民生等译，26 页，成都，四川人民出版社，1989。

② 傅德根：《走向"文化唯物主义"》，30 页，北京，中国社会科学院出版社，1998。

③ Adorno，*The Cultural Industry*，London：Routledge，1991，p. 92。

子，看不到真正的文化主体即劳动群众的存在意义和价值，从而在人类文化解放和自由方面陷入悲观主义的论调。

实际上，随着工业社会的深化和科学技术的发展，工人阶级的物质、精神和政治力量得到了凸显并继续提高，而无产阶级的大众文化虽然含有一定的缺陷和不足，但毕竟反映了工人阶级的力量、诉求以及文化主体的特质。由于长期以来对文化和文化主体的误解，人们对于文化内容和主体性的认知存在错误。因此，纠正这种误解，阐发文化的物质、精神和政治属性，树立文化的劳动群众的主体性，用以正确认识大众文化的价值和力量，是工业化时代和科学技术发展的必然要求。而要完成这项任务，必须对大众文化的含义进行新的解析和说明，这就要求我们既要重新认识"文化"的内容属性，也要重新认识文化的主体性，这两个问题是科学认识文化与大众文化问题的前提条件。

威廉斯较好的解决了这两个问题，从而为他的文化主体性理论准备了思想资源，打下了坚实理论基础。关于"文化"的含义，威廉斯给出了自己的解释，他指出，文化的定义是一个复杂的问题，应该包括三个主要组成部分：一是理想型的，主要是指使人类走向完美的绝对或普遍的价值系统；二是文献型的，文化作为知识的载体，记录了人类的思想和经验；三是生活类的，文化是整体生活方式的描述，它存在于风俗习惯和日常行为当中。关于这三种类型之间的关系，威廉斯坚持整体论的解读，这深刻地影响了伊格尔顿，下文将对此作详细介绍。

在威廉斯这里，文化是理想或理念系统、文献知识和生活方式的统一，这种统一不仅是共时性的，而且也是历时性的，是文化各类要素之间互相影响和发展的动态过程，是人类生活实践和交往关系的总和，它构成了人类的普遍经验。文化是社会和历史的产物，是在人类实践活动产生并不断发展的过程中人类的存在方式。正因为文化是人类的普遍经验和实践活动的总和，因此，社会大众由于其数量上的绝对优势必将成为文化的主要主体和实践者，大众文化不仅是文化的组成部分，而且还应该是社会文化的重要有机成分，缺乏了人民大众这一文化的基础主体，文化必将成为无源之水、无本之木。

通过对文化和文化主体进行重新定义，威廉斯极大程度上纠正了精英主义对大众文化的偏见，他对文化精英主义进行了批评与解蔽，指出文化是一种民有民享的存在，而不是精英分子单独思想的垄断。作为人们整体生活方式的总和，文化既包括人类的观念活动，也包括经济活动，必然包含物质性的要素，"物质因素是文化的应有之义"①。威廉斯在反对精英主义将文化抽象化和精神化的同时，高扬文化的物质性，提出了"文化唯物主义"的理论，同时将文化的主体归根于人类总体，指出精英文化和大众文化都是人类主体感觉经验和意识结构的产物，文化是历史与具体的统一。

在此基础上，威廉斯进一步挖掘了文化的社会功能和价值，阐述了文化的政治功能即意识形态意义。"任何文化在整体过程中都是一种选择、一种强调、一种特殊的扶持。一个共同文化的特征在于这种选择是自由的、共同的或是自由的共同的重新选择。"②威廉斯认为可以通过

---

① Raymond Willianms，*Marxism and Literatur*，Oxford：Oxford University Press，1977，p. 19.

② ［英］威廉斯：《文化与社会》，吴松江等译，416 页，北京，北京大学出版社，1991。

社会变革创造一个具有共同价值和共同文化观念的社会，以实现人类文化自由和平等。在这里，威廉斯对于文化主体及文化解放的认识处于一个过于宽泛无序的阶段，幻想以美好情感代替社会现实的残酷性，这也是伊格尔顿批判威廉斯文化解放理论的重要原因所在。

文化精英主义将文化视为抽象的精神形式，认为文化具有相对独立的特性，是人类思想的精华，保持独立发展的形式。"经济决定论"者则认为文化是一种社会意识，它受经济基础决定，是经济基础的直观反映。针对以上观点，伊格尔顿坚持"文化唯物主义"的研究方法，指出文化是具有整体经验和实践活动的产物，它与人类的日常生活紧密联系，"文化是文明生活右书页的无意识的左书页，是必须模糊的在场以便我们能够行动、被想当然接受的信念和爱好，它是自然出现的，是在骨头中产生，而不是由大脑孕育的"[①]。也就是说，文化不仅仅是一种观念和意识，它还是一种生活形式和实践方式，这就既坚持了"文化是一种整体生活方式"的观点，同时又指出文化的主体是人，是具体的、感性的活生生的人。伊格尔顿较之于威廉斯，其文化观点具有更多的马克思主义意蕴，对社会文化及政治制度的批判也更为强烈，充分显示了他的"文化政治批评思想"。

伊格尔顿在"文化唯物主义"的基础上，对"文化"作出了自己的解释，他认为，文化在现代的含义主要有三个层次：一是得到承认的思想观念和艺术作品以及生产和消费的过程；二是一个社会的"情感结

---

① ［英］伊格尔顿：《文化的观念》，方杰译，31页，南京，南京大学出版社，2000。

构"，指由生活方式、习俗道德、价值观念等组成的、并处于变化之中的综合体；三是社会制度意义上的整个生活方式，是生活经验的总体。更为重要的是，这三个层面相互关系彼此影响，"作为艺术、作为生活经验、作为社会结构——交织为一种新的社会批判"①。因此，对于伊格尔顿而言，文化的主要意义就在于其社会批判功能，而"一切批评在某种意义上都是政治批评"②，也就是说，文化作为一种政治性的批判，不是解决问题的办法，而是问题的一部分，是政治斗争的表现，所以"文化是战场，而不是可以弥合差异的奥林匹克神台"③。这样一种文化的规定性强调了文化的物质和精神属性，更加突出了文化的物质性属性。

受"文化唯物主义"和历史唯物主义的影响，伊格尔顿将"文化"与"生产"紧密联系在一起，提出了"文化生产"的概念，以便突出文化的物质基础和政治意义。伊格尔顿指出，文化不能脱离具体的社会关系和物质生产过程，如果脱离了其背后的物质生产属性，"文化"就会成为一种漂浮的能指，就会失去活生生的生存状态和发展动力。"文化生产"表明了作为精神和价值的文化不可能独立于物质条件之外，最终受社会根本结构的一般生产方式的制约，这表明文化生产是一个动态的、开放的、不断变化和生成的物质过程，是全体社会成员都有机会参与的文化实践

①　［英］伊格尔顿：《历史中的政治、哲学、爱欲》，马海良译，9 页，北京，中国社会科学出版社，1999。

②　［英］伊格尔顿：《当代西方文学理论》，王逢振译，303 页，北京，中国社会科学出版社，1988。

③　［英］伊格尔顿：《历史中的政治、哲学、爱欲》，马海良译，189 页，北京，中国社会科学出版社，1999。

过程，"艺术首先是一种社会实践，而不是进行学院式解剖的标本，我们可以视文学为文本，但也可以把它看作一种社会活动，一种与其他形式并存和有关的社会、经济生产的形式"①。

伊格尔顿将文化的复杂关系结构理解为一种物质性的生产活动及其产生的社会关系，并且与权力结构紧密关联。因此文化范畴和文化生产必然是社会利益和阶级权力争夺的重点领域，不是解决社会问题的手段，而是社会矛盾和问题的一部分，伊格尔顿将文化的复杂关系结构理解为一种"生产"关系或物质关系，即整个社会生活方式的最终决定因素是经济生活中的社会关系，而这种经济社会关系集中表现为政治权力的结构形式。因此文化范畴必然是利益和权力争夺的重要场所，是社会矛盾和问题的一部分，而不是解决社会问题的手段，文化政治批评理论不是用文化来解释一切，而应该是用一切来解释文化。"文化"就是与人们日常感觉相互联系的实在问题，是现实的政治问题，这一点是不容否认的，"那种认为存在'非政治批评'形式的看法只不过是一种神话，它会更有效地推进对文学的某些政治利用"②。因此，强调文化抽象性和审美的无目的性，企图跳出文化的社会性和政治性，对文化采取无功利性的基本立场本身就具有明确的功利性目的。也正是由于这种"中庸"的企图，使得资本主义社会出现了文化危机。

面对资本主义的文化危机，伊格尔顿指出，其根源就在于，"文化"

---

① ［英］伊格尔顿：《马克思主义与文学批评》，文宝译，66 页，北京，人民文学出版社，1980。

② ［英］伊格尔顿：《当代西方文学理论》，王逢振译，300 页，北京，中国社会科学出版社，1988。

被抽取了具体的社会结构和唯物主义基础，成了高高漂浮于社会结构和物质生产之上的符号系统，但它却企图调和、凝聚和改造整个社会的精神指数和理想价值，必将造成文化的分裂，形成资本主义的文化危机和价值失调。要解决这种危机必须把作为社会总体意义或生活方式的文化置于作为社会根本结构的生产方式之中，解决资本主义文化危机的根本出路就是彻底改造所有权制度，推行社会主义物质实践。伊格尔顿认为，只有社会主义才能将断裂的文化整合起来，社会主义的根本目的就是建设一种理想的文化，以便把迄今为止一直处于分裂和冲突状态的文化真正统一起来。

那么，如何去建设社会主义的理想文化以便实现人们的解放呢？伊格尔顿深入马克思主义的思想去寻找答案，突出了文化的政治性属性。他认为，"意识形态"是马克思主义批评的一个核心范畴，而"马克思主义理论批评是一个更大的理论分析体系中的一部分，这个体系旨在理解意识形式，即人们在各个时代借以体验他们的社会的观念、价值和感情……理解意识形态就是更深的理解过去和现在，这种理解有助于我们的解放"[①]。

意识形态是一个十分复杂的概念，众说纷纭，莫衷一是，"有多少意识形态理论家就又多少意识形态理论"[②]。从考察意识形态概念的历史出发，伊格尔顿总结出意识形态的六种方式：1. 观念、信仰和价值

---

① ［英］伊格尔顿：《马克思主义与文学批评》，文宝译，2—3 页，北京，人民文学出版社，1980。

② ［英］伊格尔顿：《历史中的政治、哲学、爱欲》，马海良译，94 页，北京，中国社会科学出版社，1999。

的系统普遍性的物质生产过程；2. 特定社会利益或生活体验的一整套观念和信仰；3. 促进特殊群体自身利益的一整套集体性观念和信仰；4. 服务对象是统治阶级的观念或信仰；5. 通过歪曲和掩盖促进统治阶级利益的观念或信仰；6. 虚假的欺骗的信仰。因此，在伊格尔顿这里，意识形态是一个综有社会性、阶级性和政治性特征的概念，意识形态不是所有的意识形式，而是特指那些能够反映、代表或是表达一定阶级的基本价值取向且具有明显政治意义的信念体系，是对于整个社会结构具有决定意义的那些权利和利益的社会意识形式，"意识形态不是一种教义，而是指人们在阶级社会中形成自己角色的方式，即把自己束缚在他们社会职能上并因此阻碍他们真正理解整个社会的那些价值、观念和形象"①。

正因为意识形态是特定阶级即统治阶级经济利益和政治权力的话语表达体系，具有欺骗和蒙蔽人民阻碍人们认识社会真相的功能，那么，文化批评就应该揭露意识形态的这种虚伪性，唤醒人们的解放意识，去争取人类的文化自由和解放。但是伊格尔顿看到，当代意识形态理论总是力图拆解或离开马克思的"经济基础—上层建筑"关系的基本框架，甚至更为严重的是，当代意识形态理论的繁荣是以淡化和消解经济基础与上层建筑关系理论为条件的，这不能不说是一个巨大的讽刺。而这种讽刺在后现代主义意识形态理论之中更为鲜明，"后现代主义是一个'意识

---

① ［英］伊格尔顿：《马克思主义与文学批评》，文宝译，20 页，北京，人民文学出版社，1980。

形态终结'的世界……我们必须深思一个异常的反讽（Irony）①，在一个强有力的、有时是致命的意识形态所左右的世界里，知识分子竟然断定意识形态的作用已经结束"②。

后现代主义提倡"意识形态的终结"恰恰是维护了资本主义的意识形态，它表面上是为了所谓的自由和解放，但在现实中，却成为人类自由和解放的理论障碍，因为意识形态批判是人类破除意识形态迷雾、进行文化以及人类自身解放的重要工具，"如果说意识形态理论不无价值，那是因为它们有助于照亮从那些致命的信念中获得解放的实际过程"③。因此，批判后现代主义文化理论，恢复马克思主义意识形态理论的革命意义，是伊格尔顿文化批判思想的题中应有之义。

后现代主义"意识形态终结"理论的基点是"主体的死亡"，"主体是虚构视为，在极端意义上它只是一个建构，只是一个面具，一个角色，一个牺牲品；它充其量只是一个意识形态的建筑，至多也不过是一个让

---

① 伊格尔顿的"反讽"，并非形式主义批评者布鲁克斯所谓纯粹语言层面上的"反讽"，也不是弗·施莱格说得"浪漫反讽"（Romantic Irony），更不同于克尔凯郭尔确定的"审美的反讽"，在伊格尔顿那里，"反讽"在文化意义层面代表一种现代民族主义文化感受的体验方式和表达方式，它暴露出那些有深刻殖民体验的作家不得不服膺于殖民文化传统的无奈心态，同时又体现出他们对殖民文化形式和文化惯例抱有的疏离感。他承认现实文化的差异性，强调这种"反讽"式文化书写的必要性，希望在对"差异"的考察中穿越出来，从而超越"差异"。在这一点上伊格尔顿与当代西方殖民文化研究——"殖民话语"为对象的研究策略是不同的，他们表现的仅仅是第三世界精英知识分子的文化态度、角色和不同程度的参与。

② ［英］伊格尔顿：《历史中的政治、哲学、爱欲》，马海良译，98—99 页，北京，中国社会科学出版社，1999。

③ Terry Eagleton，*Ideology：An Introduction*，London：Verso，1991，p. 224.

人怀旧恋昔的肖像"①。既然主体不存在了，那么关于主体即人类的解放和自由也就不复存在了，文化批评和政治抗争也就失去存在的意义，意识形态批判也就成了一种虚幻的臆想和幻想。面对后现代主义的这种论调，伊格尔顿断然指出，恰恰相反，意识形态批判不是幻象，我们所要走出的不是人类解放的幻象，而是后现代主义的幻象，只有如此，才能重建"主体"，真正实现人类的解放。

对于文化的主体性，伊格尔顿在借鉴马克思思想的基础之上，作出了自己的解释，他是从人的"身体"来重建文化主体的。他指出，"身体"既指具体感性的生物性的存在，也指劳动和社会关系的存在。其中，身体/感性对于人的生存和实践活动具有重要的意义，人的类本质是自由自觉的活动，而人通过实践活动来实现自己的感性活动主体的角色。在资本主义制度下，人的本质异化了，人的丰富的感性活动被抽象为形式化的劳动，工人的活动降低到了动物的水平，从而产生了人同自然、人同自己生命、人同人的类本质和人同人的相互异化，而这种异化的基础就是资本主义私有制。因此，伊格尔顿认为，只有消灭资本主义私有制，人的感觉才能回到它们自身，才能实现人的丰富性。

伊格尔顿指出，迄今为止的整个人类的劳动历史是一部劳动异化的历史，这才是"主体"的真正迷失，只有消除劳动异化，恢复劳动的本来功能，才能实现人的充分自由，那正是"主体"及其尊严的确立时刻，而非后现代主义所说的"主体的消失"。就目前而言，人类的出路不是拆除

① ［美］罗斯诺：《后现代主义与社会科学》，张国清译，61页，上海，上海译文出版社，1998。

"主体"，而是应该从"主体"的迷失中解脱出来，恢复"主体"应有的尊严，这就需要消灭资本主义的文化和制度，造就"社会主义新人"的主体。只有这样的主体，才能聚集冲破一切精神和物质封闭的力量，释放感性特性和个体力量的全部丰富性，并进而建立社会主义制度和社会主义文化，实现人类的彻底解放和自由。那么，在这种时刻，我们更要坚持马克思主义文化批评的立场，积极进行文化批评实践，所以"马克思主义批评的主要目的不是阐释文学作品，而是争取群众的文化解放"①。

那么，如何冲破意识形态的牢笼，实现人类的解放和自由呢？伊格尔顿认为要实现真正的人类自由解放，工业和艺术审美的发展具有重要的作用，工业"从历史的观点看，是一种生产力的积累；从现象学的角度说，人类身体的物质化文本是'一本打开了的关于人的本质力量的书'"②。通过"将身体性的主体重新定义为发展的工业历史的一个维度，"③肯定了科学技术和工业对人的自由解放的重大作用。同时，伊格尔顿指出，艺术和宗教等文化形式可以改变人的感官，进而对人的类本质的发展产生积极意义，通过提升人类的感性鉴赏能力，从而促进类本质的实现。由此可见，伊格尔顿在建构人的文化主体性和本质方面，既坚持了工业化的物质性维度，又突出艺术和宗教等精神性属性，并以二者为基础，突破对资本主义意识形态的迷惑，实现人类的解放，这充分

---

① Terry Eagleton，*Walter Benjamin：Or Toward a Revolutionary Criticism*，London：Verso，1981，p. 94.

② Terry Eagleton，*The Ideology of the Aesthetic*，Oxford：Blackwell，1990，p. 203.

③ Ibid.，p. 203。

彰显了文化的政治性特征。

伊格尔顿在"文化唯物主义"和历史唯物主义的基础上，将文化政治批评的主旨指向人民群众的解放，并在这种意旨的指导之下，通过继承和批判威廉斯及其以前的文化理论和意识形态理论，将文化以及文化批评置于社会结构和生产方式的背景之下，揭露了文化与文学批评背后的政治经济学意蕴，并提出文化主体的解放，为人们理解文化及其本质提供了一条新的途径。

文化即人化，就是人与世界互相影响、彼此制约的实践活动和存在方式，人作为文化主体，在物质性、精神性和政治性实践中逐渐实践着自身的本质力量。文化的原初意义就包含了物质和精神两种属性，也同时含有政治的属性，随着社会分工的发展，文化的精神属性得到了凸显，政治属性内在于社会制度的运行之中，并与精神属性互动，而物质属性则长期被排除于主流之外，一直被人所否认，从而使得文化主体主要指向知识分子。

自工业革命以来，随着无产阶级的产生和觉醒，大众文化开始作为新型的文化形式登上历史舞台，并对精英文化造成了冲击。在对文化以及大众文化反思的过程中，文化精英主义坚持文化的精神属性和抽象形式，贬低大众文化。法兰克福学派立足于文化的异化来批判大众文化，坚持知识分子是文化主体的传统。威廉斯在对文化精英主义的批判中，挖掘了文化的物质性，作为其"文化唯物主义"的理论基础，以此给大众文化正名，并进一步将文化主体扩展到所有的人。伊格尔顿在"文化唯物主义"理论和马克思主义理论的影响之下，将文化整体性和历史唯物主义结合起来，扬弃了威廉斯和法兰克福学派的大众文化理论，进一步阐述了文学和审美等文化形式的政治属性即意识形态内容，并在此基础上提出其文化政治批评理论，树立了感性身体化的文化主体性，借以扬弃当前的文化异化，努力为人类的解放探索一条文化途径。探索之路从人道主义发端，进而扩展到整个英国马克思主义阵营，他们的"文化宽容思想"不得不加以重点关注。

人道主义是马克思主义思想中的一个经典话题，它发端于欧洲文艺复兴时期，在法国大革命时期演化为"自由""平等""博爱"等观念，主要提倡尊重人、关怀人、以人为中心，所以，在某种程度上马克思主义的诞生也就是马克思和恩格斯从人道主义历史观转向唯物主义历史观，从空想社会主义转向科学社会主义的过程。① 在《1844 年经济学哲学手稿》中，马克思从现实人的生存境遇出发，揭示了资本主义条件下人的异化现象及其造成的人与自然、社会以及人自身之间的对立状态，这种对立状态就是人类文化不宽容的集中体现，并指出这种对立状态的根源在于私有制的存在。马克思认为人的规定性表现为自然界和人类劳动生产两个维度，即一方面"自然界，就它本身不是人的身体而言，是人的无机的身体"②，另一方面"人不是在某一种规定性上再生产自己，而是生产出他的全面性。"③。马克思指出，在资本主义条件下，人类处于异化状态之中，随着人类文化中的自然、社会以及人自身都处于一种对立斗争状态，导致人类生存境遇出现危机，即人类的文化危机。而要想摆脱这种人的生存危机，必须要有一种文化宽容的精神，承认人与自然、社会

---

① 黄楠森：《马克思主义与人道主义》，载《北京日报》，2003 年 12 月 15 日。
② 《马克思恩格斯全集》，第 42 卷，95 页，北京，人民出版社，1979。
③ 《马克思恩格斯全集》，第 46 卷（上），486 页，北京，人民出版社，1979。

与自身规定性的内在统一，并在这种有机统一的基础上实现人类的自由与解放，"共产主义是私有财产即人的自我异化的积极的扬弃，因而是通过人并且为了人而对人的本质的真正占有……这种共产主义，作为完成了的自然主义，等于人道主义，而作为完成了的人道主义，等于自然主义"①。

西方马克思主义学者进一步挖掘了马克思这种人道主义的文化思想，认为马克思的理论核心就是人的问题，宗旨就是要消灭人类异化现象，实现人类的全面发展与自由，他们在不同方面继承并发展了这一思想。卢卡奇提出"总体性"构想，认为社会历史进步的主体是无产阶级，"无产阶级的阶级观点为看到社会的总体提供了有用的出发点"②。布洛赫则明确指出，社会主义就是要把消灭人的自我异化当作目的，在当今形势下我们需要实现发挥人的主体性的"新型的乌托邦"。弗洛姆认为社会主义就是一场反对毁灭爱的抵抗运动，我们必须要坚持用"爱的艺术"去争取人类的自由。马尔库塞希望"用本能革命、意识革命、从憎恶中产生的革命去取代无产阶级的政治、经济革命"③。这些西方马克思主义者反对片面简单的"经济决定论"思想，主张发挥社会主体的主观能动性来实现人类的解放，突出人的精神层面或主体要素在社会发展中的积极作用，强调精神文化因素在马克思理论体系中的重要地位，初步提出用人的文化宽容来消除人类异化现象的理论雏形。

---

① 《马克思恩格斯全集》，第 42 卷，95 页，北京，人民出版社，1979。

② ［匈］卢卡奇：《历史和阶级意识》，杜章智等译，70 页，北京，商务印书馆，1992。

③ 徐崇温：《用马克思主义评析西方思潮》，388 页，重庆，重庆出版社，1990。

　　伊格尔顿继承了马克思的人道主义思想，并深受早期西方马克思主义人道主义理论的影响，从争取阶级解放过程的视域来突出强调人的主体意识的功能，发展了马克思主义的人道主义思想。

　　针对资本主义社会出现日益加剧的人的异化状态，英国马克思主义者提出要发挥人的主体因素，如道德因素、认识能力或思想动机等来推进人类的解放进程。汤普森提出社会主义的人道主义思想，他强调"社会主义的人道主义是马克思主义应有之义"①，"革命的社会主义首先需要的就是道德现实主义"②。我们必须要高度关注人的能动性，而不能仅在物质价值的维度去观察人的价值，借助社会主义的人道主义价值观纠正"自我异化"即物的统治的逻辑，从而获得人的解放。G. A. 柯亨提到人的自私或慷慨的思想动机对于人类解放会产生一些重大影响，认为这是社会主义理想所面临的主要问题，"我们的难题在于虽然我们知道如何在自私的基础上使经济运转起来，但我们却不知道如何在慷慨的基础上使经济运转起来"③，即只有解决人们的思想动机问题，才可能更好地取得人类的解放。伊格尔顿则强调主体认知因素在社会历史中的重要作用，指出马克思主义批评是一种体系，"这个体系旨在理解意识形式，即人们在各个时代借以体验他们的社会的观念、价值和感情……这

　　①　张亮、熊婴编：《阶级、文化与民族传统：爱德华·P. 汤普森的历史唯物主义思想研究》，17 页，南京，江苏人民出版社，2013。
　　②　E. P. Thompson，*William Morris*，London：Merlin，1976，p.717.
　　③　吕增奎编：《马克思与诺齐克之间——G. A. 柯亨文选》，272 页，南京，江苏人民出版社，2007。

种理解有助于我们的解放"①。

马克思的人道主义理论倾向建基于人类自由本质以及人类异化本质的基础之上,只有扬弃私有制才有可能实现人与自然、社会以及人自身的和谐,达到人与自然的真正统一与融合。他揭示了人化或文化与自然之间的内在统一,但忽视人类文化创造过程中的主体性因素的重要作用。而早期西方马克思主义者则提出利用无产阶级的意识形态以反抗资本主义意识形态的压迫来争取自身的解放,这一观点过于重视政治与意识形态层面的反抗,而没有深入微观文化意识形态进行更加细致的分析与批判。相对以上两种人道主义观点,英国马克思主义者更重视现实中人类文化主体的作用,强调在主体因素的提升中创造一种宽容的文化形式,以期实现人类的解放。

汤普森建议要创造一种具有历史进步性的"新兴文化"即工人阶级文化,"新的意义和价值、新的实践、新的含义和经验不断地创造出来。但(主流文化)合并它们的企图早就存在,因为它们是实际的当代实践的组成部分"②。所以,在工人阶级新兴文化的形成过程之中,资产阶级民主革命的许多先进观念,如革命精神、民主意识、人道主义价值观等优秀成果,业已内化到工人阶级的经验意识之中,成为其新兴文化的有机组成部分,也就是说这种新兴文化成了一种包容人类历史优秀文化成果的文化形式。G. A. 柯亨则谈到一种"可及优势平等"的概念,目标是

---

① [英]伊格尔顿:《马克思主义与文学批评》,文宝译,2—3页,北京,人民文学出版社,1980。

② [英]威廉斯:《马克思主义文化理论中的基础与上层建筑》,《马克思主义美学研究》(第2辑),337页,桂林,广西师范大学出版社,1998。

建立一个社会主义共同体，在这个共同体中，每个人都处于平等的关系之中，包容多元化的价值观，"所有人都已经普遍接受一个平等主义理想的社会，一个切实可行的正义体制也需要考虑平等之外的其他重要的人类共享的价值"①。伊格尔顿主张重视人类主体的丰富性，"人类的存在历程无论如何应该是'主体'完满实现其自然属性的过程"②，而这种主体完满性的实现，必须深入每个主体的社会实践和生活经验，承认文化的特殊性和多样性，肯定民族文化的合理性，否认文化的优劣等级，同时又要从文化的特殊性之中寻找普遍的共性。

英国马克思主义者在继承马克思人道主义思想以及西方马克思主义主体意识理论的基础上，突出了人类主体因素的重要作用和人类主体文化的统一性与融合性，强调各种主体文化形式之间的包容性，这在一定程度上提升了人道主义文化观的意蕴，有利于正确认识人民群众的主观能动性力量和人类文化的重要功能。但是，由于他们有些过于重视主体因素的作用，甚至将经济问题也等同于道德问题，"经济关系同时也是道德关系；生产关系同时也是人与人之间的关系……阶级斗争的历史同时也是人类道德的历史"③。从而忽略了社会发展过程中的物质利益以及阶级意识形态的对立性，所以如果没有社会主义的经济基础的完善，仅靠新的社会主义主体的意识形态去促进社会主义运动，无疑只是一种

① 乔瑞金等：《英国的新马克思主义》，352 页，北京，人民出版社，2013。
② 马海良：《文化政治美学——伊格尔顿批评理论研究》，224 页，北京，中国社会科学出版社，2004。
③ E. P. Thompson, *Socilist Humanism：an Epistle to The Philistines*, *The New Reasoner*, No. 1, 1957, p. 122.

美好的理想。

随着资本主义的发展和理论研究的进一步深入，马克思的世界历史思想逐渐成型，认为当代世界日益趋同于一个统一的整体，人类文化必须在世界历史的过程中存在与发展，虽然这种文化的发展是以资本主义文化形式为主导，但各种民族文化的融合与发展也逐渐成为世界历史进程中的重要方面。

有关当代资本主义的文化扩张问题，马克思在《共产党宣言》中认为，资本主义现代性代表了一种更为先进的生产方式与文明形式，必将在世界历史的发展中处于主导地位，"资产阶级使乡村屈服于城市的统治……正像它使乡村从属于城市一样，它使未开化和半开化的国家从属于文明的国家，使农民的民族从属于资产阶级的民族，使东方从属于西方"①。世界其他文明形式处于被资本主义文明强势推向逐渐湮灭的境地。那么，世界历史是否与资本主义文明同质呢？马克思认为世界性的文明虽是由现代性文明主导，但它不仅仅是西方民族的资本主义文明形式，还包括其他民族的文明形式（被改造过的），从而体现为一种世界性的特征，尤其是文化方面，"新的工业的建立已经成为一切文明民族的生命攸关的问题；各民族的精神产品成了公共的财产。民族的片面性和局限性日益成为不可能，于是，由许多种民族的和地方的文学形成了一种世界的文学（这句话中的"文学"一词是指科学、艺术、哲学等方面的书面著作——译注）"②。而这种世界性的文化形式，包容了涵盖资本主

① 《马克思恩格斯选集》，第 1 卷，277 页，北京，人民出版社，1995。

② 同上书，276 页。

义文明在内的多种民族文明形式，由此马克思文化先进性与包容性实现了真正的统一。

马克思的世界历史思想在阐述世界性的文化形式的时候，将之前民族文明视为落后的东西，认为"民族的片面性和局限性日益成为不可能"，从而会融入先进的世界性文化形式之中。而阿尔都塞与本雅明则将各民族文明形式更多地视为一种特殊的文明形式，具有自身存在的独立价值，这种差异性恰恰是建立世界性文明的重要原则。英国马克思主义一方面吸收马克思世界历史发展趋势的思想，另一方面又借鉴阿尔都塞与本雅明关于民族文明差异性的观点，创造性的提出了自己的世界文明思想，即在西方资本主义文明形式发展的基础上建立尊重各民族文明差异性的世界性文明。

佩里·安德森认为，资本主义"就像一个不知疲倦的巨无霸，在几乎全球的范围内建立起同质的政治化的经济统治后，又无情地向残余的文化异质性进发，并进而把它们并吞到其意识形态机构中去……"①然而他坚决反对"欧洲文明中心论"，创造性地揭示出各个国家和地区社会类型的形成及其特殊性，并指出它们的文明都具有自身独特的价值，人类社会的进化实质上包含着差异化和多元化，这就体现了安德森对于各种社会文明的尊重。由此，他认为在文化全球化的过程中，民族文化不能一味地保持其自身的民族特性，而是要借鉴吸收其他民族的优秀文化资源，共同对抗资本主义的文化压制。艾瑞克·霍布斯鲍姆也认识到全球化过程中资本主义文明的主导性，针对民族文明在世界历史发展中的

---

① ［英］佩里·安德森：《文明及其内涵》，载《读书》，1997(12)。

未来，霍布斯鲍姆指出它们若要存在下去，必须要融合到世界文明之中，世界文明就是各种民族文明的融合体，而不是单纯的西方文明模式，"在未来的历史中，民族国家和族群语言团体，将会在新兴的超民族主义重建全球的过程中，被淘汰或整合到跨国的世界体系中"①。现代性社会发展的实质就是西方资本主义的发展，受到西方工业文明的决定性影响。吉登斯认为，在世界文明发展过程中，建立一种全球性的文明必须要坚持开放性，尊重各种不同民族文明的价值，实现民族文明包容与合作。

马克思的世界文化思想是在其世界历史理论背景之下提出来的，它强调世界文化发展中先进文明形式的主导性，尽管承认各民族文化是世界文明的组成部分，会融合到共同的世界文明形式当中，但忽视了民族文化的相对独立性与价值独特性。阿尔都塞与本雅明看到社会结构中各种因素的相对独立性，强调不同文明形式的差异性与特殊性，主张各种文明间的平等性与包容性。他们开始重视各民族文化与多元社会政治力量的作用，丰富了世界历史理论与民族文化多样性理论，产生了积极的反响。但由于其过分突出社会结构的重要性，而忽略阶级情感与阶级经验的作用，使得其文化宽容思想又走入一种丧失文化主体困境的危险。

马克思晚年通过对欧洲之外文明形式的考察研究，逐渐认识到以西欧为代表的现代性文明尽管是世界历史发展的重要力量，但并不是唯一的力量，其他地区的文明虽在生产力方面暂时落后于西方资本主义国

---

① ［英］霍布斯鲍姆：《民族与民族主义》，李金梅译，183 页，上海，上海人民出版社，2006。

家，但也应有其独到的价值，是世界文明的重要组成部分。这时的马克思逐渐修正了之前有关世界历史中各种文明形式的某些论断，开始转向民族文化宽容的思想。

马克思认为各个民族之间的文明具有差异性和复杂性，不能用一套现成的模式去阐释所有民族的文明发展，"一定要把我关于西欧资本主义起源的历史概述彻底变成一般发展道路的历史哲学理论，一切民族，不管它们所处的历史环境如何，都注定要走这条道路，——以便最后都达到在保证社会劳动生产力极高度发展的同时又保证每个生产者个人最全面的发展的这样一种经济形态。但是我要请他原谅。他这样做，会给我过多的荣誉，同时也会给我过多的侮辱"[①]。马克思指出，由于历史背景、文化传统、风俗习惯、生态环境等方面的差异，不同民族的文化具有自身存在的合法性，应当尊重它们的存在价值。马克思晚年指出，独立于西方资本主义社会的东方社会，不仅仅是从属于西方的，同样也是推动世界历史形成的主动力量，"假如俄国革命将成为西方无产阶级革命的信号而双方互相补充的话，那么现今的俄国土地公有制便能成为共产主义发展的起点"[②]。即世界历史的形成是东西方文明相互作用的结果，各个地区之间的文明是平等的，共同推进人类社会的进步与发展。

葛兰西深入研究了意大利文化发展的历史，倡导立足于本民族广大人民之上的"民族—人民"文学，以反对那些忽略本民族具体的社会生活

---

① 《马克思恩格斯选集》，第 3 卷，341—342 页，北京，人民出版社，1995。
② 《马克思恩格斯选集》，第 1 卷，251 页，北京，人民出版社，1995。

环境与愿望的世界主义文学。在这种理论主张下，他逐渐走向现实生活，将"民族—人民"文学与民族文明的规定性落实到现实的日常生活之中，"唯一的'哲学'则是行动中的历史，那就是说，是生活本身"①。这就导致民族文化或民族文明研究的重大转向，即由理论层面转向日常生活层面，开辟了民族文明研究的新领域。列斐伏尔是上述新领域的重要代表人物之一，他指出，"日常生活是一切活动的汇聚处，是它们的纽带，它们的共同的根基。只有在日常生活中，造成人类的和每一个人的存在的社会关系总和，才能以完整的形态与方式实现出来。在现实中发挥出整体作用的这些联系，也只有在日常生活中才能实现并体现出来"②。

伊格尔顿继承了马克思民族文化平等思想的精髓，即承认不同文化之间的平等性，也受到西方马克思主义日常生活批判理论的浸染，试图从日常生活层面阐述文化宽容的思想。威廉斯将文化视为一种"复数文化"，以此来反对英国传统的精英文化观，为各个民族文化的存在价值的合法性做出辩护，主张对各民族文化一视同仁，坚持民族文明平等。人们由于生活条件的差异，也会产生对文化理解的不同，而这些不同的解释和理解构成了不同实践活动的组成部分，没有优劣之别。不同地理之间的差异实际上体现了一种社会的差异，因为每个地理空间的现状都是当地政治、经济、社会以及生态过程改造的结果，它们之间的差异正好说明了不同文明之间的差异性与特殊性。

①　[意]葛兰西：《实践哲学》，徐崇温译，41 页，重庆，重庆出版社，1990。
②　Henri Lefebvre, *Critique of Everyday Life*, Trans, John Moore, London: Verso, 1991, p. 97.

　　威廉斯最终倡导一种"共同文化"，以期寻找一种民主化的文化形式，从文化上来实现人类的自由。"我们需要一个共同的文化，这不是为了一种抽象的东西，而是因为没有共同的文化，我们将不能生存下去。"①他认为，这种共同文化是全体社会成员共同参与的结果，他主张的共同文化讲究参与形式上的平等，包括艺术、政治、道德以及经济等方面，保证所有成员都能够最充分地共同参与这些文化形式，因为"文化既是实践也是经验，文化传播本质上是塑造文化共同体的过程"②。科琴通过解读马克思的人类解放思想，提出在不同主体需要和利益的互补中来实现人类解放，"这种解放存在于社会中，每个人以一种适合于他们自身习性的方式高效的、创造性的工作的能力，为了他们自身需要和自我发展，同时也为了其他人的利益"③。哈维力主建立一种"空间形态的乌托邦"，"把历史的过程性与时空相对性联系起来，主张社会的开放性，从而把空间差异置于未来想象的焦点"④，通过这种开放性融合各种不同形式的民族文明，创造有利于各种文明共同发展的文化形式和空间秩序。

　　马克思提出东西方文明"互相补充"的革命策略，指出可以通过各种文明形式的融合来实现人类历史共同进步，而葛兰西与列斐伏尔则将文明的内涵延伸到日常生活领域，将文化批判深入微观层面。英国马克思

---

　　①　［英］威廉斯：《文化与社会》，吴松江、张文定译，395 页，北京，北京大学出版社，1991。

　　②　乔瑞金等：《英国的新马克思主义》，27 页，北京，人民出版社，2013。

　　③　同上书，473 页。

　　④　张一兵：《资本主义理解史》，第 5 卷，409 页，南京，江苏人民出版社，2009。

主义者在继承马克思文明平等思想与西方马克思主义者日常生活批判思想的基础上，实现了问题域的转换。威廉斯的共同文化构想、科琴的主体需要互补思想与哈维的空间形态乌托邦理想，都立足于社会生活方式，从人们具体的生活经验出发来说明文化的生成及其融合的可能性，将文化与文明有机融合在一起，体现了人的存在方式、民族文明与生产方式的整体统一，同时将文化的主体与文化的外部因素紧密结合在一起。在各种文化或文明平等的前提下建构民主化的文化形式，不啻于作出规约民族平等文化的尝试，有效地推进马克思文化宽容思想的研究。

关注人的生存境遇，追求人的自由解放是马克思主义的理论旨归，在马克思思想发展过程之中，人的问题一直处于核心地位，并且总是与人类的文明或文化紧密联系在一起，在一定意义上可以说，马克思主义所追求的人的自由解放同样也是文化的自由解放问题，因为人作为一种文化存在物，包含物质生产实践在内的文化实践是人类的特殊存在方式，人的自由与解放不仅仅是一个抽象范畴，还是一种现实存在的文化形态。

马克思在不同的时期对于文化以及文化宽容的规定存在着差异，在《1844 年经济学哲学手稿》中，他着重考察人化即人的本质及其存在样态，批判了私有制下资本对人的统治与压抑，主张通过扬弃私有制来恢复人的本质与自然状态，通过改变人与自然、人与社会以及人与自身的对立关系，建立三者之间的包容来实现人的自由与价值。这种自然主义的文化宽容思想尽管凸显了现实生活中人的价值和尊严，但是由于没有找到推翻私有制的现实道路，不免陷入空想的窠臼。而在《共产党宣言》中，马克思从人的社会存在方式以及民族文明方面来考察文化的发展状况，从社会基本结构和社会基本矛盾方面说明世界历史的形成规律及其前景，为未来的文化发展以及融合提供了较为科学的分析。但这种文化观忽视了各民族文化与各种文明形式之间的相对独立性，因而看不到未来文化发展的多样性及其复杂性。马克思晚年重新思考和研究世界范围内以及前资本主义的文明形式，指出各种文明都具有自己存在的价值与意义，各种文明形式对于世界历史的形成和未来文明的发展都具有积极的作用，应该在各种文明形式互相包容，彼此促进的过程中实现人类历史的发展。

英国马克思主义首先将文化宽容思想延伸到生活方式领域，从人类整体的生活存在方面阐发了文化宽容的内容与价值。马克思的文化宽容思想主要还是集中于人的存在方式、民族文明以及生产方式等宏观领域，揭示这些文化形式或文明形态在社会现实中问题及其作用方式，文化融合主要是人与自然、不同民族文明以及不同文明形式之间的宽容与发展过程，并未深入日常生活领域去揭示文化的冲突以及宽容的必要性。针对这一点，列斐伏尔指出日常生活对于人类解放的重要性，"日常生活代表着一种复杂的多重面孔的现实，是压迫的与解放的品质的混合物……要把那些需要与满足的，有价值的，新的有生命力的肯定的内容从否定的异化的因素中拯救提炼出来"①。英国马克思主义的文化宽容思想既看到宏观文化形式或文明方式之间的斗争与融合，同时深入人类生活的微观领域，从人们的现实生活之中去揭示文化、文明的生成、

---

① Michael E Gardiner，*Critiques of Everyday Life*，New York：Routledge，2000，p. 86.

发展、斗争及其融合的形式，扩充了马克思文化理论的领域与内容，强调"文化是对一种特殊生活方式的描述，这种描述不仅表现艺术和学问中某些价值和意义，而且也表现制度和日常行为中的某些意义和价值"①。

文化宽容思想与阶级意识结合，深化了马克思的文化理论。马克思的文化理论涉及阶级利益与阶级意识形态，但他认为文化宽容更是一种不同文化或文明形式之间的融合与发展，而阶级意识作为一种"虚假的意识形态"，是为本阶级的根本利益服务。在阶级社会，由于对立阶级之间的经济利益的不可调和，导致不同阶级的意识形态具有不可包容的特征。葛兰西突出了文化的意识形态内涵，文化"无疑是指彻底的、统一的和在整个民族普及的'对生活和对人的观念'，是某种'世俗宗教'，是某种'哲学'；它应该名符其实地成为'文化'，即应该产生某种道德、生活方式、个人与社会的行动准则"②。英国马克思主义在承认阶级意识对立冲突的基础上，又承认其文化维度，主张吸收不同阶级意识的优秀成果来共同创新文化形式，形成一种新型大众性的宽容文化。例如，威廉斯倡导的共同文化就是要"排除社会的等级区分和不平等，创造一种使所有社会成员可以进行有效交流的共同体，以共同的责任伦理充分地参与民主"③。汤普森则认为进行阶级斗争，发展工人阶级先进文化意识这种包容前人优秀成果的文化形式，是一种实现人道主义的方式，

---

① 陆扬、王毅：《大众文化与媒介》，13 页，上海，上海三联书店，2000。

② ［意］葛兰西：《论文学》，吕同六译，2 页，北京，人民出版社，1983。

③ 吴冶平：《雷蒙德·威廉斯的文化理论研究》，89 页，兰州，甘肃人民出版社，2006。

相信"一个正义而人道的未来社会的根源可以在英国过去的大众性民主斗争中发现"①。而安德森的社会类理论与多元革命理论则"始终坚守着马克思的革命设想，期待着马克思主义理论和工人阶级实践的完美结合，期待着社会从'必然王国'向'自由王国'的转变"②。

文化宽容的主体性也是一个重要的研究领域。马克思文化理论的主体是人类、民族或人民群众，主要从整个人类历史的发展方面论述社会主体和文化主体的作用，通过不同文明之间的融合来推进世界历史进程，实现人类的自由和解放，但却没有深入分析具体的文化主体的建构。葛兰西明确提出文化主体的问题，"如果知识分子和人民——民族、领导者和被领导者、统治者和被统治者之间的关系，是以有机的融贯……为特征的，那时，而且只有在那时，才是一种代表的关系。只有在那时，才会发生统治者和被统治者、领导者和被领导者之间个别要素的教换，才能实现作为一种社会力量的共有生活——并创造出'历史的集团'"③，因而葛兰西主张知识分子与人民大众的结合，以实现人类的解放。

英国马克思主义文化宽容思想深入考察社会现实中具体的文化主体的内涵及其作用，借鉴葛兰西的"有机知识分子"观点，又淡化文化主体的阶级内涵，提出建立新的文化主体以促进人类自由的主张。威廉斯号召不同文化主体建构共同文化形式，"在共同文化中体现的是一种更广

---

① E. P. Thompson, *The Poverty of Theory & Other Essays*, New York: Monthly Review Press, 1978, p. 295.

② 乔瑞金等:《英国的新马克思主义》，10页，北京，人民出版社，2013。

③ [意]葛兰西:《实践哲学》，徐崇温译，109页，重庆，重庆出版社，1990。

义上理解的民主——一种生命的平等，而不是狭义上的阶级或政党的平
等"①。汤普森呼吁构建反抗资产阶级文化的新兴的无产阶级文化主体，
把"社会主义的人道主义"视为"向人的回归，从抽象概念和经院教条回
到真正的人，从欺骗和虚构回到真正的历史"②。安德森反对"历史过程
无主体"的观点，认为在知识分子的教育下，工人阶级依旧是实现社会
主义的主体力量，无产阶级革命仍然是实现社会主义的根本途径。以上
这些尝试，充分证明英国新左派在发展文化宽容思想中做出不懈的努
力，拓展了马克思文化宽容思想的广度和深度。③

　　伊格尔顿很好地吸收了英国马克思主义的文化宽容思想，在唯物史
观视域下，较好地恢复了文化的物质、精神和政治属性，并将文化主体
建基于人类身体之上，提出消灭资本主义文化异化，回归文化主体，走
向社会主义文化的设想。其中，在恢复文化主体的丰富性内容的过程
中，伊格尔顿强调了物质、精神和政治三种文化基本属性的统一性和有
机性，既回答了"谁的解放"，又回答了"什么的解放"，即只有实现人类
社会在物质、精神和政治方面的解放，文化主体——具体的人——才能
实现自己的自由和解放。

　　伊格尔顿文化批判思想反对对经济基础和上层建筑的简单化理解，
突出文化生产的地位和功能，但是他对于文化生产的关注点主要集中在

---

① 乔瑞金等：《英国的新马克思主义》，39 页，北京，人民出版社，2013。
② E. P. Thompson, Socilist Humanism: An Epistle to The Philistines, in *The New Reasoner*, No. 1, 1957, p. 109.
③ 薛稷：《英国新左派宽容观与马克思文化思想关系探析》，19 页，载《南京大学学报》，2017(5)。

意识形态的生产和效果层面，而对于经济基础的分析则显得较为薄弱，尤其对于当代资本主义的经济结构和经济政策的分析不够。他认为，"那种认为马克思将所有事物都归因于经济的说法是一种可笑的过度简化。在马克思的理论中，是阶级斗争塑造了历史进程，而阶级并非单纯的经济因素所能概括的"①。这种倾向体现了伊格尔顿对于简单经济决定论的否定，这是有道理的，但他也没有深入分析经济要素的作用，虽然反对化的经济决定论是对的，但不能因此就完全忽略经济脉络的分析以及在此脉络下决定论所起的作用。如果只集中于文本中的意识形态作用，将会忽略掉产生这些意识形态的支配性力量。正是因为过于集中于意识形态层面的分析，伊格尔顿的意识形态思想才会缺乏社会历史的深度。

实际上，如果不注重对经济基础的分析，不结合当前的经济政策和经济形势而去分析文化文本的意识形态性，那这种意识形态的说明也是不全面的。此外，尽管伊格尔顿的文化批判思想详尽地分析了马克思的意识形态概念的转变，并重点研究了《资本论》一书中意识形态的含义和内容，将意识形态与社会权力结构结合起来。但是，在分析马克思意识形态理论的时候，他却没有深入探究资本主义意识形态是如何与资本发生关联并互相促进的，也没有更深层地说明意识形态与经济要素如何互动的等问题。

由于对于社会权力结构的过分注重，伊格尔顿只说明了意识形态的

---

① ［英］伊格尔顿：《马克思为什么是对》，李杨译，159 页，北京，新星出版社，2001。

政治性，而没有从经济层面进行深入考察，这一点也是一些文化研究者的通病。有学者分析道，"如果你们读到西方批判理论家的一些作品，你们会发现，文化研究同政治经济学之间好像没有什么联系，或者有时甚至是对立的"，这种对立严重降低了文化研究和文化批判的现实力度，因此"一个好的文化研究必须包含着政治经济学的分析，而对于一个人的政治经济学的分析则必须包括文化研究"①。伊格尔顿的文化批判理论对于文化政治经济学的分析不足，致使其文化批判理论未能深入到资本主义的本质。

因此，文化批判思想必须要将微观因素与宏观因素结合起来，在社会历史发展的经济基础和上层建筑的矛盾中，在社会结构和权力关系的历史演变中，促进文化批判和意识形态批判的历史深度和理论厚度。由于缺乏对经济基础和经济问题的分析，使得伊格尔顿的文化批判理论既缺乏文化批评的基础，又缺乏文化批判的现实力度，这一点导致其理论遭到很多人的批评，"没有认真思考用什么代替市场经济，没有认真思考如何将政治自由和经济上的中央集权结合起来"②，而是"漫不经心的使用诸如'晚期资本主义'等术语，仿佛我们只需要等待资本主义垮台，而无需解决这个问题"③。

所以，由于过于重视文化批判和意识形态批判的政治性效果，伊格

---

① 王尔勃：《从威廉斯到默多克：交锋中推进的英国文化研究》，载《西北师大学报（社会科学版）》，2005(2)。
② [美]罗蒂：《筑就我们的国家》，黄宗英译，57页，北京，生活·读书·新知三联书店，2006。
③ 同上书，76页。

尔顿弱化了经济维度和历史层面的考察，忽视了对于现实经济形势和经济制度及其变化的研究，使得其文化批判理论缺乏稳固的根基，这也影响了伊格尔顿文化批判思想的批判力度和深度。

伊格尔顿文化批判思想的目标是实现人类的解放和自由，他认为，为了实现这一目标，可以采用多种方法，从伊格尔顿的文化批判思想的整体建构来看，他确实运用了多种方法来论证自己的观点，这些方法同样值得我们注意。

三、思维方法的多样性运用

伊格尔顿从文学批评开始自己的学术生涯，逐步过渡到带有鲜明"意识形态"特色的文化理论建构，他的研究沿袭从文学批评到文化理论、从政治文化到文化政治、从理论思辨到政治实践的路径，充分体现了他对文化社会功能的强调，对文化政治功能的明晰，因此其文化批评理论被称为"文化政治批评"。伊格尔顿认为，文化"作为生活经验""作为社会结构""作为艺术"，实际上是一种意识形态的形式，具有鲜明的政治内涵，其主要意义就在于社会批判。伊格尔顿"文化政治批评"理论独特思维范式具有较高的学术价值，值得我们关注，下面笔者将从其思维范式入手探析伊格尔顿"文化政治批评"理论的内容特色。

(一)语言分析方法

在"文化政治批评"理论中，文化一词是基石，必须作出严格规范的定义，才能展开其他领域的论述。伊格尔顿借用经验主义观点，在批判继承威廉斯的文化观点的基础上，从历史渊源到现代意义方面对文化这一术语做了十分精细的剖析，重新解释了文化的含义及其实践性特征，从而把对"文化唯物主义"的研究推向新的高度。

"文化"（Culture）是英语中最为复杂的单词之一。按照伊格尔顿的说法，从词源学的角度来看，"文化"（Culture）"最先表示一种完全物质的过程，然后才比喻性地反过来用于精神生活。于是，这个词在其语义的演变中表明了人类自身从农村存在向城市存在、从农业向毕加索、从耕种土地到分裂原子的历史性的转移"[①]。

伊格尔顿早期师从"伯明翰学派"鼻祖雷蒙德·威廉斯，并深受其"文化与社会"思维方式的影响，从文化和自然的关系入手，对文化与文明、宗教、礼仪、社会以及政治等关系的历史演变进行了详尽的分析，认为对文化的探究不能仅局限于文化这一词汇本身，需要从更为宽广的社会历史语境出发"去揭示'文化'作为一种抽象与绝对的浮现过程"[②]。伊格尔顿在威廉斯文化观念的基础上，对文化概念进行了进一步的规定，总结出文化的综合性特征，"文化一词的当代用法似乎主要有三个意义，而且最重要的是三个意义相互关联。第一，文化可以指价值得到认同的具体的思想和艺术作品以及制作和分享该作品的过程。第二，由此扩展开去，可以指一个社会的所谓'感觉结构'，是社会的生活方式、习俗道德、价值观等组成的不断变迁但无法触摸的综合体……第三，进

---

① ［英］伊格尔顿：《文化的观念》，方杰译，2 页，南京，南京大学出版社，2000。
② ［英］威廉斯：《关键词：文化与社会的词汇》，刘建基译，20 页，北京，生活·读书·新知三联书店，2005。

一步扩展开去，文化当然可以指制度意义上的社会的整个生活方式"①。关于这三个意义的相互关联，是伊格尔顿重点强调的内容，并认为正是这种关联，才使得文化获得了其意义，"作为艺术、作为生活经验、作为社会结构——交织为一种新的社会批判"②。

在对文化进行严格规定之后，伊格尔顿从文化整体性的角度上对意识形态又作了语义上的考察，"首先，意识形态不是一套教义，而是指人们在阶级社会中形成自己的角色的方式，即把他们束缚在他们的社会职能上并因此阻碍他们真正地理解整个社会的那些价值、观念和形象"③。伊格尔顿对意识形态的内容进一步作了细化，第一，意识形态是有关社会生活中的观念、信仰和价值的具有普遍性的物质生产过程，是特定社会的全部表意实践和象征活动。第二，意识形态是象征着特定社会群体利益或阶级的状况和生活体验的一整套观念和信仰，无论真假与否。第三，意识形态是在群体性的利益冲突中用来促进特定群体自身利益的一整套集体性观念和信仰。第四，意识形态是用以促进特定利益的观念和信仰，但其服务的对象不是所有群体或阶级而是统治群体或阶级。第五，意识形态是有助于促进统治阶级利益的观念和信仰，但却是通过歪曲和掩盖来达到的。第六，意识形态是虚假的、欺骗的信仰，但却不是来源于统治阶级而是来源于整个社会的物质结构（最典型的是马

---

① ［英］伊格尔顿：《历史中的政治、哲学、爱欲》，马海良译，129 页，北京，中国社会科学出版社，1999。

② 同上书，32 页。

③ ［英］伊格尔顿：《马克思主义与文学批评》，文宝译，20 页，北京，人民文学出版社，1980。

克思的"商品拜物教"学说)。

伊格尔顿指出,"意识形态"并不泛指所有的意识形式,而是特指那些"能够反映、代表或表达一定阶级的基本价值取向且具有明显政治意义的信念体系"①。"归根结蒂,一个社会的统治意识即是那个社会的统治阶级的意识……这种社会知觉结构(意识形态)确保某一社会阶级统治其他阶级的状况或者被大多数社会成员视之为'当然',或者就根本视而不见。"②

但是并非所有的语言都可以与意识形态联系在一起,应该说只有那些与物质生产关系决定的利益和政治权力相关联的话语才具有意识形态性。伊格尔顿坚持从社会生活的物质条件出发,把"话语""权力""政治"关联起来,他解释说,"政治是指维护或挑战社会秩序的权力过程,而意识形态指这些权力过程在表意领域的进行方式"③。因此,他在表述过程中,经常使用"政治权力"和"话语斗争"这些范畴。如果说意识形态是特定人类主体之间实际使用语言所形成的习惯方式,那么有效的意识形态批判就应该是在具体社会语境中进行的具体话语分析,尤其是要审视特定话语所服务的权力利益和所产生的政治效果。

(二)整体主义

伊格尔顿的"文化政治批评"是一个较为系统的理论体系,表现为在

---

① 马海良:《文化政治美学——伊格尔顿批评理论研究》,123 页,北京,中国社会科学出版社,2004。

② [英]伊格尔顿:《马克思主义与文学批评》,文宝译,9 页,北京,人民文学出版社,1980。

③ Terry Eagleton, *Ideology: An Introduction*, London: Verso, 1991, p. 7.

分析文化与意识形态关系的过程中所采用的整体主义的思维方法。既注重分析各要素之间的关系性，又注重它们之间的互动性，以实现其共时性和历时性的统一。

他指出文化具有整体性的特征，并与文明密不可分，必须以整体论的视角坚持文化概念的系统性，因为"文化是文明生活右书页的无意识的左书页，是必须模糊地在场以便我们能够行动、被想当然接受的信念和爱好。它是自然出现的，是在骨头中产生，而不是由大脑孕育的"①。伊格尔顿坚持文化意义的辩证性质，"文化不仅是我们赖以生活的一切，在很大程度上，它还是我们为之生活的一切"②。文化其实就是一种整体的生活方式。

文化还是一种生产形式和生产过程，这一点对于文化的功能具有极其重要的意义，"如何说明艺术中'基础'与'上层建筑'的关系，即作为生产的艺术与作为艺术形态的关系。是马克思主义批评当前面临的最重要的问题之一"③。他将文化的复杂关系结构理解为一种"生产"关系或物质关系，这种社会经济关系集中表现为政治权力的结构形式，因此，"文化生产"既表明作为精神和价值的文化不可能独立于物质条件之外，最终决定于作为社会根本结构的一般生产方式，同时也表明这是一个动态的、开放的、不断变化和生成的物质过程，最关键的是全体社会成员都有机会参与文化实践过程，伊格尔顿坚持从马克思主义的经济基础与

---

① ［英］伊格尔顿：《文化的观念》，方杰译，31 页，南京，南京大学出版社，2000。
② 同上书，151 页。
③ ［英］伊格尔顿：《马克思主义与文学批评》，文宝译，81 页，北京，人民文学出版社，1980。

上层建筑关系入手来分析文化生产的特点，突出了文化的整体性特征。

伊格尔顿将意识形态置于整体的系统和动态的过程中，他指出，"意识形态"是马克思主义批评的核心概念，因为"马克思主义批评是一个更大的理论分析体系中的一部分，这个体系旨在理解意识形式，即人们在各个时代借以体验他们的社会的观念、价值和感情"①。伊格尔顿看重的恰恰是意识形态天然地与充斥着阶级利益纷争的历史现实和社会生活之间的紧密联系。在伊格尔顿看来，意识形态批判和文化批判一样也是人类解放工程的一部分，正像他所说的："如果说意识形态理论不无价值，那是因为它有助于照亮从那些致命的信念中获得解放的实际过程。"②

伊格尔顿的意识形态批评也是一种政治性批评，但绝不是狭义的党派政治立场，而是从更深的层次对社会生活的组织方式和各种权力关系进行挖掘考察，形成理论的现实关怀立场。他坚持意识形态与经济基础之间的根本决定关系，认为"要理解一种意识形态，我们必须分析那个社会中不同阶级之间的确切关系，而要做到这一点，又必须了解那些阶级在生产方式中所起的地位"③。正是由于他站在物质生产关系的基点之上，所以他才能把意识形态批判提高到一个崇高的位置上，将其看作人类整个解放工程的一部分。

---

① 〔英〕伊格尔顿：《马克思主义与文学批评》，文宝译，2—3 页，北京，人民文学出版社，1980。

② Terry Eagleton, *Ideology: An Introduction*, London: Verso, 1991, p. 224.

③ 〔英〕伊格尔顿：《马克思主义与文学批评》，文宝译，10 页，北京，人民文学出版社，1980。

从文化和意识形态的整体性出发，伊格尔顿深入思考了社会主义的文化理论与文化实践之间的关系，形成了他独特的"文化政治批评方法"，主要特征为：（1）对文学作品的充分阐释必然将文本外的东西包括进来，只有在作品各层次及其与社会生活各部门的复杂关系中才能实现；（2）文化的复杂关系结构表现为一种"生产"关系或物质关系；（3）文化的"生产"是维持或改变社会生活方式的"文化"运动，是执行或实现意志的话语"实践"；（4）"文化政治批评"的动机是改造整个社会生活方式；（5）真正能够有所作为的文化政治批评应该是马克思主义的文化实践；（6）以社会主义为目标的文化政治批评，由于明确的目的性而具有方法论的彻底开放性和真正多元性，它采用一切有效的话语形式和手段。①

可以看出，伊格尔顿的"文化政治批评方法"涵盖了文学、文化、文化生产、意识形态、政治批评等内容，伊格尔顿认为它们之间互动形成一个复杂的系统，鲜明地表现出整体主义的思维方式。

(三)激进的革命批评

伊格尔顿认为"文化在本质上是实践，是生产，文化研究的根本目的不是为了解释文化，而是为了实践地改造和建设文化"，文化实践中会出现文化冲突和文化斗争，这些文化对立背后体现出意识形态的差异和政治权力的争夺，因此伊格尔顿指出："文化是战场，而不是可以弥合差异的奥林匹克神台。"②他重视文化理论与文化实践之间的关系，坚

---

① 乔瑞金：《英国的新马克思主义》，208 页，北京，人民出版社，2013。
② ［英］伊格尔顿：《历史中的政治、哲学、爱欲》，马海良译，189 页，北京，中国社会科学出版社，1999。

持文化研究的方法必须与实际政治紧密结合，他对文化批评的社会功能的强调、对传统批评的理论超越、对革命批评的推崇和向往都沿袭了他从文学批评到文化理论、从理论思辨到社会实践，以达到改造整个社会生活目的的构想，体现了"一切批评在某种意义上都是政治批评"的激进文化政治批评观。

不是从人性运动到文化再到政治，而是"政治利益通常主导着文化利益，并且在这样做时对一种特殊意义的人性做了界定"①。政治不能通过自身来达到自身的目的，它必须通过文化这个中介来塑造国民。文化"根据新型政治体制的需要铸造人的自我，重新将他们铸造成该秩序驯良的、温和的、崇高的，爱和平的、不好争吵的、无私的主体"②。他秉承其师威廉斯"文化与社会"问题的研究方法，把"文化"置于历史和政治的视野中加以思考，认为文化"艺术首先是一种社会实践，而不是进行学院式的解剖的标本，我们可以视文学为文本，但也可以把它看作一种社会活动，一种与其他形式并存和有关的社会、经济生产的形式"③。

资本主义文化危机的根源即在于，"文化"成了高高的漂浮在物质之上，又企图调和、凝聚、指引和改造整个社会的精神指数和理想价值，从而造成文化的分裂。要解决这种危机首先必须把作为社会意义总体的

①　[英]伊格尔顿：《历史中的政治、哲学、爱欲》，马海良译，8页，北京，中国社会科学出版社，1999。
②　同上书，9页。
③　[英]伊格尔顿：《马克思主义与文学批评》，文宝译，66页，北京，人民文学出版社，1980。

文化置于作为社会根本解构的生产方式之中，也就是说，解决文化危机的根本出路是彻底改造所有权制度，推行社会主义的物质实践。

在伊格尔顿看来，社会主义的根本目的就是建设一种理想的文化——"更丰富、更多样、更开放、更灵活，更自由"①的文化，而只有社会主义才能将断裂的文化整合起来。这种文化不是少数几个精英人物设计好交给大众去执行的"文明"，而是全体社会成员参与的不断创造和重新界定的集体实践。"文化"即"人化"，它是人类不断改造自然使之社会化和人性化的历史过程。建立在这一基础之上的价值与现实相统一的社会主义文化表现出对"人"的充分重视和关怀，它将使迄今为止一直处于分裂和冲突状态之中的文化真正统一起来。

伊格尔顿认为，马克思主义不只是一种解释工具，而应当是批判和摧毁资本主义制度、建立和完善社会主义制度的实践指南。"马克思主义批评的主要目的不仅是阐释文学作品，而是争取群众的文化解放"②，它本身就是一种文化实践，可以产生瓦解和改造现有文化制度的功效，所以"马克思主义批评在改造人类历史方面具有不说是中心的，也是重要的作用"③。

因此，伊格尔顿强调批评的政治属性，突出其政治功用，最根本的理论原因是：他一直宣称马克思主义首先是一种政治理论，而不是哲学

① ［英］伊格尔顿：《历史中的政治、哲学、爱欲》，马海良译，142 页，北京，中国社会科学出版社，1999，142.

② Terry Eagleton，*Walter Benjamin*：*Or Towards a Revolutionary Criticism*，London：Verso，1981，p. 94.

③ ［英］伊格尔顿：《马克思主义与文学批评》，文宝译，2 页，北京，人民文学出版社，1980。

体系。要将文化的诸层面重新统一起来，除非来一场扭转乾坤的社会主义革命，但理想中的批评取向就是"革命批评"，它也是社会主义批评的同义词。"革命"首先表明该批评立场的社会主义性质，"革命批评"充分地考察了批评的功能和属性，在自觉发挥批评政治性、修辞性和实践性的基础上设计的一种有明确功能规定的批评立场，也是最能够充分发挥批评作用的一种批评方法。可以说，"革命批评"突出并规定了文化政治批评方法的当前目标，同时这种界定不仅是一种道德动机，而且还是一种科学的判定。

伊格尔顿的"文化政治批评"思想首先界定"文化"的整体内涵，再去挖掘文化或文学背后的意识形态意蕴，最后进行政治性的批判，从而形成了自己独具特色的理论。语言分析的方法保证了文化、意识形态等核心概念的明确性和特殊性，这是理论建构的必要条件。整体主义的思维范式则强调了文化、意识形态与政治批评及其他各要素之间的互动关系和动态过程，使得"文化政治批评"体现为一个动态发展的整体性理论体系，激进的革命批评则保证了其思想批判性和进步性。正是在对资本主义文化和意识形态的揭露和批判中，伊格尔顿的"文化批评理论"具备了现实性和时代性，因此具有前瞻性的意义。

伊格尔顿的文化批判思想由于采用了众多方法，使得对于资本主义矛盾的分析批判更加多样化、灵活化和集中化，这对伊格尔顿的文化批判思想具有重要的意义。但是我们也应该看到，伊格尔顿的方法论同样存在一些问题，主要表现为两个方面：一是过于强调某一方法而忽视相异因素，导致了方法的片面性；二是对于方法的选择过于灵活，过于多样，导致了理论的不统一性。

伊格尔顿的"文化政治批评"思维范式有较为明显的弱点，他运用语言分析方法试图严格定义文化和意识形态的内涵，但是在定义的同时，忽略了一些其他因素尤其是经济因素，例如，其文化批评理论涉及文学、文化、文化生产、意识形态、政治批评等内容，强调文化的政治性，却缺乏对文化背后经济层面的分析，这就降低了其理论厚度和深度。整体主义的方法试图实现系统化的效果，却在论述各要素之间的互动影响时忽视了它们之间的异质性和抵抗力量的存在。伊格尔顿将文化视为整体的生活方式，将意识形态视为一个系统，但是并未详细说明文化冲突和意识形态内部冲突的原因及其表现形式，使得其理论缺乏一定的全面性。伊格尔顿利用激进的革命批评将资本主义的一切现象作为批评的对象，而忽视了对其正面因素的肯定，因为资本主义文化和意识形态同样也具有一定的科学性。社会主义文化和意识形态的产生和发展是一个漫长的过程，伊格尔顿只是一味地批评资本主义文化和意识形态的弱点，而不去分析其存在的合理性，同样看不到其灭亡的必然性，也看不清楚新旧文化的承继性。

所以，伊格尔顿对于社会主义文化和意识形态的理解也不完全是科学的，导致他的文化政治批评的目标缺乏现实性。可以说，正如安德森所言："由于创作于反叛的时代，在极端（Outrance）的精神下，对所选目标进行了猛烈抨击，这一总体拒斥的代价就是对本国的简化或误解，批判的夸大同时伴随着理疗的过度自信——一种理论的必胜信念并无助于所倡导的激进替代。"①因此，我们在努力吸取伊格尔顿思想的合理性的同时，同样需要对其持一种科学的批判态度。

伊格尔顿的文化批判思想在方法理论上的缺陷表现在其模糊性和暧昧性，"任何方法或理论，只要有助于人类解放的战略目标，通过社会主义改革有助于'更好的人'的生产，都是可以接受的"②。或许正是为了这个目标，伊格尔顿对于方法的选择可谓是兼收并蓄，来者不拒，无论是启蒙思想还是现代主义理论，形式主义或人本主义，结构主义或建构主义，伊格尔顿都能用两种语言生产出第三种语言，正是这种"多语混合"形成其独特的语言风格，从而体现了后现代主义叙事风格的多元性、差异性等特征。而这种后现代主义的叙事手法使得伊格尔顿的理论缺少了体系的完整性、结构的系统性和逻辑的周延性。

伊格尔顿强调理论态度的策略性和阐释性话语的灵活性，他不加选择地运用这些具有内在冲突和矛盾的理论方法甚至是观点，这一取向在一定程度上弱化了其理论的统一性和批判力量。而他在建构理论过程中不断变化的立场和过于辩证的表达，使得其理论很难与机会主义、折中主义或调和主义进行区分与划界，这就使得伊格尔顿的文化批判理论显得模糊而又庞杂。另外，伊格尔顿对于同一种理论方法的态度也是暧昧的，他会在赞赏某一理论和事件具有进步潜力的同时，又因为其错误而

---

① Perry Anderson，A Culture in Contraflow-I，New Left Review. I/180，March/April 1990，p. 41.

② Terry Eagleton，*Literary Theory：An Introduction*，Oxford：Blackwell，1983，p. 184.

对其提出公开批评，例如，对于解构主义，既依赖于其解构手段，又对这一思想和手段进行批判。"伊格尔顿经常用右手拍拍一些人的脑袋，又用左手打他们的耳光。"[①]这种飘忽不定的理论方法大大减弱了伊格尔顿文化批判思想的系统性，使得人们对其理论的确定性内涵充满了疑问和困惑。

方法的多样性保证了文化批判理论的丰富性和表达的效果性，但是伊格尔顿认为，相对于理论内容和表达技巧而言，他更为重视文化批判理论的实践性效果。

四、文化批判的实践性视野

伊格尔顿的文化批判思想注重现实问题的分析和研究，重视意识形态的实践性和整治效果，认为文化意识形态就是以后总动态的实践过程，主张意识形态批判与社会主义运动的结合。

（一）紧密结合政治实践

第二次世界大战后的西方资本主义世界逐渐进入了"丰裕社会"，社会现实与阶级结构发生了巨大变化，马克思有关资本主义社会发展的预测以及阶级斗争的预言未能如实呈现，社会主义运动在经历阶段性发展

① ［法］麦克马洪：《论伊格尔顿》，载《马克思主义美学研究》，汪正龙译，2005（1）。

后逐渐落入低潮期。在英国，马克思主义与社会主义运动不可避免地也陷入了进退两难的困境，无产阶级政治运动几近停滞。因此，解决马克思主义所遇到的理论危机，重启工人阶级的革命意识，进行社会主义运动实践成为英国马克思主义者们必须思考和探索的重大理论和现实问题。英国马克思主义者深入反思了自身的政治使命，试图通过充分发挥其文化政治批判功能以期寻求推进社会主义运动发展与现实变革的具体实践路径。他们认为，应该在深入研究、发展马克思主义思想的基础上，借助历史唯物主义来启发社会大众的政治热情，塑造新型革命主体来进行社会主义实践，以此复兴社会主义运动，展现其独特的政治意识及其价值。

伊格尔顿也延循这样的思路来构筑其文化批判思想，他认为，文学一开始就是政治问题，批评始于政治，始终以政治为灵魂。批评不可能脱离政治，不可能卸下政治包袱，因为它天生就是一种意识形态话语。批评理论的真正生命力在于紧密结合政治实践，为实践带来不同的格局。而这一点正是西方马克思主义和其他一些激进批评理论的致命缺陷，也是伊格尔顿批评理论力图弥补的地方。

他始终坚持，批评理论的真正生命在于紧密结合政治实践，是理论思辨在政治实践中的真正表现，认为所谓的"政治性"是一种历史的、内在生成的概念，无论任何形式和时代局限。而他所宣称的政治批评，并不是把政治作为一种分析性的视角与方法，而是把政治作为"文学性"的关切所在。

首先，政治性的文学批评始于古希腊时期，在古希腊人的观念里，政治是一项公共事业，是值得献身的高尚事业，修辞学之父亚里士多德明确地强调了修辞的政治性，"修辞学是论辩术的分歧，也是伦理学的分歧，伦理学应当称为政治学，由于这个缘故，修辞术貌似政治学"①。修辞是批评的根本属性之一，以社会政治效果为标准，使批评行为真正成为一种具有物质力量的话语实践形式。这表明最初的文学批评即是为了使政治主题突出，政治诚意更加强烈，"修辞立其诚"，这就是强调政治实用性的古代批评观。

其次，他从研究文学入手来引出他对批判理论的解释，伊格尔顿在《当代西方文学理论》一书中导言即提出"文学是什么"的问题。他认为，在英国，经验主义也是自由主义的同义词，通过追述英国文学的兴起和发展，来表明文学、文学理论与观察世界的主导方式即一个时代的"社会精神"与意识形态有关，而那种意识形态又是人们在特定的时间和空间发生的具体社会关系的产物，是体验那些社会关系并使其合法化和永久化的方式，这使得它本身就具有政治性。以此为出发点，伊格尔顿分别从现象学、诠释学、接受理论、结构主义与符号学、后结构主义、精神分析等角度叙述了 20 世纪 60 年代以来西方思想文化发展独特语境下的主要文学理论。证明"现代文学理论的历史乃是我们时代的政治和意识形态历史的一部分"②。

与此同时，伊格尔顿还分析了文化行动与政治行动紧密结合的几个方面：妇女运动、文化工业、工人阶级创作运动，从而得出"一切批评

---

① ［古希腊］亚里士多德：《修辞学》，罗念生译，25 页，北京，生活·读书·新知三联书店，1991。

② ［英］伊格尔顿：《二十世纪西方文学理论》，伍晓明译，170 页，北京，北京大学出版社，2007。

在某种意义上都是政治批评"①的结论。

最后，他将文化的复杂关系结构理解为一种"生产"关系或物质关系，即整个社会生活方式的决定因素是经济生活中的社会关系，这种社会经济关系集中表现为政治权力的结构形式，强调了文化和文化批判的政治性因素。政治性是批评的集中表现，并不是将批评与政治划清界限，或者让批评成为消解政治的武器，因为政治就是"将社会生活整个地组织起来的方式，以及这种方式所包含的权力关系"②。批评不可能独立于政治之外，政治是批评的主要诉求，伊格尔顿并不认为有所谓的"非政治批评"存在。在他看来，"那种认为存在'非政治批评'形式的看法只不过是一种神话，它会更有效地推进对文学的某些政治利用"③。当代批评的功能就是政治批判，"现代批评是在反对专制政权的斗争中产生的，除非确定地把它的未来确定为反对资产阶级的斗争，否则它可能毫无前途"④。

兴起于 19 世纪的将批评专业化和学院化的左派批评家，以及在后现代批评中再度突出的非政治化和泛政治化（泛政治化其实也是非政治化形式的一种）的质疑严重地削弱了批评的政治性，这一潮流的实际效果不是冲击资本主义，而是为资本主义发展阵地。无功利性成为被利用的对象。左派批评家和后现代主义者应该识破真相，走出象牙塔，开始

---

① ［英］特里·伊格尔顿：《当代西方文学理论》，王逢振译，303 页，北京，中国社会科学出版社，1988。

② 同上书，281 页。

③ 同上书，300 页。

④ Terry Eagleton, *The Function of Criticism*, London, Verso, 1981, p. 94.

自觉地追求批评的政治目标，为改造社会实践服务。关于以上论证批评的政治属性，伊格尔顿认为反对批评具有政治性的观点本身就是一种政治姿态，抱定无功利性的基本立场本身就具有明确的功利性目的。

如果说批评是沿着无功利自治的方向在发展，一开始就是一种政治行为，用维护文学或文化的超然地位的方式来实现在动荡的社会里维护现有权力的关系的目的。批评始于政治，始终以政治为灵魂，因为"欧洲现代批评是在反对专制国家的特权中诞生的"①。批评作为一种社会行为，必然受制于特定的社会制度。作为价值判断活动的批评，首先应当是一种意识形态的形式，而意识形态是人们用以体验和表达社会关系的观念、价值和情感系统，所以批评不可能脱离政治。

同时，伊格尔顿指出，虽然文化批评与政治批判密不可分，但是文化批判思想同样也离不开现实生活，甚至政治因素也包含在人们的日常生活之中，因此，文化批判必须重视社会生活方式。

(二)重视社会生活方式

在第一章中讲到，伊格尔顿出生于英国兰开夏郡萨尔福一个普通工人阶级家庭，他的父亲具有一定的初步社会主义思想，这无疑使他早年深受影响，开始注意大众的社会生活。伊格尔顿 21 岁时进入剑桥大学，师从当时"文化研究"学派创始人雷蒙德·威廉斯，威廉斯"文化唯物主义"思想中表现出的对传统精英文化的批判、对大众文化力量的期待、文学文化与物质文化的关联对伊格尔顿都有着极为深刻的影响。

①　Terry Eagleton，*The Function of Criticism*，London，Verso，1981，p. 9.

威廉斯在文化研究中摒弃了法兰克福学派站在精英主义文化立场研究文化的方式，力图从利维斯主义传统中解放出来。反对利维斯通过对经典文学作品的阅读和批评来达到改造人性，使人"高贵化"的立场，打破精英与大众文化的对立，超越了那种把文化立于生活之上抽象的生活观念，进入到广阔的社会生活层面。伊格尔顿严厉地批评了利维斯的自由人道主义，认为这种自由人道主义虽然表面上是为了整个人类的利益，但实际上却还是为资本主义作辩护，当然这种辩护不是直接的形式，因此，伊格尔顿指出，所谓的自由人道主义"自以为是超阶级的，其实仍然是一种资产阶级的意识形态"①。

威廉斯将文化概念根植于英国社会特殊性的背景之中，"文化即生活"的观点力图将文化观念从狭隘枯竭的精英主义手中夺回来，而赋予文化一词更多的社会意义和实践价值。伊格尔顿在这一基础上进一步提出"日常生活的政治化"，从人们日常生活的角度拉近了文化与政治的距离，认为政治不应当脱离人们的日常生活，更不是政客手中的工具，而是将它们组成一体，形成一定运作方式的依据，涉及并涵盖人整体的现实存在。

20 世纪"有机论"的代表人物是利维斯和艾略特，他们认为文学作品是理性与情感、语言与思想的高度统一，最理想的作品甚至不是通过语言准确地把握思想，而是同时"感觉到"语言和思想，最高境界就在于用极度浪漫的幻想来达到感悟，所以他们竭力推崇英国玄学派诗人的

---

① 马驰：《伯明翰与法兰克福：两种不同的文化研究路径》，载《西北师范大学学报（社会科学版）》，2005(2)。

"奇喻"手法。为了表示自己的立场，伊格尔顿着力论证文化是一种基础，不再单纯地是一种文本式的概念，不仅是反映社会实践，而是使社会实践合法化、理想化并获得其形而上的支持，文化将逐渐成为意识形态批判的武器，批判工业资本主义生产方式及其意识形态统治的理论武器，它在意识形态批判的基础上，追求人类的解放和自由发展。

伊格尔顿创造性地使用"文化生产"这个概念，以加强文化的物质基础和政治意义，"生产方式"是最基本的历史唯物主义范畴之一，它是生产力和生产关系的统一体。生产力是人们解决社会与自然矛盾的实际能力。生产关系是人们在社会生产过程中必然发生的关系和联系，主要由生产、分配、交换和消费四个环节构成。在生产方式这个统一体中，生产力是最活跃的因素，经常处于发展和变化之中，不同发展阶段的生产力状况会表现为相应结构的生产关系。反过来说，生产关系是顺应生产力发展水平而产生、存在、调整、加强或变革的。伊格尔顿把"文化"与"生产方式"链接在一起，坚持从马克思主义的经济基础与上层建筑关系入手考察，说明文化既是意识形态的一部分，也是经济基础的一部分。

通过界定"文化生产"，他把艺术牢牢置于社会生产的物质基础之上，坚持了唯物主义批评的根本立场，强调文化生产是一种社会实践。作为精神和价值的文化不可能独立于物质条件之外，而是最终决定于作为社会根本结构的一般生产方式，同时也表明"文化生产"这是一个动态的、开放的、不断变化和生成的物质过程，最关键的是全体社会成员都有机会参与的文化实践过程。

他高扬文化的创造性而又不放弃文化生产的物质性，将文化视为与经济、政治等平行决定社会发展的物质性社会构成成分，从而扩大了文化的内涵和功能，通过强调语言、文学等各种文化符码形式的物质化生产和再生产，解释了文化在社会生产方式运行过程中的重要意义。

资本主义的文化危机的根源就在于，"文化"成了高高漂浮在物质之上但企图调和、凝聚、指引和改造整个社会的精神指数和理想价值，因此造成文化的分裂。要解决这种危机必须把作为社会意义总体的文化置于作为社会根本结构的生产方式之中，也就是说，解决文化危机的根本出路是彻底改造所有权制度，推行社会主义的物质实践。

社会主义的根本目的就是建设一种理想的文化——"更丰富、更多样、更开放、更灵活，更自由"①的文化。这种文化不是少数几个精英人物设计好交给大众去执行的"文明"，而是全体社会成员参与的不断创造和重新界定的集体实践。"文化"即"人化"，它是人类不断改造自然、使之人性化和社会化的历史过程。建立在这一基础之上的价值与现实相统一的社会主义文化表现出对"人"的充分重视和关怀，它将使迄今为止一直处于分裂和冲突状态亦即危机之中的文化真正统一起来。

（三）坚持社会主义革命与知识分子使命相结合

伊格尔顿认为要将文化的诸层面重新统一起来，除非来一场扭转乾坤的社会主义革命，他认为理想中的批评取向是"革命批评"，它也是社会主义批评的同义词。"革命"首先表明该批评立场的社会主义性质，"革命批评"充分地考察了批评的功能和属性，是在自觉发挥批评政治

---

① ［英］伊格尔顿：《历史中的政治、哲学、爱欲》，马海良译，142 页，北京，中国社会科学出版社，1999。

性、修辞性和实践性的基础上设计的一种有明确功能规定的批评立场，是最能够充分发挥批评作用的一种批评方法。也可以说，"革命批评"突出并规定了文化政治批评方法的当前目标，同时这种界定不仅是一种道德动机，而且还是一种科学的判定。

马克思主义科学地发现社会主义是当前资本主义过程发展的必然结果，所以革命批评家必然也应当是马克思主义者，这与伊格尔顿一贯宣称自己的马克思主义者和社会主义者的政治立场不谋而合。

"革命批评"的政治目的在于追求社会主义，追求一种更美好的社会形态和生活方式，每个人能平等地参与政治，既是社会发展的终极目标，也是实现社会顺利发展最有效的途径。伊格尔顿认为，充分地分享政治生活就是一种美德，是人们实现自由发展的重要途径。所以政治的介入是对自由的追求、对身体的解放、对民主的向往，是在哈贝马斯所提到的"公共领域"里与专横跋扈地压抑人性的政治相抗衡。

批评真正的使命在于使社会的整个生活方式向社会主义转变，让每个人都在动态的、不断变化的、开放的物质生产过程中，参与到文化实践中来。"革命"就是破坏、摧毁、拆除、扫荡，批评是摧毁偶像的批评，但是"摧毁"也绝对不是一维单向的破坏，而是必然包含与"建设"相伴随的创造性活动。摧毁带来建设，革命创造历史，革命批评必须牢牢把握每一个重要的政治时机，不能局限地满足于对文学文本或文学现象作合理的解释，而且还要激发读者去思考当前的政治处境，让读者阶级即群众获得真正意义上的解放，所以"革命批评"其实也可以说成是一种文化政治分析。

出于政治目标压倒一切的考虑，"革命批评"绝对不会有任何方法论上的限制，必须实行最彻底、最开放、最自由的策略，即有坚定不移的政治意图和开放灵活的策略选择，"革命批评"拒绝一切程式化、机械化的教条，可以随时调整自己的批评路线。①

对于"革命批评"，我们必须有着坚定不移的政治目标，运用无限灵活的批评手段，达到摧毁与建设的双重效果，使得"革命批评"成为一种真正具有文化实践和创新力量的话语。参照当前的社会形势，基于批评与政治的联系已经出现良好的势头，伊格尔顿对"革命批评"的前途持有乐观的态度。

与威廉斯试图将文学文化与物质文化关联起来走向一种温和的人道的社会主义相比较，伊格尔顿更倾向的社会主义是一种更为直接的、改造现实秩序的政治要求，社会主义无疑是对珍贵的自由人本主义遗产的扬弃，其批评理论的动机可以说是一种社会主义的人本主义。

随着生产力的进步和生产方式的改变，资本主义世界的社会结构、阶级构成和价值观念都发生了巨大的变化，资本主义的问题更加多元化和复杂化，一方面增加了批判的难度，另一方面也增加了批判的角度，这就需要马克思主义者面对新问题，运用新方法，去批判资本主义矛盾的新形式。这方面做得较好的是英国的新左派，"由于新左派的出现，发展了一种批判的社会主义，它能够使激进的选择得到普及，并鼓励英国左派内的争论，以便组织对资本主义的全面批判"②。在这方面，伊格尔顿的文化批判思想可以说是深刻地体现了对于资本主义的批判，但

---

① 马海良：《文化政治美学——伊格尔顿批评理论研究》，78 页，北京，中国社会科学出版社，2004。

② 乔瑞金：《英国的新马克思主义》，6—7 页，北京，人民出版社，2013。

是其理论批判的效果存在问题，即形式方面批判的有些过度，而在内容方面的批判则不够，出现了过犹不及的效果。

意识形态的批判必须建立在历史唯物主义和辩证唯物主义的基础之上，通过揭示社会发展的动力和基础，把握社会发展的规律，从而理解意识形态的产生、发展和灭亡的过程，并且在微观层面上把握意识形态的功能及其表现形式。这样才能科学地说明意识形态的本质，进而有效地批判资本主义的意识形态并发展马克思主义的意识形态，并且在意识形态的斗争中寻找社会革命的物质基础和力量，促进社会主义运动的发展和进步。

当代资本主义的渐进发展改变了人们对其的传统认知，遮蔽了资本剥削的实质内涵，消解了人民大众的反抗意识，降低了马克思主义的理论威信。在这种情况下，如何揭示资本主义的剥削性与非正义性，阐发马克思主义的正义性并发挥马克思主义资本主义批判的政治效力，成为马克思主义知识分子政治意识的题中应有之义，更重要的问题则是如何批判，批判什么。

个人主义是资本主义运行机制背后的精神动力，其表面标榜自由民主，实质却是自私自利的精神理念，既忽视人类存在的具体价值，又消弭人类的主体性，它遵从资本剥削的逻辑，严重有悖于人类的理想。霍布斯鲍姆一针见血地指出，这种个人主义由于不完善而不会永久存在，"一个声称只以个人利益为目的世界不是一个完善的世界、而且必然不会维持长久的世界"。麦金泰尔则揭示了这种个人主义的反道德性，证实了美德传统与个人主义是"格格不入"的。个人主义理念不但不完善，而且具有反道德性，"因此一个只考虑个人利益的世界是不完善的，也不会长久存在"。个人主义与资本逻辑和市场秩序具有内在一致性，它更加关注个人的抽象权利，反对社会大众活生生的现实需求，现实中的个人没有成为独立自主的主体存在，反倒成为资本逻辑的附属品，从而完全丧失了自身的自由与尊严。

资本主义的市场自由是一种经济上的骗局，而所谓的"资本主义民主乃是一种维护现存社会秩序的被操纵的、欺骗的交往方式"①。资本主义宣扬的个人主义的独立性、市场秩序的自由性与民主制度的优越性仅仅是一种海市蜃楼般的虚假表象，背后恰恰是赤裸裸的欺骗、剥削、压迫人民大众的资本本质。这种资本的逻辑与本质对人类的生存造成重大威胁，具有反人类的本性。吉登斯认为，由于资本主义的贪婪本质造就对人存在价值的忽视，导致人类的危机。安德森与汤姆·奈恩同时看到，资本主义的反人类内涵生成了严重的自然危机与社会危机，逐渐成为人类生存的巨大威胁，"资本主义确实统一了人类的历史并使世界成为一个整体。但是它造成不平衡以及由此带来的社会对抗与政治分裂给人类带来了灾难性的后果"②。

资本主义及其个人主义的反人类本性造成严重的人类生存危机，它是一种非正义性的社会存在，而马克思科学论证的社会主义才是一种正义的社会制度。G. A. 柯亨指出："人们无权私自占有生产资料，而资本主义却允许生产资料私有制的市场经济，这是其不正义之处，也是社

---

① Ralph Miliband, *Socialism for A Sceptical Age*, Cambridge: Polity Press, 1994, p. 34.

② Tom Nairn, *The Break-up of Britain: Crisis and Neo-Nationalism*, London: New Left Books, 1977, p. 356.

会主义者反对市场经济的正义性所在。"①即资本主义的不正义性是因为其存在基础即生产资料允许私人占有并产生剥削，它严重阻碍了平等与自由的实现，社会主义的正义性则在于能够实现真正的平等，这种真正的平等才能还给人们切实的自由体验，"除非社会里的每个人先享有平等的地位，否则这种相互的自我实现过程就无法真正地出现……只有平等的关系才能创造出个体的自主性"②。即资本主义的正义只是一种有限的、局域性的伪正义，而马克思所宣扬的正义观才应该是科学的正义理论，只有在社会主义乃至共产主义社会中才有可能实现真正的正义。

所以，资本主义制度给人类带来的不是自由与解放，而是一场社会灾难，是非正义的。而英国马克思主义者认为正义感是知识分子政治使命的根本属性，揭示社会的非正义是知识分子的首要责任。在这种政治意识的指导下，他们深刻揭示并批判当代资本主义的反人类内涵，认为当代资本主义并未脱离资本剥削的基本逻辑，仍是当代社会危机产生的深刻根源。知识分子应当清醒地揭示当代资本主义这种反人类的特征，将当代资本主义社会的非正义性本质明晰地展示给世人，并在此基础上揭示社会主义的正义性，以此践行知识分子追求社会正义与人类自由的政治使命。

20世纪60年代马克思主义理论遭遇危机时，英国马克思主义者不容置疑地呼吁，当今知识分子既不能放弃马克思主义理论的基本政治立场，走向马克思主义的对立面，也不能一味地对其加以粉饰辩护，完全

---

① G. A. Cohen, "Freedom, Justice and Capitalism", in *New Left Review*, Vol. 126, December 1981, p. 13.

② Terry Eagleton, *After Theory*, NewYork: Basic Book, 2003, p. 170.

忽视马克思主义理论的不足之处，而应该在结合具体实际的前提下，深入分析危机产生的具体成因，在现实条件下反思和发展马克思主义，探索人类解放途径的多种可能性。

在英国马克思主义者看来，"马克思在原则上是正确的，错就错在他对时间的预测"①。面对战后资本主义的发展与马克思主义创始人理论预设有所出入的窘境，知识分子应当在坚持马克思主义政治立场的基础上，深入探索这一窘境背后的形成原因并寻找科学的解决路径，知识分子的责任就是"冷静而又坚定不移地重新检验经典思想家从马克思、恩格斯到列宁、卢森堡和托洛斯基的遗产，力求鉴别、批判和解决他们本身固有的疏忽或混乱。……重新考察历史的全部法则和意义，在现有的水平上使思想体系（历史唯物主义）完全适应于现在和未来"②。这种理论上的反思与诘问对现代知识分子的政治意识与理论智慧是一项很大的考验。

为了科学解释马克思主义理论遭遇危机的成因，英国马克思主义者认为有必要对历史唯物主义的某些重要思想进行溯源与批判。他们将理论反思的对象指向唯物史观的"基础—上层建筑"模式，试图在重估这一模式的基础上，纠正苏联对马克思主义理解中的误区。威廉斯认为，"基础"与"上层建筑"两个哲学范畴在马克思主义原初语境中是有机统一的，并非彼此分离对立，只是有些人在理解过程中将二者强行拆分，逐

---

① 刘为：《历史学家是有用的——访英国著名史学家 E.J. 霍布斯鲍姆》，载《史学理论研究》，1992(4)。

② 安德森：《当代西方马克思主义》，余文烈译，17—18 页，北京，东方出版社，1989。

渐导致理解上的片面与僵化，从而滑向"经济决定论"的危险境地，而这种认识完全背离了马克思的原意。"流行'基础'与'上层建筑'的抽象理解模式恰恰是马克思所批判过的僵化的思想方式而已。"①麦金泰尔也认为二者不可分离，"创造经济基础的过程，就是在创造上层建筑。这里没有两种活动，只有一种活动"②。汤普森指出，正是由于这种片面的认识，导致形成了僵化理解历史唯物主义思想的斯大林主义，从而遮蔽了马克思主义的政治解放的维度，"斯大林主义企图从经济原因中直接推导出一切，并且蔑视人的观念、道德因素的历史作用"③。这种违背马克思主义宗旨的"经济决定论"思想使马克思主义的理论解释力大为削弱，严重影响了历史唯物主义分析社会问题的可信度。因此，英国马克思主义者认为，当代知识分子有责任在重新理解"基础—上层建筑"模式的前提下批判斯大林主义，将马克思主义从"斯大林主义"的阴影中"挽救"出来，彰显其人类解放的文化伦理维度。

"拉尔夫·密里本德一直致力于证明保有真正民主的社会主义制度前景的必然性，并通过建构一种替代共产主义和社会民主主义的新社会主义，探寻促进这种制度实现的可能性。"④他认为，"无论资产阶级的各种政治理论比如民主多元论等是多么精巧，但对它最有力的替代理论

---

①　Raymond Williams, *Marxism and Literature*, Oxford: Oxford University Press, 1977, p. 78.

②　Alasdair MacIntyre, "Notes from the Moral Wilderness", in *New Reasoner*, Vol. 7, Winter 1958-1959, p. 98.

③　E. P. Thompson, "Socialist Humanism", in *New Reason*, Vol. 1, Summer 1957, p. 108.

④　张亮编：《英国新左派思想家》，147 页，南京，江苏人民出版社，2010。

只有马克思主义一家"①。马克思主义才应该是建构和解释未来社会的科学理论,它深刻揭示了人类解放的进程,究其本质,它是以实现人类真正解放为目标的理论体系。

理论反思与批判不是目的,坚持与发展马克思主义,寻求现实政治运动的"新形式与新方向"才是英国马克思主义对知识分子的期望,是其政治意识的责任所在。英国马克思主义在反思历史唯物主义原理与批判"斯大林模式"的基础上,主张建构一种既不同于资本主义制度,又不同于苏联模式社会主义制度的"新"的社会制度。这种"新"的社会制度也是一种社会主义制度形式,这种制度既坚持了马克思主义的政治立场,反对资本主义以解放人民大众,又是一种民主的制度形式,它反对斯大林模式的集权形式以实现自由。因此,英国马克思主义一方面"致力于证明保有真正民主的社会主义制度前景的必然性,并通过建构一种替代共产主义和社会民主主义的新社会主义,探寻促进这种制度实现的可能性"②。另一方面又从人民大众的立场出发,去积极探索人类自由解放的道路,"我们的任务之一是要提示普通民众的生活和思想,把他们从爱德华·汤普森所说的'子孙后代极大的傲慢态度'中解脱出来"③。在英国马克思主义视野中,马克思主义本质是一种实现被剥削民众真正解放的理论体系,马克思主义知识分子要坚持这一政治立场,以人类解放为己任,立足于人民大众,追求民主,努力去寻求劳动人民的自由解放

① 拉尔夫·密里本德:《资本主义社会的国家》,沈汉等译,9页,北京,商务印书馆,1997。

② 张亮编:《英国新左派思想家》,147页,南京,江苏人民出版社,2010。

③ E. J. Hobsbawm, *On History*, NewYork: The New Press, 1998, p. 215.

路径。

诸如"经济决定论""机械反映论""机械理想主义"等理论观点试图用僵化呆板的思维方式理解马克思主义理论，并因此导致了理论阐释的混乱，未能厘清当代的社会现实状况而趋于独断论，这严重地影响了马克思主义的声誉，降低了其批判资本主义的实际效用，忽略了广大劳动人民的主体能动性。

在当今工人阶级政治意识薄弱的情形下，必须要重新唤醒工人阶级的阶级意识与革命主动性。由于文化功能的日益凸显，文化伦理与道德意识对人们主体意识的生成发挥着越来越重要的影响。在这种社会现实面前，"历史本身创造的新的社会条件，为我们更好地了解历史与理论重构准备了一个更加全面的社会基础"[1]。他们试图用道德审美意识来建构工人阶级的主体政治意识，从而塑造社会主义革命的新主体，即具有独立阶级政治意识的无产阶级群体。

阶级问题里的"自在阶级"与"自为阶级"在马克思本人的著作中被多次提到，但是关于工人阶级如何从"自在阶级"转向"自为阶级"，以及如何习得无产阶级的政治意识，马克思并未加以展开。针对这一问题，列宁认为，必须通过"理论灌输"，工人阶级才能成为"自为阶级"。卢卡奇认为，在党的领导下，"群众的自发欲望才会竭尽全力和越来越出于本能地涌向党的方向，涌向自己意识到的方向"[2]。他们都一致认为单凭

---

① Tom Nairn, *the Break-up of Britain：Crisis and Neo-Nationalism*, London：New Left Books, 1977, p. 360.

② ［匈牙利］卢卡奇：《历史和阶级意识》，杜章智等译，95 页，北京，商务印书馆，1996。

工人阶级"自发"的意识不能生成"自为阶级"及其政治意识，因为工人阶级本身无法脱离自身的生产劳动环境去揭示历史发展的客观规律性，而科学规律的发现应该由具有独立精神的知识分子去完成，并传授给工人阶级，从而逐渐培养工人阶级自身的阶级意识。

随着资本主义的发展，工人阶级的生活水平得到很大提升，其对资本主义社会的认同感有所增强。同时，资本主义文化霸权又不断地消解工人阶级的主体意识，使得工人阶级逐渐"遗忘"了自身的历史使命。20世纪中叶以来，在工人阶级主体意识衰弱、政治解放意愿不足、社会主义运动步入低潮、"有机知识分子"政治鼓动有所退缩的情形下，英国马克思主义者认为，作为有责任担当的知识分子，必须考虑如何重新激励工人阶级的阶级反抗意识，激发他们的阶级主体作用与政治意识，以大力推进社会主义运动的发展。英国马克思主义者同时意识到，其在有关无产阶级主体意识的规定性方面过于重视历史规律和社会基本矛盾运动等客观理性层面的内涵，而忽略感性情感等非理性因素在工人阶级主体意识生成中的影响，即旧的阶级意识理论更多地偏重于科学理性的内容，而忽视了道德、经验、情感等感性因素。因此，在他们看来，必须强调重视阶级意识与意识形态中的情感因素之间的内在关联，以此重新塑造工人阶级情感经历与阶级意识的密切关系，努力提升工人阶级的社会主义政治意识。

英国马克思主义深刻认识到非理性因素在阶级意识中的重要作用。理查德·霍加特认为，情感是阶级认知的重要因素，"饱含阶级情感的话语——蕴含着一定的社会关系与等级——有助于建立自我情感并以此感受到自身的存在感"①。汤普森一贯延续着他重视社会经验是阶级意识必要组成、涵盖历史进程全部"基因"的思路，"阶级和阶级意识不能分离，二者既非两个分开的实体亦非前后出现，而应把确定的经验和在观念上处理这种经验看成是同一的过程"②。他认为，不能将阶级与阶级意识简单孤立地分割开来，二者实际上同时形成。麦金泰尔在阶级问题上也同样指出，马克思有时忽视了道德因素的某些作用，但在工人阶级内部，完全可以生成自身的道德内涵，进而构成鲜明的阶级意识。

　　即使工人阶级在短期内不能发现客观理性的社会历史发展的科学规律，需要独立的知识分子去发现并传授给他们，但是情感、经验以及审美等感性因素存在于工人阶级的生活经历中，并由此生成工人阶级的主体意识与政治意识。英国马克思主义将情感经历、道德因素以及生活体验等内容全部纳入阶级意识的形成当中，并认定工人阶级完全有能力生成自己的"阶级意识"，可以成为"自为阶级"。缘此出发，就能够在资本主义条件下塑造工人阶级的主体意识与政治责任感，从而可以及时地发起社会主义运动。这些理论视阈的拓展，为在当时树立工人阶级的主体意识、增强复兴社会主义运动的可能性发挥了积极的作用。

　　英国马克思主义在工人阶级自我意识消沉的低谷期论证了工人阶级情感经历在"自为阶级"形成中的重要作用，重新激发了工人阶级的主体意识，将其规定为走向"自为阶级"的本源，并将当前解放的希望寄托在

---

　　①　Richard Hoggart，*Everyday Language & Everyday Life*，London：Transaction Publishers，2003，xiii.

　　②　E. P. Thompson，*Poverty of Theory and Other Essays*，London：Merlin Press，1978，p. 10.

工人阶级身上，这对重新唤醒工人阶级的阶级与政治意识具有重要的意义。

当西方马克思主义的探索开始呈现出远离现实社会运动的态势，逐渐从社会主义现实运动中退回到理论研究后，"不论是正式参加工人阶级政党（卢卡奇、德拉·沃尔佩、阿尔都塞）、退出工人阶级政党（列斐伏尔、科莱蒂）、与工人阶级政党进行友好的对话（萨特）、或是明确地断绝与工人阶级正常的任何联系（阿多尔诺、马尔库塞），都同样不可能将马克思主义的理论与群众斗争相结合"[1]。知识分子的政治意识及其历史责任则回归到认识论领域，由改造社会的革命实践者退化为单单启发民众解放意识的知识启蒙者，这也成为当时致使马克思主义陷入理论危机的原因之一。英国马克思主义走上了一条身体力行地参与政治运动的实践道路，把"马克思主义总的哲学内容作为一种历史观念提出来；同时，把它扩展到马克思所未曾直接触及的领域"[2]。

马克思认为："历史的活动和思想就是'群众'的思想和活动。"[3]思想知识和知识分子只有与群众活动充分结合，才能发挥理论威力，因此知识分子必须要走出书斋，切身加入并参与到现实的群众运动中。所以要成为新的知识分子，"不仅仅是做一个雄辩者，而是要作为建设者、

---

① ［英］安德森：《当代西方马克思主义》，余文烈译，59页，北京，东方出版社，1989。

② ［英］安德森：《西方马克思主义探讨》，高铦等译，13页，北京，人民出版社，1981。

③ 《马克思恩格斯文集》，第1卷，286页，北京，人民出版社，2009。

组织者和'坚持不懈的劝说者'（同时超越抽象的数理精神）。"①知识分子应促进社会的变革与进步，启蒙民众的革命主体意识。汤普森指出，知识分子必须"积极行动起来，投身工人运动，与人民、工人阶级重新结合，以推动英国早日进入社会主义"②。霍布斯鲍姆强调，面向工人运动与阶级斗争，重在改造世界，"马克思主义……既是一种解释世界的有力手段，又是改造世界的有力方法，那么我们在撰写马克思主义的历史时也应该遵循同样的原则"③。伊格尔顿认为，理论不能脱离实践，不能远离历史运动的现实。他号召马克思主义知识分子要参与社会实践，服务于社会大众的解放事业，只有将理论应用于社会运动，才能更大程度地发挥出理论的真正效用，才能为社会大众所接受，真正成为启发他们革命意识的工具，从而履行知识分子自身的政治使命。

　　英国马克思主义知识分子积极投身群众运动，践行自己的政治理念，传播马克思主义理论，指明社会主义方向。他们创办各种杂志刊物，以通俗易懂的语言、民族志的理解范式、丰富多彩的文学形式将马克思主义理论传播并普及给人民大众，以此启发民众的革命意识，其中最富盛名的便是《新左派评论》。这一刊物对于社会主义运动的发展作出了极其重要的贡献，"《新左派评论》的创刊具有决定性意义，它的总目标就是要培育一种左派文化，这种文化了解自己的过去，又不受其蛊

---

① ［意］葛兰西：《狱中札记》，曹雷雨等译，15 页，北京，中国社会科学出版社，2015。

② 张亮、熊婴编：《伦理、文化和社会主义、英国新左派早期思想读本》，10 页，南京，江苏人民出版社，2013。

③ E. J. Hobsbawm（eds.），*Preface*，in *the History of Marxism：Marxism in Marx's Day*，Brighton：The Harvester Press，1982，pp. vii-viii.

惑；这种文化多才多艺能够在自己的社会主义和其他语境中充分发展，有助于解放并凝聚知识分子能量，发展一种当代的革命政治。"①

在政治运动中，英国马克思主义者通过直面群众来传播马克思主义理论，互相启发促进民众革命意识的形成与理论的发展。他们大都有过进行成人教育②的经历，亲力亲为地向工人阶级传授文化知识与革命理想，启发人民大众的革命反抗意识。英国新马克思主义者关注学生思潮并组织人民群众来表达反抗资本主义制度的情绪，直接体现了英国马克思主义对"公共知识分子"政治使命的追求。他们参与的社会运动主要有"新左派运动"、核裁军运动（20世纪50—60年代）、学生政治运动（1968年）、女权主义运动、反种族主义运动（20世纪70年代）等。在参与群众运动的过程中，他们一方面将马克思主义理论传播给了人民大众，启发了大众的革命意识。另一方面吸收了当时的实践经验，深刻地反思了自身的理论局限并促进其发展，从而再次将理论运用到社会实践之中，进一步指导群众运动，进而在资本主义社会制度中重新塑造出革命的主体与崭新的革命形势。诚如汤普森所言："当前的问题不是通过夺取权力而创造一个自我主动性的社会，而是要在当今这个不自由的社会中创造

① ［英］弗朗西斯·马尔赫恩编：《当代马克思主义文学批评》，刘象愚等译，17页，北京，北京大学出版社，2002。

② 注：英国素有"成人教育之乡"之称，在20世纪40年代后期，英国社会广泛开展成人教育，尤其是对第二次世界大战归来的军人进行非职业化教育。英国战后努力重建"教育民主"，这在1942年"贝弗里奇的报告"和1944年"巴特勒教育法"中有过明确表述。

人的这种主动性。"①

面对当前资本主义的危机和各种矛盾，伊格尔顿直视人民的苦难和资本主义的罪恶，不但进行了激烈的批判和揭露，而且还提出自己的政治主张和实践，如对结束战争、赈济穷人、财产的再分配和创造公正的社会采取直接的行动，保护弱者和人民大众的利益，实现下层群众的诉求，并强调通过意识形态的批判来批判资本主义以及人类社会的一切不合理制度，实现无产阶级社会主义的胜利。

虽然伊格尔顿借用了马克思主义的理论观点，并作了自己的重新解释和理解，但是从整体上看，伊格尔顿并没有真正地将马克思主义的唯物辩证法和唯物史观贯彻到底，马克思主义理论在他那里有时也只是一种理论资源的方法，而不是一以贯之的思想指导。因此，尽管伊格尔顿的文化批判思想提出进行社会主义革命和实现人的解放的目标，但是在资本主义经济基础和社会力量如此强大的情况下，在没有一个统一组织和强大力量的团体的支撑下，他没有说明如何去进行社会主义革命并取得胜利，社会主义意识形态如何去与资本主义意识形态争锋并且获胜，因此其文化批判和意识形态批判由于缺乏马克思主义科学世界观和方法论的支持，显得说服力不够。

马克思将知识分子视为与阶级利益紧密相关的脑力劳动者，将工人阶级知识分子称为"脑力劳动无产阶级"，并"负有使命同自己从事体力劳动的工人兄弟在一个队伍里肩并肩地在即将来临的革命中发挥巨大作

---

① E. P. Thompson，"Revolution Again"，in *New Left Review*，Vol. 6，November-December 1960，p. 35.

用"①。在其之前，费希特在《论学者的使命人的使命》一书中主要从道德层面提出了知识分子的使命问题，他指出：知识分子肩负着服务社会与提高人类道德水平的使命，自身也应成为完善的人。而马克思则要求工人阶级知识分子勇于进行社会主义革命实践，在具体的社会革命中实现自身的政治使命与历史责任，从而将知识分子的使命从费希特的伦理道德层面提升至革命实践的高度。

英国马克思主义者以坚持和发展马克思主义理论为己任，力图推进马克思主义的本土化，启发民众的革命反抗意识，寻找出一条走向社会主义运动的新道路，其自身也是社会主义运动的主要参与者与践行者。他们尤为强调文化的必要功能，重视知识分子的政治意识在社会进步中的作用，逐渐对知识分子的政治责任问题达成共识。在实践过程中，英国马克思主义知识分子理论联系实际，身体力行地践行知识分子政治责任理念，树立其认识世界与改造世界的形象，彰显出作为马克思主义知识分子的社会责任与政治担当，从而将知识分子的政治使命与各种新社会运动结合起来。他们力图在新的社会条件下聚合反抗资本主义的力量，以此来推进社会主义政治运动的发展。正如拉尔夫·密里本德所言：英国马克思主义知识分子又将社会主义带给了人民群众，以此"帮助人们从被现实迷惑的丛林中找到出路"②。

英国马克思主义知识分子的政治意识及其践行方式，对于启发人民群众的革命意识，发挥马克思主义理论的政治效力，复兴社会主义运动

---

① 《马克思恩格斯全集》，第 22 卷，487 页，北京，人民出版社，1965。

② Ralph Miliband，*Socialism for A Sceptical Age*，Cambridge：Polity Press，1994，p. 157.

带来了积极的影响，为进一步认识与发挥当今知识分子的政治功能提供了较为重要的理论依据，也为提升马克思主义理论的革命话语权作出了贡献。英国马克思主义知识分子的政治意识是一种批判的意识、建构的意识、"创新"的意识与实践的意识，突出了人类主体在政治运动中的能动性与创造性。但我们也应看到，英国马克思主义知识分子过于重视文化伦理、道德意识、情感结构等在社会主义政治运动中的作用，过于认可感性因素在阶级意识形成中的地位，乐观地预判了各种新社会运动革命潜能的力量，从而忽视了客观规律与经济因素对政治意识的根本性影响。他们反对先进政党领导的必要性与科学性，使得英国马克思主义知识分子的政治意识及其价值失去了客观现实力量的支撑，实际的政治效用被严重虚化。①

可以说，伊格尔顿的文化批判思想倾向是激进革命的，他处处不忘谈论政治，提出"一切批评都是政治性的"命题，而且过于强调政治的效果，试图以"文学的死亡""审美回归"等激进话语来挽救文学和审美，挽救文学意识形态的生命力和批判力，从而打破资本主义的意识形态，树立社会主义意识形态，在缺乏马克思主义科学话语绝对支持的前提下，这种观点无疑是偏激的。

此外，伊格尔顿的批评话语过于随意化，缺乏科学的论证和说明，不重视逻辑的周延性，比如"任何东西都可以是文学，而任何被看作不变的、毫无疑问是文学的东西——例如莎士比亚的著作——则可以不再

---

① 薛稷：《试析英国新马克思主义知识分子的政治意识及其价值》，29 页，载《国外理论动态》，2017(10)。

是文学。相信任何文学研究是研究一种稳定的。范畴明确的实体，亦即类似认为昆虫学是研究昆虫的看法，都可以作为一种幻想而被抛弃"①。这一观点无疑随意扩大了文学的外延，使得其文学批评思想显得模糊不清。

强调文化批评成就了伊格尔顿的文化批判思想，但是过于强调文化批评，认为文化批评可以代替其他批评也成为其理论的被人诟病的地方。马尔赫恩指出，"作为一种实践，政治总是不可缩减为文化，即便它完全活动在文化领域中"②。而这种策略将会导致理论的不确定性和模糊性，"当代激进文化研究的政治姿态最终成就了理论在学术上的神秘化趋向"③。雅各比认为"当代文化政治研究已经变成了一块被专家们耕耘的专业田地"④，或许被耕耘的太多，文学政治批评和文化批判显得过于泛滥，伊格尔顿的文化批判思想显然也存在这一方面的问题。

"正是追求马克思主义的科学性和实践性，追求人的彻底解放和实现社会主义理想，促进了英国马克思主义思维范式的不断转化和更新"⑤，思维范式的转化和更新固然是好事，但是若是一味的追求创新而忽视了方法的内在一致性和逻辑性，则会出现负面的效应，"只要再

---

① 朱立元编：《当代西方文艺理论》，10 页，上海，华东师范大学出版社，2005。

② ［英］弗朗西斯·马尔赫恩：《当代马克思主义文学批评》，北京，31 页，北京大学出版社，2002。

③ 同上书，19 页。

④ ［美］拉塞尔·雅各比：《最后的知识分子》，洪洁译，129 页，南京，江苏人民出版社，2002。

⑤ 乔瑞金：《英国的新马克思主义》，585 页，北京，人民出版社，2013。

多走一小步，仿佛是向同一方向走了一小步，真理便会变成错误"①。
伊格尔顿的文化批判思想强调文化层面的批判，忽视了对于理论观点系统化的整理和逻辑性的完善，导致了伊格尔顿的文化批判理论无论是在现实性方面，还是在理论性方面，都具有不可避免的矛盾性，或许这正是英国文化学派的共同特征或缺陷。"当前左派有一个习惯——从长计议，忽略国家，寄希望于一个全球整体。这个习惯取代了对马克思历史哲学的信奉……"②或许正是这种取代，使得他们包括伊格尔顿在继承马克思主义理论的同时，又在悄悄地破坏着马克思主义理论的科学性和权威性。

小　结

　　伊格尔顿的文化批判思想在借鉴前人理论成果的基础上，结合当代社会的现实问题，利用先进的社会科学方法，通过对文化问题和意识形态理论进行深入反思而建构起来的理论观点，对于马克思主义理论的发展具有积极的意义，但是同时也存在一些不足。文化批判思想拓展了意识形态理论的领域，这一理论深入文本领域，考察了文本生产的复杂性及其意识形态性，阐述了文本意识形态与其他意识形态形式之间的关系，同时也揭示了审美意识形态的内容及其特征，从而深化和细化了意识形态的研究，但是伊格尔顿却相对忽视了对科学技术这一意识形态新

---

① 《列宁全集》，39 卷，82 页，北京，人民出版社，1986。
② ［美］罗蒂：《筑就我们的国家》，黄宗英译，72 页，北京，生活·读书·新知三联书店，2006。

形式的深入考察。传统文化研究重视文化与意识形态之间关系的考察，重在解释二者之间的关系，而伊格尔顿的文化批判思想在阐述文化与意识形态关系的同时，还从政治性效果方面论证了文化研究的社会意义，从而将文化研究与社会政治运动紧密连接起来，但是由于侧重于文化研究的政治性维度，而对经济因素的分析显得较为薄弱。伊格尔顿注意运用现代社会科学的先进方法，在不同的语境和问题域中，采用不同的论证方法，以增强文化批判的针对性和有效性，这体现了文化批判思想的灵活性和现实性，然而伊格尔顿对于这些不同方法之间的逻辑未作细致化的处理，因而其方法存在一定程度的不一致性。文化批判思想注重文化批判的实效性和实践性，其批评话语具有激进的革命性，这也是当时的形势使然，是为了在社会主义运动陷入低潮的时刻，重新唤起人们的政治反抗意识，再一次正确审视作为英国马克思主义的知识分子的政治意识和价值，可是这也导致了批判性过强，而建构性不足的弊端，其内在思想建构逻辑则表现的不是那么严谨。

结　语

伊格尔顿的文化批判思想是在批判地继承前人理论成果的基础上，经过自己独立思考而形成的，具有重要的理论内容和特色。在马克思主义方面，伊格尔顿坚持唯物史观，对经济基础和上层建筑的关系作了深入而独特的思考，并将文化作为二者之间的中介，考察了文化文本生产的复杂性。在文化研究方面，伊格尔顿批判地继承了前人尤其是威廉斯的理论观点，将文化视为整个生活方式和实践活动以及人类解放的途径。伊格尔顿借鉴了西方马克思主义关于意识形态理论的研究成果和理论观点，将意识形态与社会生产以及权力结构连接起来，揭示了文本生产的意识形态本质。伊格尔顿还在考察英国传统文学艺术理论的过程中，受到其文学审美意识形态理论的启发，探究了文学文本意识形态与审美意识形态之间的关系。同时，伊格尔顿延续了英国经验主义的文化传统，运用整体主义、语言分析和激进批评的思维方式，将以上的理论观点创造性地结合在一起，形成了其独特的文化批判思想。

文化批判思想在对资本主义矛盾和英国传统文化理论的深入研究中，将文化批判和意识形态批判视为实现人类解放的重要途径之一。面对现代主义的经济危机、政治危机、文化危机和生态危机以及资本主义意识形态的欺骗性和虚假性，伊格尔顿企图通过文化批判和意识形态批判，实现人们对于资本主义的正确认识，形成对资本主义缺陷的政治批判，从而促进社会主义运动的发展。因此，伊格尔顿"把文化研究放在核心地位，把唤醒大众文化意识，尤其是传播和内化马克思主义，作为一种政治的和终极的目的"[①]。

马克思的理论学说"在深层次上都服从于一个最根本的理论关切：推翻和扬弃'使人成为受屈辱、被奴役、被遗弃和被蔑视的东西的一切关系'，实现人的自由、全面发展和'自由的联合体'"[②]。伊格尔顿继承了马克思的这种理论关切，同时又受到葛兰西"文化霸权"理论的影响，葛兰西认为"夺取文化和意识形态领导权的斗争，既意味着要使无产阶级从资产阶级文化统治下解放出来，也意味着要把其他社会集团吸引到无产阶级的一边。可以说，夺取文化和意识形态的领导权是夺取政治权

---

① 乔瑞金：《英国的新马克思主义》，25 页，北京，人民出版社，2013。

② 张一兵：《启蒙的自反与幽灵式的在场》，3 页，哈尔滨，黑龙江大学出版社，2007。

力的先决条件"①。伊格尔顿认为这种文化领导权的争夺实际上就是意识形态批判，因此，他文化批判思想核心就是意识形态批判，他从认识论和社会学的维度揭示了意识形态的基本内涵和构成要素及其政治功能，阐述了意识形态的整体性特征。他深入文学艺术领域，指出了文本的社会属性，"如果'文本'这个词是一种历史的、哲学的文本，那么它也是一种政治冲突的场所"②，并阐述了文本以及文本意识形态的生产过程，揭示了文本意识形态批评的修辞学内涵和政治性效果，阐述了马克思主义文化批评的解放功能。伊格尔顿在文化批判的基础上，主张通过意识形态批判来实现人类的解放，进而论述了人类解放的诉求、解放的途径以及解放的主体，并在批判后现代主义意识形态的基础上指出了通过社会主义主体的重建来促进人类的解放。

伊格尔顿的文化批判思想注重实践性和政治性，力图通过现实的意识形态批判来促进社会主义运动，实现社会的进步。他过于强调文化意识形态批判的政治效果，所以在理论的逻辑建构方面则有所不足，使得人们怀疑这种批判方法的准确性，认为伊格尔顿的思想过于激进，理论方法和理论逻辑不够统一，问题分析不够系统。但是就此否认伊格尔顿文化批判的思想性也是不客观的，"英格兰没有理论家，这也不符合事实"③。伊格尔顿有着自己观察和分析问题的方式，这也代表了英国马

---

① 王雨辰：《哲学批判与解放的乌托邦》，145 页，哈尔滨，黑龙江大学出版社，2007。

② ［英］伊格尔顿：《文化的观念》，方杰译，21 页，南京，南京大学出版社，2003。

③ ［英］杰里米·帕克斯曼：《英国人》，严维明译，204 页，上海，上海译文出版社，2000。

克思主义者的理论研究风格，"英国马克思主义者们都是理论家，他们
著书立说展现理论的魅力，但他们也不是理论家，因为他们有着强烈的
经验主义的色彩，通过多种方式来践行他们的思想和理论，这是英格兰
人解决问题的典型方法"①。

当代世界尤其是西方资本主义社会因为科学技术的发展发生了巨大
的变化，呈现出不同于传统资本主义社会的诸多新特征与新问题，社会
主义运动在西方发达资本主义国家陷入低潮，尤其是在苏东剧变之后，
马克思主义理论也遭遇到了重大危机，"20世纪末，东欧剧变、苏联解
体等重大历史变化又一次对马克思主义的革命运动提出了挑战。一些偏
激人士，如弗朗西斯·福山，基于这些变化，断言社会主义和马克思主
义的终结。他认为，西方国家实行的自由民主制度也许是'人类意识形
态发展的终点'和'人类最后一种统治形式'，并因此成为'历史的终
结'"②。如何正确认知当代世界的存在方式成为一个重大的理论问题。
"在过去的几十年中，当殖民制度已被舍弃，苏联对资本主义世界的市
场的障碍最终坍塌……一种新的主权形式正在出现。"③这种新的主权形
式既是帝国主义发展的产物，又兼具自己的特征，是一个全新的世界历
史阶段，"新的全球的主权形式就是我们所称的帝国"④。

"帝国"是帝国主义在当代的最新表现形式，是一种新型的资本主义

---

① 乔瑞金：《英国的新马克思主义》，586 页，北京，人民出版社，2013。

② 张一兵：《启蒙的自反与幽灵式的在场》，2 页，哈尔滨，黑龙江大学出版社，
2007。

③ Antonio Negri and Michael Hardt, *Empire*，Harvard：Harvard University Press，
2000，xi.

④ Ibid.，xi.

的社会存在方式。帝国范畴宣告了后现代主义理论与历史终结论的破产，即帝国是一种新的历史存在形式，它存在于"历史终结论"的终结之外，"对我们而言，福山所说的历史终结实际指的是现代性的核心危机的终结。这一贯存在于现代之中，并界定着现代性的冲突，构成了现代主权的基点……而历史也正是在这一意义，也只是在这一意义上终结了"①。帝国恰恰是传统资本主义现代性终结之后的社会历史存在形式，同时，帝国也不是后现代主义所批判的历史对象，而是世界历史与资本主义发展的产物，并不单单是文学隐喻，资本主义全球化与自由主义是推动帝国形成的重要因素。

帝国时代的社会是一个控制社会，资本不但控制社会物质财富，而且试图控制人们的日常生活和心理行为。因此，在帝国时代资本吸纳的是整个社会的生命，社会的一切都笼罩于资本的阴影之下，"在生命政治的语境下，可以说资本不仅吸纳了劳动，而且吸纳了作为整体的社会，或者说是社会生命本身，因为生命既是生命政治生产过程的要素，也是其产品"②。人是一种文化存在，在社会实践过程中印证了自身的存在方式与价值。在当代资本主义社会，资本的实质上已经将人们的物质性存在与精神性存在都纳入资本体系，资本成为笼罩在全球之上的一张大网，构成当代人类存在与实践的基本方式。

在传统资本主义社会，工人阶级是资本主义的反抗主体，而到了帝

---

① Antonio Negri and Michael Hardt，*Empire*，Harvard：Harvard University Press，2000，p. 189.

② ［美］迈克尔·哈特、［意］安东尼奥·奈格里：《大同世界》，王行坤译，114 页，北京，中国人民大学出版社，2015。

国时代，由于非物质劳动的发展，使得广大劳动人民呈现出分散化与流动化的特征，工人阶级运动的基础遭到削弱，"今日的无产阶级所经历的贫困，事实上不仅仅指马克思、恩格斯所说的那种不断下降的工资以及个人和集体生活所需要的物质资源的贫乏，而且还指我们作为人类的能力，尤其是我们的政治行动能力越来越严重的被剥夺"①。这种工人阶级政治运动能力的削弱就要求我们必须重新来理解无产阶级，重新理解反抗的社会主体。

面对此时出现的马克思主义理论危机和资本主义意识形态的无端攻讦，更需要有人挺身而出为马克思主义辩护，正本清源来维护马克思主义理论的科学性，坚持马克思主义的基本原则，揭露资本主义意识形态的本质，并用马克思主义的基本观点去重新唤起社会主义运动的高潮，伊格尔顿无疑就是这种"雪中送炭"的学者。他在马克思主义理论和学说遭到种种质疑和危机的时刻，始终坚持站在马克思主义经典的立场上维护它的纯粹性和必要性，他也是一名经典的革命马克思主义者，始终坚守着马克思的革命设想，期待着马克思主义理论和工人阶级实践的完美结合，期待着社会从"必然王国"向"自由王国"的转变②。马克思清楚地看到，资本主义的发展是资本与劳动互相作用的结果，"一方是资本，另一方是劳动，两者作为独立的形态相互对立；因而两者也是作为异己的东西互相对立。与资本对立的劳动是他人的劳动，与劳动对立的资本

---

① Michael Hardt，Antonio Negri，*Declaration*，Distributed by Argo Naris Author Services，2012，p. 32.

② 乔瑞金：《英国的新马克思主义》，10页，北京，人民出版社，2013。

是他人的资本"①。资本主体与劳动主体的辩证运动决定着资本主义社会的发展情况，劳动者作为资本主义的主体，其主体意识是逐渐发展起来的，而这种主体意识的觉醒，正是寻求自身解放的必要阶段。

马克思指出："以交换价值为基础的生产便会崩溃，直接的物质生产过程本身也就摆脱了贫困和对抗性的形式。个性得到自由发展，因此并不是为了获得剩余劳动而缩减必要劳动时间，而是直接把社会必要劳动时间缩减到最低限度，那时，与此相适应，由于给所有的人腾出了时间和创造了手段，个人会在艺术、科学等方面得到发展。"②随着资本主义的发展，在当今科学技术成为"第一生产力"的社会条件下，广大劳动人民并没有获得解放，反而更加深陷于资本逻辑的统治之中。这样的窘况使得西方马克思主义者们对历史唯物主义产生怀疑，人类解放的信心开始动摇，他们认为，历史唯物主义的解放理论具有两难性，马克思"留给我们的只是一个令人沮丧的选择：是要生产性的奴役，还是要非生产性的自由"③。因此，一些当代左翼理论家不得不将人类的解放置于生产之外，背离了历史唯物主义的基本原则与方法，试图从所谓的"审美意识"中去寻求人类解放的途径。

在这点上，伊格尔顿超越了后现代主义者，他曾指出，后现代主义者如德里达"只想把马克思主义用作一种批判、异见，进行痛斥的方便工具，不太愿意涉及它的肯定性的内容。他想要的其实就是一种没有马

---

① 《马克思恩格斯全集》，第 30 卷，223 页，北京，人民出版社，1995。
② 《马克思恩格斯全集》，第 31 卷，101 页，北京，人民出版社，1998。
③ ［美］汉娜·阿伦特：《人的境况》，王寅丽译，76 页，上海，上海人民出版社，2009。

克思主义的马克思主义，就是说按他自己的条件舒服地占有了的马克思主义"①，"我们不禁要问，在里根—撒切尔时代的漫漫长夜里，在我们需要他的时候，雅克·德里达其人在哪里呢?"②而伊格尔顿对于马克思主义理论的审慎态度和深刻理解及其运用就体现了伊格尔顿坚定地马克思主义信仰和优秀的学术品质，他没有随波逐流，追求社会主流问题和肤浅现象，而是坚持在挖掘资本主义危机根源的基础上，启发人们对于马克思主义进行重新认识。"作为一位坚定的马克思主义者，伊格尔顿正是基于多年对马克思主义深入和系统的研究认为，让整个世界重新认识、反思马克思主义的契机正在显现"③，在这种契机来临之前，伊格尔顿高扬马克思主义的理论武器对资本主义进行了激烈批判，并在文学艺术领域推进了马克思主义理论的发展。同时，他将科学技术发展与社会革命新主体内在地联系起来，以此来预示说明共产主义运动趋势，揭示出生产力的发展对社会革命主体的积极促进作用，对于消除西方马克思主义科学技术悲观论的影响，坚定社会主义必然胜利的信心具有非常深远的意义。

马克思说过："哲学家们只是用不同的方式解释世界，而问题在于改变世界。"④在伊格尔顿看来，在当前资本主义危机之下，改造世界的任务更加紧迫，所以其文化批判思想对资本主义意识形态进行了深入分

---

① [英]伊格尔顿：《历史中的政治、哲学、爱欲》，马海良译，124 页，北京，中国社会科学出版社，1999。

② 同上书，121 页。

③ [英]伊格尔顿：《马克思为什么是对的》，李杨译，北京，新星出版社，2001。

④ 《马克思恩格斯选集》，第一卷，61 页，北京，人民出版社，1995。

析和多角度的批判，以便更好的促进社会政治运动的发展。这种重政治批判，轻理论建构的特征正是伊格尔顿文化批判思想的鲜明特色，这种特色体现出了 20 世纪以来尤其是 20 世纪中叶之后国外马克思主义发展的共同特征，"这些新马克思主义流派首要关切的不是理性的逻辑，而是人类的共同命运；它们继承和发扬了马克思学说基于实践之超越本性的历史性和实践性的文化批判精神，在 20 世纪的特殊历史条件下针对发达资本主义社会的变化和文化境遇，探寻新的革命变革的思路，以深刻的方式切入 20 世纪人类生存的焦点问题，开拓出马克思主义社会批判的新视野"①。伊格尔顿的文化批判思想集中体现了这种批判精神，他针对现代资本主义社会的文化问题和阶级矛盾，分析了新的文化现象和文化冲突背后的意识形态内涵和权力要素，深入文学艺术领域探索了文本与文本生产的意识形态功能和政治效应，并进而探讨了话语符号的结构及其与权力结构的紧密关联，指出了现代意识形态的微观化和隐秘性等新特点。

在此基础之上，伊格尔顿提倡日常生活文化批判、文学艺术审美批判与政治批判相结合的总体性文化批判思想，在对资本主义意识形态进行全面批判的同时，高扬马克思主义意识形态和文化批判理论的革命性和先进性，促进了马克思主义社会批判理论的进一步深化和发展。当然对于伊格尔顿文化批判思想的错误和不足也要有一个清醒的认识和正确的理解，毕竟受西方社会认识论和方法论的影响，他的文化批判思想也

---

① 张一兵：《启蒙的自反与幽灵式的在场》，3 页，哈尔滨，黑龙江大学出版社，2007。

具有一定的局限性。

20世纪50年代以来，随着经济全球化的推进，世界政治、经济、文化交流的深度和广度进一步发展，但是这种全球化在很大程度上是以西方发达资本主义国家为主导的全球化过程，资本主义文化借着经济全球化的东风大行其道，在进行文化交流的同时进行文化侵略，进而引起剧烈的文化碰撞和文化冲突，一定程度上导致了世界发展的不稳定。而当代西方资本主义文化发展的同时也遭遇严重的危机，这些危机表面看来纷繁复杂、盘根错节，但实际上都与资本主义的发展逻辑密切联系在一起，是资本主义发展的产物和表现。因此，如何认识资本主义的文化危机和文化冲突，对于正确认识资本主义社会的发展具有重要的作用。

当前中国正处于经济全球化的背景之下，国际间的文化交流和文化冲突日益增强，在传统民族文化走向世界的同时，外来文化尤其是西方文化也进入中国，与民族文化进行交流、碰撞和融合。中国文化建设在取得重大成绩的同时也出现了一些问题，影响了中国现代化建设的顺利进行。在这种情形下，我们应该在坚持马克思主义文化思想的基础之上，既要批判继承传统文化资源，也要借鉴外来文化的精华尤其是当代文化理论发展的积极成果，对其进行转化和吸收，为我们的现代化文化建设服务。其中，当代国外马克思主义理论具有特殊的意义，它坚持马克思主义的基本理论原则，针对现代社会的具体问题提出了自己的思考并做出了自己的理论贡献，这对于马克思主义中国化的发展具有重要的借鉴意义，非常值得我们去学习和反思。

因此，"我们无论如何不应该与国外马克思主义流派这些20世纪重要的思想理论资源擦肩而过。毫无疑问，在面对国外马克思主义的众多理论流派时，忽视它们的局限性、失误和理论错误，肯定是错误的理论倾向；然而，不去认真研究国外马克思主义流派所提供的重要启示，同样是不能容许的偏狭和封闭"①。作为英国马克思主义理论的重要组成部分，伊格尔顿的文化批判思想将资本主义的文化危机作为自己的研究对象，其理论研究涉及资本主义的大众文化、意识形态、文化逻辑、文化危机、现代性和后现代性等诸多领域和问题，深入分析了这些社会现象和文化问题产生的本源、机制及其过程，并且提出了他自己解决这些问题的途径和方法，这对于我们认识当代资本主义社会的现状和本质具有较为重要的参考价值，对于中国的现代化文化建设也具有一定的启示意义。

---

① 王雨辰：《哲学批判与解放的乌托邦》，4 页，哈尔滨，黑龙江大学出版社，2007。

参考文献

伊格尔顿主要著作及相关论文：

(一)专著及相关论文：

1. *Shakespeare and Society*, *Critical Studies in Shakespearean Drama*, London：Chatto&Windus，1967

2. *From Culture to Revolution*，Ed. with Brian Wicker. London and Sydney：Sheed&Ward，1968

3. *"What Is a Common Culture?"*，*From Culture to Revolution*，Ed. with Brian Wicker. London and Sydney：Sheed&Ward，1968

4. *Exiles and Emigraion：Studies in Modern Literature*，London：Chatto&Windus，1970

5. *The Body as Language：Outline of A "New Left" Theory*，London and Sydney：Sheed&Ward，1970

6. *Myths of Power：A Marxist Study of the Brontes*，London：Macmillan，1975

7. "Criticismand Politics：The Work of Ramond Williams"，in *New*

Left Review，Vol 95，1976

8. *Criticism and Ideology.* London：Verso，1976

9. *Marxism and Literary Criticism.* London：Methuen，1976

10. *Brecht and Company a Play*，1979.

11. "Ideology，Fiction，Narrative"，in *Social Text*，No. 2，1979

12. *Walter Benjamin：Or Toward a Revolutionary Criticism*，London：Verso，1981

13. "The End OF Criticism"，in *Southern Review*，1981

14. "Marxism and Deconstruction"，in *Contemporary Literature*，Vol. 22，No. 4

15. *Marxism and the Crisis of the World*，1981

16. *The Rape of Clarissa*，*Writing*，*Sexuality and Class Struggle in Samuel Richardson*，Oxford：Blackwell，1982

17. "The Revolt of the Reader"，in *New Literature History*，Vol. 13，No. 3，Theory：Parodies，Puzzles，Paradigms，1982

18. "Frederic Jameson：The Politics of Style"，in *Diacratics*，Vol. 12，No. 3，198

19. *Literary Theory：An Introduction*，Oxford：Blackwell，1983

20. *The Function of Criticism：From the Shakespeare to Post-Structuralism*，London：Verso，1984

21. "Brecht and Rhetoric"，in *New Literature History*，Vol. 16，No. 3，On Writing Histories of Literature，1985

22. "Marxism，Structuralism，and Post-Structuralism"，in *Diacratics*，Vol. 15，No. 4，Marx after Derrida，1985

23. "The Subject of Literature, Cultural Critique", in *New Literature History*, Vol. 16, No. 2, 1985—1986

24. *Against the Grain: Essays* (1975—1985), London and New York: Verso, 1986

25. *William Shakespeare (Rereading Literature)*, Oxford: Blackwell, 1986

26. *Saints and Scholars*, London: Verso, 1987

27. "Ideology of the Aesthetic", in *Poeties Today*, Vol. 9, No. 2, 1988

28. *Nationalism: Irony and Commitment*, Derry: Field Day, 1988

29. *Saint Oscar, Lawrence Hill*, Derry: Field Day, 1989

30. "Saint Oscar: A Farewell", in *New Left Review*. No177, 1989

31. *Raymond Williams: A Critical Reader*, Northeastern. University Press, 1989

32. "Base and Superstructure in Raymond Williams", in *Raymond Williams: Critical Perspectives*. Boston: Northeaster University Press, 1989

33. *The Ideology of the Aesthetic*, Oxford: Blackwell, 1990

34. *Nationalism, Colonialism and Literature*, Monneapolis: University of Minnesota Press, 1990

35. *The Significance of Theory*, ed. An Introduced by Mochael Payne-and M. A. R. Habib. Oxford: Blackwell, 1990

36. *Ideology: An Introduction*, London: Verso, 1991

37. The *Crisis of Contemporary Culture: An Inaugural Lecture*, deliv-

ered before the University of Oxford on November 1992, Clarendon Press, 1993

38. *Wittgenstein*, British Film Insitute, 1993

39. *Ideology*, Longman. 1994

40. *Heathcliff and the Great Hunger: Studies in Irish Culture*, London and New York: Verso, 1995

41. *The Illusions of Postmodernism*, Oxford: Blackwell, 1996

42. *Marxist and Literary: A Reader*, ed. with D, 1996

43. *Saint Oscar and Other Plays*, Oxford: Blackwell, 1997

44. "The Contradictions of Postmodernism", in *The New Literary History*, No. 1, The John Hopkins University Press, 1997

45. *Marx and Freedom*, Phoenix. 1997

46. *Critical Commentary*, *Hard Times by Charles Dickens*, London and New York: Methuen, 1997

47. "The Idea of Common Culture", in *The Eagleton Reader*. Ed. by Stephen Ragan. Oxford: Blackwell, 1997

48. *The Eagleton Reader*, Ed. by Stephen Ragan, Oxford: Blackwell, 1997

49. *Marx*, Phoenix, 1998

50. *Crazy John and the Bishop and Other Essay on Irish Culture*, University of Notre Dame Press, 1998

51. *Scholars And Rebels: In Nineteeth-Century Ireland*, Oxford: Blackwell, 1999

52. *The Truth about the Irish*, Dublin: New Island Books, 1999

53. *Marx: The Great Philosophy*, London: Blackwell, 1999

54. *The Idea of Culture*, Oxford: Blackwell, 2000

55. "Base and Superstructure Revisited", in *New Literary History*, Vol. 31. 2000

56. *The Gatekeeper: A Memoir*, London: Allen Lane / Penguin. 2001

57. *Sweet Violence: The Idea of The Tragic*, Oxford: Blackwell, 2003

58. *After Theory*, New York: Basic Books, A Member of the Perseus Books Group, 2003

59. *Holy Terror*, Oxford: Oxford Univerisity Press, 2003

60. *English Novel: An Introduction*, Wiley-Blackwell, 2003

61. *A Future for Socialism? Bulletin of the Marx Memorial Library (Autumn, 2003): No. 138*

62. *Literary Theory: An Introduction*, Beijing: Foreign Language Teaching and Research Press, 2004

63. *The English Novel*, Malden, MA: Blackwell, 2007

64. *The Meaning of Life: A Very Short Introduction*, Oxford: Oxford Univerisity Press, 2007

65. *Raymond Williams: Critical Perspectives*, Ed. Cambridge: Polity Press, 2007

66. *Trouble with Stangers: A Study of Ethics*, Malden and Oxford: Wiley-Blackwell, 2008

67. *Terry Eagleton: A Critical Intoduction*, by James Smith. Cambridge: Polity Press, 2008

68. *The Phenomenal Slavoj Zizek—Is There Any Subject on Earth That isn't Grist to Zizek's Intellectual Mill*，2008

69. *Reason，Faith，and Revolution：Reflections on the God Debate*，New Heaven and London：Yale University Press，2009

70. *The Task of the Critic：Terry Eagleton in Dialogue*，London & New York：Verso，2009

71. *On Evil*，New Heaven and London：Yale University Press，2010

72. *Why Marx Was Right*，Yale University Press，2011

73. *The Event of Litetature*，New Haven：Yale University Press，2011

74. *Across the Pond：An Englishman's View of America*，New York：Norton & Company，2013

75. *Culture and the Death of God*，Wales：Gomer Press Ltd，2014

（二）中文译著：

1. 伊格尔顿. 马克思主义与文学批评. 文宝译. 北京：人民文学出版社. 1980

2. 伊格尔顿. 二十世纪西方文学理论. 伍晓明译. 西安：陕西师范大学出版社. 1986

3. 伊格尔顿. 文学原理引论. 刘峰译. 北京：文化艺术出版社. 1987

4. 伊格尔顿. 当代西方文学理论. 王逢振译. 北京：中国社会科学出版社. 1988

5. 伊格尔顿. 当代文学理论导论. 聂振雄等译. 台北：旭日出版社. 1987

6. 伊格尔顿. 当代文学理论. 钟嘉文译. 台北：南方丛书出版

社. 1988

7. 伊格尔顿. 女权主义文学理论. 胡敏等译. 长沙：湖南文艺出版社. 1989

8. 伊格尔顿. 文本·意识形态·现实主义. 张冲译. 最新西方文论选.（王逢振等编）. 1991

9. 伊格尔顿. 与美学价值. 王齐建译. 西方马克思主义文论选.（陆梅林主编）. 桂林：漓江出版社. 1991

10. 伊格尔顿. 文学理论导读. 吴新发译. 台北：书林出版有限公司. 1993

11. 伊格尔顿. 审美意识形态. 方杰等译. 桂林：广西师范大学出版社，1997

12. 伊格尔顿. 美学意识形态（修订版）. 方杰等译. 北京：中央编译出版社，2013

13. 伊格尔顿. 历史中的政治、哲学、爱欲. 马海良译. 北京：中国社会科学出版社. 1999

14. 伊格尔顿. 后现代主义的幻象. 华明译. 北京：商务印书馆. 2000

15. 伊格尔顿. 文化的观念. 方杰译. 南京：南京大学出版社. 2000

16. 伊格尔顿. 文化的理念. 林志忠译. 台北：巨流图书公司. 2002

17. 伊格尔顿. 沃尔特·本雅明或走向革命的批评. 郭国梁等译. 南京：译林出版社. 2005

18. 伊格尔顿. 现象学，阐释学，接受理论——当代西方文艺理论. 王逢振译. 南京：江苏教育出版社. 2006

19. 伊格尔顿. 二十世纪西方文学理论. 伍晓明译. 北京：北京大学出

版社. 2007

20. 伊格尔顿. 甜蜜的暴力. 方杰、方宸译. 南京：南京大学出版社. 2007

21. 伊格尔顿. 理论之后. 商正译. 北京：商务印书馆. 2009

22. 伊格尔顿. 理论之后：文化理论的当下与未来. 李尚远译. 台北：商周出版社. 2005

23. 伊格尔顿. 马克思为什么是对的. 李杨等译. 北京：新星出版社. 2011

24. 伊格尔顿. 散布在华尔街的马克思. 李尚远译. 台北：商周出版社. 2012

25. 伊格尔顿. 人生的意义. 朱新伟译. 北京：译林出版社. 2012

26. 伊格尔顿. 生命的意义是爵士乐团. 方佳俊译. 台北：商州出版社. 2009

27. 伊格尔顿. 异端人物. 刘超等译. 南京：江苏人民出版社. 2014

28. 伊格尔顿. 论邪恶——恐怖行为忧思录. 林雅华译. 长沙：湖南人民出版社. 2014

29. 伊格尔顿. 批评家的任务——与特里·伊格尔顿对话. 王杰等译. 北京：北京大学出版社. 2014

30. 伊格尔顿. 如何阅读文学. 黄煜文译. 台北：商周出版社. 2014

31. 伊格尔顿. 文学阅读指南. 范浩译. 郑州：河南大学出版社. 2015

32. 伊格尔顿. 文化与上帝之死. 宋政超译. 郑州：河南大学出版社. 2016

33. 伊格尔顿. 如何读诗. 陈太胜译. 北京：北京大学出版社. 2016

34. 伊格尔顿. 文学事件. 阴志科译. 郑州：河南大学出版社. 2017

35. 伊格尔顿. 批评的功能. 程佳译. 重庆：西南师范大学出版社. 2018

36. 伊格尔顿. 论文化. 张舒语译. 北京：中信出版社. 2018

37. 伊格尔顿. 勃朗特姐妹——权力的神话. 高晓玲译. 北京：中信出版社. 2019

其他参考文献：

（一）英文文献：

1. Graeme Turner. *British Cultural Studies：An Introduction*，Unwin Hyman，1990

2. Andrew Tudor. *Decoding Culture：Theory and Method in Cultural Studies*. Sage Publications，1999

3. Smith James. *Terry Eagleton：A Critical Introduction*. Cambridge：Polity，2008

4. Gerard Mc Cann. *Theory and History：the Political Thought of E. P. Thompson*. Ashgate Publishing Ltd，1997

5. Harvey J. Kaye. *The British Marxist Historians：an Introductory Analysis*. Cambridge：Polity Press，1984

6. Michael Kenny. *The First New Left：British Intellectuals after Stalin*. Lawrence & Wishart，1995

7. John Moorhouse. *A historical Glossary of British Marxism*. San Bernardino. CA：Borgo Press，1987

8. John Saville. *Essays in Labour History*，（1886—1923）. London：

Macmillan，1971

9. Christopher Hill. *Intellectual Origins of the English Revolution*. Oxford：Clarendon Press，2001

10. Eric J. Hobsbawm. *Worlds of Labour：Further Studies in The History of Labour*. London：Weidenfeld and Nicolson，1984

11. Raymond Williams. *Marxism and Literature*. Oxford University Press，1977

12. Raymond Williams. "Towards a Socialist History：In Defence of History". *History Workshop Journal*，1979

13. Raymond Williams. *May Day Manifesto* 1968. Penguin Books，1968

14. Raymond Williams. *Politics and Letters：Interviews with New Left Review*. London：Verso，1981

15. Perry Anderson. *Arguments Within English Marxism*. London：Verso，1980

16. David Coates. *A Socialist Anatomy of Britain*. Cambridge：Polity Press，1985

17. Simon Clarke. "Towards a Socialist History：Socialist Humanism and the Critique of Economism". *History Workshop Journal*，1979

18. Tom Nairn. *The Break-up of Britain：Crisis and Neo-nationalism*. New Left Books，1977

19. Dennis Dworkin. *Cultural Marxism in Post War Britain：History, the New Left, and the Origin of Cultural Studies*. Duke Universi-

ty Press，1997

20. Gareth Stedman Jones. "Working-Class Culture and Working-Class Politics in London，1870—1900". *Journal of Social History*. Vol. 7，No. 4，1974

21. Gregor McLennan. "Philosophy and History: Some Issues in Recent Marxist Theory". *in Making Histories: Studies in History Writing and Politics*，1982

22. Tom Nairn. "The British Political Elite". *New Left Review*，1964

23. Tom Nairn. "The English Working Class". *New Left Review*，1964

24. Raymond Williams. "Marxism，Structuralism and Literary Analysis". *New Left Review*，1981

25. Raymond Williams. "The Idea of Culture"，in John McIlroy and Sallie Westwood(rds)，*Border Country: Raymond Williams in Adult Education*. Leicester，1993

26. Raymond Williams. *The Long Revolution*. London，1961

27. Edward Said. *Culture and Imperialism*. London，1993

28. Douglas Kellner. *Media Culture: Cultural Studies，Identity and Politics between the Modern and the Postmodern*. Routledge，1995

29. Johann Gottfried von Herdel. *Reflections on the Philosophy of the History oh Mankind* (1784—1791)，Reprinted. Chicago，1968

30. T. S. Eliot. *The Idea of Christian Society*. London，1939

31. Stephen Regan. *The Eagleton Render*. Oxford: Blackwell Publisher

Ltd，1988

32. Fredic Jameson. *Aesthetics and Politics*. London：NLB，1977

33. George Katsiaficas. *The Imagination of The New Left：A Global Analysis of* 1968. USA：South End Press，1987

34. A. J. Ayer. *The Gentral Questions of Philosophy*. Weidenfeld &Nicolson，1973

35. W. H. Newton-Smith. *The Rationality of Science*. London：Routledge & Kegan Paul Ltd，1981

36. Stephen Zelnick. "Marxism and Literary Criticism". *The Journal of Aesthetics and Art Criticism*，Vol. 35，No. 4，1977

37. James H. Kavanagh. "Marxism's Althusser：Toward a Politics of Literary Theory". *Diacratics*，Vol. 12，No. 1，1982

38. Andrew Martin and Patrice Petro. "Interview with Terry Eagleton". *Social Text*. No. 13/14，1986

39. Catherine Gallagher. "The New Marxism in Marxist Aesthetics". *Theory and Society*，Vol. 9，No. 4，1980

40. Richard Hoggart. *The Uses of Literacy*. New Brunswick. Transation Publishers，1988

41. Richard Hoggart. *The tyranny of Relativism：Culture and Politics in Contemporary English Society*. New Brunswick. Transation Publishers，1998

42. Richard Hoggart. *Mass Media in a Mass Society：Myth and Reality*. New York：Continuum，2004

43. Stuart Hall and Paddy Whannel. *The Popular Arts*. London: Hutchinson, 1964

44. Stuart Hall. "Cultural Identity and Diaspora", in Jonathan Rutherford(ed.), *Identity: Community, Culture, Difference*. London: Lawrence&Wishart, 1990

45. Stuart Hall. "Cultural Studies and Its Theoretical Legacies", in Lawrence Grossberg, Cary Nelson and Paula Treichler(eds.), *Cultural Studies*. New York: Routledge, 1992

46. Stuart Hall. "Encoding/Decoding", in Simon During (ed.), *The Cultural Studies Reader*, London: Routledge, 1993

47. Stuart Hall. "Cultural Studies: Two Paradigms", in John Storey (ed.), *What Is Cultural Studies? A Reader*. London and New York: St. Martin's Press, 1996

48. Stuart Hall. *Representation: Cultural Representations and Signifying Practices*. London: Sage Publication and The Open University, 1997

49. John Fiske. *Television Culture*. London and New York: Mathuen, 1987

50. John Fiske. *Understanding the Popular Culture*. London Sydney Willington: Unwinhyman. Inc, 1989

51. Dick Hebdige. *Subculture: The Meaning of Style*. London Methuen, 1979

52. Dick Hebdige. *Hiding in the Light: On Images and Things*. London:

Routledge，1988

53. Dick Hebdige. "From Culture to Hegemony"，in Simon During，*The Cultural Studies Reader*. London Routledge，1993

54. Paul Willis. *Profane Culture*. London Routledge，1978

55. Paul Willis. *Common Culture*. Buckingham：Open University Press，1990

56. Lawrence Grossberg. *We Gotta out of This Place：Popular Conservatism and Postmodern Culture*. New York and London：Routledge，1992

57. Phil Cohen. "Subcultural Conflict and Working Class Community"，in Stuart Hall et al，*Culture，Media，Language：Working Papers in Cultural Studies* 1972—79，London Routledge，1991

58. Perry Anderson. "Socialism and Pseudo-empiricism". *New Left Review*，1966

59. Perry Anderson. "The antinomics of antonio Gramsci". *New Left Review*，1976

60. Perry Anderson. *English Questions*. London and New York，Verso，1992

61. Paul de Man. *Allegories of Reading*. New Haven and London，1979，pp. 10，50

62. Edward Thompson. *An Open Letter to Leszek Kolakowski*. E. P. Edward Thompson. *The Poverty of Theory*. New York，Monthly Review Press，1978

63. David Lodge(ed.). *Modern Criticism and Theory Reader*. London and New York Longman, 1988

64. Andre Gorz. *Ecology as Politics*. *Boston*. South End Press, 1980

65. Robyn Eckersley. *Environmentalism and Political Theory*. Albany. State University of New York, 1992

66. John Bellamy Foster. *Marx's Ecology*. New York, Monthy Review Press, 2000

67. John Bellamy Foster. *Ecology Against Capitalism*. New York, Monthy Review Press, 2002

68. Jonathan Dollimore and Alan Sinfield, ed. s. *Political Shakepeare*: *Eassy in Cultural Materialism*, second edition, Ithaca and London: Cornell University Press, 1994

69. Fredic Jameson. "Postmodernism, or the Cultural Logic of Late Capotalism". *New Left Review*. No. 146, 1984

70. Gavin Kitching. *Karl Marx and the Philosophy of Praxis*. London and New York. Routledge, 1988

71. Regan, S. *The Eagleton Reader*. UK: Blackwell Publishers, 1998

72. Smith, J. Terry Eagleton. *A Critical Introduction*. Cambridge: Polity, 2008

73. Antonio Negri and Michael Hardt. *Empire*. Harvard University Press, 2000

74. John Higgins, ed. *Raymond Williams Reader*. Oxford: Blackwell Publishers, 2001

75. Barney Warf，Santa Arias（ed）*The Spatial Turn*：*Interdisciplinary Perspectives*，London and New York：Routledge，2009

76. Soja. *Seeking Spatial Justice*. Minneapolis：University of Minnesota Press，2010

（二）中文文献：

1. 马克思恩格斯选集. 北京：人民出版社. 1995

2. 马克思恩格斯文集（1—10）. 北京：人民出版社. 2009

3. 列宁选集. 北京：人民出版社. 1995

4. ［古希腊］亚里士多德. 修辞学. 罗念生译. 北京：生活·读书·新知三联书店. 1991

5. ［英］以赛亚·伯林. 自由论. 胡传胜译. 北京：维译林出版社. 2001

6. ［英］雷蒙德·威廉斯. 文化与社会. 吴松江等译. 北京：北京大学出版社. 1991

7. ［英］雷蒙德·威廉斯. 关键词：文化与社会的词汇. 刘建基译. 北京：生活·读书·新知三联书店. 2005

8. ［英］雷蒙德·威廉斯. 现代主义的政治. 阎嘉译. 北京：商务印书馆. 2004

9. ［英］马修·阿诺德. 文化与无政府状态. 韩敏中译. 北京：生活·读书·新知三联书店. 2002

10. ［英］T. S. 艾略特. 略论文化的定义. 杨民生等译. 成都：四川人民出版社. 1989

11. ［英］埃里克·霍布斯鲍姆. 民族与民族主义. 李金梅译. 上海：上

海人民出版社. 2006

12. ［英］佩里·安德森. 西方马克思主义探讨. 高铦等译. 北京：人民出版社. 1981

13. ［英］佩里·安德森. 当代西方马克思主义. 余文烈译. 北京：东方出版社. 1989

14. ［美］马尔库塞. 单向度的人. 刘继译. 上海：上海译文出版社. 2006

15. ［英］E. P. 汤普森. 英国工人阶级的形成. 钱乘旦译. 南京：译林出版社. 2001

16. ［英］E. P. 汤普森. 共有的习惯. 沈汉等译. 上海：上海人民出版社. 2002

17. ［英］索利. 英国哲学史. 段德智译. 济南：山东人民出版社. 1992

18. ［英］迈克尔·肯尼. 第一代英国新左派. 李永新等译. 南京：江苏人民出版社. 2010

19. ［法］路易·阿尔都塞. 保卫马克思. 顾良译. 北京：商务印书馆. 1984

20. ［法］路易·阿尔都塞. 哲学与政治：阿尔都塞读本. 陈越编译. 长春：吉林人民出版社. 2010

21. ［法］安东尼奥·葛兰西. 狱中札记. 曹雷雨等译. 北京：中国社会科学出版社. 2000

22. ［法］安东尼奥·葛兰西. 葛兰西文选. 李鹏程编. 北京：人民出版社. 2008

23. ［英］戴维·麦克莱伦. 马克思以后的马克思主义. 李智译. 北京：

中国人民大学出版社. 2004

24. 〔英〕戴维·麦克莱伦. 马克思思想导论. 郑一明等译. 北京：中国人民大学出版社. 2008

25. 〔英〕约翰·斯道雷. 文化理论与通俗文化导论. 常江译. 北京：北京大学出版社. 2010

26. 〔英〕G. A. 柯亨. 卡尔·马克思的历史理论——一个辩护. 岳长龄译. 重庆：重庆出版社. 1989

27. 〔美〕丹尼斯·德沃金. 文化马克思主义在战后英国. 李丹凤译. 北京：人民出版社. 2008

28. 〔加〕艾伦·伍德. 民主反对资本主义——重建历史唯物主义. 吕薇洲等译. 重庆：重庆出版社. 2007

29. 〔加〕艾伦·伍德. 新社会主义. 尚庆飞译. 南京：江苏人民出版社. 2008

30. 〔英〕柯林武德. 历史的观念. 何兆武等译. 北京：商务印书馆. 2009

31. 〔斯洛文尼亚〕斯拉沃热·齐泽克. 图绘意识形态. 方杰译. 南京：南京大学出版社. 2002

32. 〔英〕斯图亚特·霍尔、保罗·杜盖伊. 文化身份问题研究. 庞璃译. 郑州：河南大学出版社. 2010

33. 〔英〕安东尼·吉登斯. 社会的构成. 李康等译. 北京：生活·读书·新知三联书店. 1998

34. 〔美〕波林·罗斯诺. 后现代主义与社会科学. 张国清译. 上海：上海译文出版社. 1998

35. [德]恩斯特·卡西尔. 人论. 甘阳译. 北京：西苑出版社. 2003

36. [美]劳伦斯·格罗斯伯格. 文化研究的流通. 见罗钢、刘象愚主编. 文化研究读本. 北京：中国社会科学出版社. 2000

37. [英]拉尔夫·密里本德. 资本主义社会的国家. 沈汉等译. 北京：商务印书馆. 1997

38. [法]莫里斯·梅劳-庞蒂. 哲学赞词. 杨大春译. 北京：商务印书馆. 2000

39. [苏]什克洛夫斯基. 作为手法的艺术. 朱立元等译. 北京：高等教育出版社. 2002

40. [英]丹尼·卡瓦拉罗. 文化理论关键词. 张卫东译. 南京：江苏人民出版社. 2006

41. [美]A. 麦金太尔. 追寻美德. 宋继杰译. 南京：译林出版社. 2008

42. [美]迈克尔·哈特、[意]安东尼奥·奈格里. 帝国：全球化的政治秩序. 杨建国等译，南京：江苏人民出版社. 2003

43. [英]恩斯特·拉克劳、查特尔·墨菲. 领导权与社会主义的策略——走向激进民主政治. 尹树广等译. 哈尔滨：黑龙江人民出版社. 2003

44. [英]迈克·克朗. 文化地理学. 杨淑华等译. 南京：南京大学出版社. 2003

45. [英]安东尼·吉登斯. 历史唯物主义的当代批判. 郭忠华译. 上海：上海译文出版社. 2010

46. [美]大卫·哈维. 希望的空间. 胡大平译. 南京：南京大学出版

社. 2006

47. [美]大卫·哈维. 新帝国主义. 初立忠等译. 北京：社会科学文献
    出版社. 2009

48. [美]汉娜·阿伦特. 人的境况. 王寅丽译. 上海：上海人民出版
    社. 2009

49. [英]安东尼·吉登斯. 历史唯物主义的当代批判：权力、财产与国
    家. 郭忠华译. 上海：上海译文出版社. 2010

50. [英]弗朗西斯·马尔赫恩编. 当代马克思主义文学批评. 刘象愚等
    译. 北京：北京大学出版社. 2002

51. 约翰·道克尔. 一种正统观念的开花. 戴从容译. 上海：上海三联
    书店. 2001

52. [英]托尼·本内特. 通俗文化与"葛兰西转向". [英]奥利佛·巴雷
    特，[英]克里斯·纽博尔德编. 媒介研究的进路. 汪凯，刘晓红
    译. 北京：新华出版社. 2004

53. 乔瑞金. 现代整体论. 北京：中国经济出版社. 1996

54. 乔瑞金. 马克思技术哲学纲要. 北京：人民出版社. 2002

55. 乔瑞金. 马克思思想研究的新话语——技术与文化批判的英国马克
    思主义. 太原：太原书海出版社. 2005

56. 乔瑞金. 英国的新马克思主义. 北京：人民出版社. 2013

57. 薛勇民. 走向社会历史的深处——唯物史观的当代探析. 北京：人
    民出版社 . 2002

58. 张亮编. 英国新左派思想家. 南京：江苏人民出版社. 2010

59. 张亮、熊婴编. 伦理、文化和社会主义——英国新左派早期思想读

本. 南京：江苏人民出版社. 2013

60. 张一兵编. 资本主义理解史. 南京：江苏人民出版社. 2009

61. 潘知常. 诗与思的对话. 上海：上海三联书店. 1997

62. 陆扬. 文化研究概论. 上海：复旦大学出版社. 2008

63. 刘进. 文学与"文化革命"：雷蒙德·威廉斯的文学批评研究. 成都：巴蜀书社. 2007

64. 马海良. 文化政治美学——伊格尔顿批评理论研究. 北京：中国社会科学出版社. 2004

65. 柴焰. 伊格尔顿文艺思想研究. 青岛：中国海洋大学出版社. 2004

66. 方珏. 伊格尔顿意识形态理论探要. 重庆：重庆出版社. 2008

67. 王天保. 审美意识形态的辩证法：伊格尔顿美学思想论述. 郑州：河南文艺出版社. 2007

68. 段吉方. 意识形态与审美话语：伊格尔顿文学批评理论研究. 北京：人民出版社. 2010

69. 肖琼. 伊格尔顿悲剧理论研究. 北京：中国书籍出版社. 2013

70. 张华编. 伯明翰文化学派领军人物述评. 济南：山东大学出版社. 2008

71. 杨东篱. 伯明翰学派的文化观念与通俗文化理论研究. 济南：山东大学出版社. 2001

72. 杨击. 传播·文化·社会——英国大众传播理论透视. 上海：复旦大学出版社. 2006

73. 吴治平. 雷蒙德·威廉斯的文化理论研究. 兰州：甘肃人民出版社. 2006

74. 罗钢、刘象愚. 文化研究读本. 北京：中国社会科学出版社. 2000

75. 徐崇温编. 西方马克思主义理论研究. 海南：海南出版社. 2000

76. 杨成胜. 人类学中的"文化唯物主义"初探. 桂林：广西师范大学出版社. 2003

77. 衣俊卿. 20世纪的文化批判——西方马克思主义的深层解读. 北京：中央编译出版社. 2003

78. 王治河. 后现代主义辞典. 北京：中央编译出版社. 2004

79. 俞吾金、陈学明. 国外马克思主义哲学流派新编（西方马克思主义卷）. 上海：复旦大学出版社. 2002

80. 张中载，赵国新编. 文本·文论——英美文学名著重读. 北京：外语教学与研究出版社. 2003

81. 管晓刚. 马克思技术实践论思想研究. 太原：山西教育出版社. 2011

82. 俞吾金. 传统重估与思想移位. 哈尔滨：黑龙江大学出版社. 2007

83. 张一兵. 启蒙的自反与幽灵式的在场. 哈尔滨：黑龙江大学出版社. 2007

84. 陈学明. 时代的困境与不屈的探索. 哈尔滨：黑龙江大学出版社. 2007

85. 林骊珠. 亚里士多德、上帝与马克思的邂逅：伊格尔顿的马克思主义伦理-政治学批评研究. 北京：中国社会科学出版社. 2015

86. 段忠桥. 理性的反思与正义的追求. 哈尔滨：黑龙江大学出版社. 2007

87. 王玉峰. 诗学和意识形态视域内伊格尔顿文化批评作品在中国的翻

译重写. 武汉：武汉大学出版社. 2017

88. 王伟. 伊格尔顿文艺理论研究. 合肥：安徽师范大学出版社. 2018

89. 阴志科. 回归古典：新世纪伊格尔顿文论研究. 北京：中国社会科学出版社. 2019

90. ［英］伊格尔顿. 马舍雷与马克思主义文学理论. 戴侃译. 国外社会科学. 1983 年第 1 期

91. ［英］伊格尔顿. 后现代主义的矛盾性. 王宁译. 国外文学. 1996 年第 2 期

92. ［英］伊格尔顿. 希斯可利夫与大饥荒（节译）. 周小仪译. 国外文学. 1997 年第 3 期

93. ［英］伊格尔顿. 叶芝 1916 年复活节里的历史和神话. 马海良译. 外国文学. 1999 年第 4 期

94. 马海良. 伊格尔顿的思想历程. 山西大学学报. 2000 年第 2 期

95. 周小仪. 社会历史视野中的文学批评——伊格尔顿文学批评理论的发展轨迹. 国外文学. 2001 年第 4 期

96. 王杰. 幻象与真实——评特里·伊格尔顿的〈后现代主义的幻象〉. 南方文坛. 2001 年第 6 期

97. 易兴霞. 论伊格尔顿文学批评理论的社会性与政治性. 福建外语. 2001 年第 3 期

98. 王宁. 特里·伊格尔顿和他的马克思主义批评理论. 南方文坛. 2001 年第 3 期

99. 薛勇民. 唯物史观的当代反思. 马克思主义研究. 2002 年第 2 期

100. 肖朗. 美学：感性的政治学——读伊格尔顿的《美学意识形态》.

社会科学评论. 2004 年第 1 期

101. 王天保. 伊格尔顿的文学意识形态论. 外国文学研究. 2004 年第 2 期

102. 柴焰. 克拉莉莎的救赎——特里·伊格尔顿的马克思主义文本批评. 中州大学学报. 2004 年第 3 期

103. 张丽芬. 重新阐释马克思——特里·伊格尔顿的意识形态美学观述评. 马克思主义美学研究. 2004 年第 6 期

104. 柴焰. 马克思主义当代形态的批评实践——特里·伊格尔顿对《克拉莉莎》的解读. 山东社会科学. 2004 年第 9 期

105. 柴焰. 当代马克思主义文化研究——特里·伊格尔顿对资本主义的文化批判. 海南师范学院学报. 2005 年第 1 期

106. 乔瑞金、师文兵. 历史主义与结构主义——英国马克思主义哲学探索主导的意识. 哲学研究. 2005 年第 2 期

107. 乔瑞金、师文兵. 破解主体与结构之谜——英国马克思主义关于阶级问题的争论及其启示. 理论探索. 2005 年第 2 期

108. 段吉方. 意识形态与审美话语——伊格尔顿激进美学的逻辑和立场. 广西师范大学学报. 2005 年第 3 期

109. 乔瑞金、师文兵. 马克思主义是社会历史的整体视界——英国马克思主义的"事实"与"理论"之争及其启示. 山西大学学报. 2005 年第 4 期

110. [英]伊格尔顿. 文化之战. 王宁译. 南方文坛. 2001 年第 3 期

111. [美]克利夫·麦克马洪. 论伊格尔顿. 李永新、汪正龙译. 马克思主义美学研究. 2005 年第 8 期

112. 王天保. 伊格尔顿的文学生产论. 郑州大学学报. 2006 年第 1 期

113. 吴峰敏. 伊格尔顿的意识形态文学理论. 世界文学评论. 2006 年第 1 期

114. 殷明明. 深陷于权力当中的审美——读伊格尔顿的《美学意识形态》. 学术界. 2006 年第 2 期

115. 段吉方. 分裂与僭越——伊格尔顿《审美意识形态》的美学分析. 文艺理论研究. 2006 年第 2 期

116. 林广泽. 20 世纪西方文论中的政治泛化——伊格尔顿的文学批评观探析. 四川理工学院学报. 2006 年第 2 期

117. 徐刚. 美学意识形态：伊格尔顿的意识形态美学批判——兼谈"日常审美化"问题. 理论学刊. 2006 年第 2 期

118. 段吉方. 伊格尔顿的后现代主义文化批判析论. 天津社会科学. 2006 年第 3 期

119. 乔瑞金. 论英国马克思主义的思想特征. 理论探索. 2006 年第 4 期

120. 邢媛. 贝尔社会发展思想的内在张力及修辞学倾向. 哲学研究. 2006 年第 7 期

121. 罗良清、格明福. 意识形态：从阿尔都塞到伊格尔顿. 哲学研究. 2006 年第 8 期

122. 李永新. 身体是审美意识形态的物质基础——伊格尔顿审美意识形态中的身体理论. 马克思主义美学研究. 2006 年第 9 期

123. ［英］戴维·洛奇. 向这一切说再见——评伊格尔顿的《理论之后》. 王晓群译. 国外理论动态. 2006 年第 11 期

124. 谢华. 文学文本作为意识形态生产——伊格尔顿意识形态观解读. 江西社会科学. 2006 年第 12 期

125. 洪亦蔚. 基于马克思主义方法论的理论构建——读伊格尔顿的《马克思主义与文学批评》. 社会科学论坛. 2007 年第 2 期

126. 乔瑞金、薛稷. 雷蒙德·威廉斯唯物主义文化观解析. 马克思主义与现实. 2007 年第 3 期

127. 师文兵、乔瑞金. 英国马克思主义历史学派的政治意识. 哲学研究. 2007 年第 3 期

128. 段吉方. 伊格尔顿文艺批评观念的理论意义及其局限. 甘肃社会科学. 2007 年第 4 期

129. 乔瑞金. 从技术实践视角读马克思《资本论》. 山西大学学报. 2007 年第 5 期

130. 李永新. 作为不同意识形态协商实践的审美——论伊格尔顿的审美意识形态理论. 广东社会科学. 2007 年第 6 期

131. 吴格非. 赛义德、文化政治与批评理论——伊格尔顿访谈. 国外理论动态. 2007 年第 8 期

132. 李永新. 文本是如何被建构的?——试论伊格尔顿文学生产理论的英国马克思主义特征. 福建论坛. 2007 年第 9 期

133. 吴晓燕. 文学理论的政治倾向——谈特里·伊格尔顿的《文学理论导论》. 学术研究. 2007 年第 11 期

134. 李永新. 文化批评和美学研究中的领导权理论——兼论威廉斯和伊格尔顿对葛兰西文化领导权理论的接受与发展. 文艺理论研究. 2008 年第 2 期

135. 尹庆红. "理论之后"的理论——读特里·伊格尔顿的《理论之后》. 湖北大学学报. 2008 年第 2 期

136. 李炜. 文学理论的解构. 扬州大学学报. 2008 年第 2 期

137. 乔瑞金. 英国马克思主义对文化概念的哲学分析. 理论探索. 2008 年第 3 期

138. 肖寒. 论伊格尔顿意识形态批评的确立. 广播电视大学学报. 2008 年第 3 期

139. 肖寒. 由"文本科学"到革命的"修辞学". 社会科学辑刊. 2008 年第 3 期

140. 方珏. 美学意识形态和身体政治学——略论伊格尔顿意识形态理论. 国外社会科学. 2008 年第 3 期

141. 柴焰. "意识形态终结论的终结"——特里·伊格尔顿的马克思主义意识形态观. 山东科技大学学报(社会科学版). 2008 年第 4 期

142. 薛勇民、路强. 论人对自然的责任意蕴———基于海德格尔思想的探析. 科学技术与辩证法. 2008 年第 5 期

143. 柴焰. 文化中心主义的马克思主义批判——伊格尔顿的爱尔兰文化研究. 山东社会科学. 2008 年第 5 期

144. 王杰、徐方赋. 我的平台是整个世界——伊格尔顿访谈录(英文). 外国文学研究. 2008 年第 6 期

145. 王喜平. 人的发展：内在动因和社会条件. 理论探索. 2008 年第 6 期

146. 柴焰、刘佳. "意识形态终结论"的马克思主义批判——特里·伊格尔顿的意识形态观. 中国海洋大学学报. 2008 年第 6 期

147. 张伟. 论特里·伊格尔顿的审美文化理论. 西北大学学报. 2008 年第 6 期

148. 吴炫. 伊格尔顿批判. 学术月刊. 2008 年第 7 期

149. 邢媛. 詹姆逊历史化认知思想探析. 哲学研究. 2008 年第 8 期

150. 王龙辉. 伊格尔顿意思形态批评的确立——论《沃尔特·本雅明或走向革命的批评》. 中国图书评论. 2008 年第 8 期

151. 李华荣、乔瑞金. 柯亨平等观的实质及其对自由主义的批判. 哲学研究. 2008 年第 11 期

152. 王杰、徐方赋. 我不是后马克思主义者，我是马克思主义者. 文艺研究. 2008 年第 12 期

153. 徐娇娜. 伊格尔顿基础/上层建筑——兼论伊格尔顿对威廉斯的批评. 文艺理论研究. 2009 年第 2 期

154. 刘艳梅. 伊格尔顿对审美自律论的解构. 云南社会科学. 2009 年第 2 期

155. 金惠敏. 理论没有"之后"——从伊格尔顿《理论之后》说起. 外国文学. 2009 年第 2 期

156. 曾鹰、乔瑞金. 技术的文化解释学：对人类"自身"的一种理解. 社会科学战线. 2009 年第 3 期

157. 邢媛. 评吉登斯对马克思的"两种商品化"理论的分析. 现代哲学. 2009 年第 3 期

158. 管晓刚. 论芒福德技术哲学的研究视角. 科学技术与辩证法. 2009 年第 3 期

159. 乔瑞金、李华荣. 从历史发展动力看柯亨对马克思所做的辩护.

自然辩证法研究. 2009 年第 4 期

160. 徐方赋. 生活的意义：爵士乐队精神——特里·伊格尔顿《生活的意义》解读. 外国文学研究. 2009 年第 4 期

161. 乔瑞金、许继红. 威廉斯传播技术的哲学解释范式研究. 马克思主义与现实. 2009 年第 6 期

162. 管晓刚. 加文·科琴分析马克思主义整体实践观的内涵. 马克思主义与现实. 2010 年第 2 期

163. 林树明. 论特里·伊格尔顿的"性别视角". 文学评论. 2010 年第 2 期

164. 肖琼. 悲剧与意识形态——从伊格尔顿的悲剧观念谈起. 文艺理论研究. 2010 年第 2 期

165. 邢媛. 吉登斯"自我认同"的社会哲学思想探. 马克思主义与现实. 2010 年第 3 期

166. 段吉方. 理论之后的批评旅途——伊格尔顿"理论之后"观念的文化解析与批判. 文艺理论与批评. 2010 年第 4 期

167. 蒋显璟. 论特里·伊格尔顿的批评观. 文艺理论与批评. 2010 年第 4 期

168. 贾洁. 特里·伊格尔顿爱尔兰文化研究中的去殖民策略论. 文艺理论与批评. 2010 年第 4 期

169. 李永新. 审美是一种权力交锋的实践——伊格尔顿的审美意识形态理论. 湖北大学学报. 2010 年第 4 期

170. 李永新. 意识形态：社会权力维持与再生产的策略——试论伊格尔顿意识形态内涵的发展. 学习与实践. 2010 年第 5 期

171. 冯君. 伊格尔顿《文学理论引论》和"学术与政治"问题. 学术交流. 2010 年第 5 期

172. 杨生平. 试论伊格尔顿意识形态理论. 教学与研究. 2010 年第 11 期

173. 师文兵. 汤普森社会批判理论中的经验范畴分析. 马克思主义与现实. 2011 年第 1 期

174. 吴芳. 特里·伊格尔顿与女性主义. 文艺理论研究. 2011 年第 2 期

175. 乔瑞金. 我们为什么需要研究英国的新马克思主义? 马克思主义与现实. 2011 年第 6 期

176. 乔瑞金、李瑞艳. 试论安德森的"类型学"唯物史观思想及其意义. 哲学研究. 2011 年第 7 期

177. 田龙过. 《文学理论》教材中反本质主义文学提问方式的再反思. 陕西师范大学学报(哲学社会科学版). 2011 年第 7 期

178. 管晓刚. 语言分析并非游戏——关于科琴确立马克思实践哲学核心地位的几点思考. 哲学研究. 2011 年第 9 期

179. 韩雷. 理论面向现实的勇气与力量——评段吉方的《意识形态与审美话语——伊格尔顿文学批评理论研究》. 文艺评论. 2011 年第 11 期

180. 黄世雄. 还马克思真面目——评伊格尔顿的《马克思为什么是对的》. 国外理论动态. 2012 年第 1 期

181. 胡小燕. 论伊格尔顿理论的重建策略. 江西社会科学. 2012 年第2 期

182. 聂大富. 英国学者 T. 伊格尔顿雄辩马克思主义——《马克思为什么是对的》一书为什么会在东西方流行. 当代世界与社会主义. 2012 年第 2 期

183. 萧莎. 为马克思一辩——评伊格尔顿新著《马克思为什么是对的》. 马克思主义与现实. 2012 年第 2 期

184. 姜华. 全球性金融危机时代仍然在场的马克思主义——关于《马克思为什么是对的》的思考. 马克思主义与现实. 2012 年第 3 期

185. 衣俊卿. 深刻把握马克思主义时代化的着力点——兼论伊格尔顿关于马克思主义的理解. 马克思主义研究. 2012 年第 8 期

186. 柴焰. 抵抗后现代主义与保卫马克思——伊格尔顿的资本主义文化批判. 山东社会科学. 2012 年第 10 期

187. 方珏. 精神分析学视阈中的马克思意识形态概念——伊格尔顿的意识形态概念辨析. 黑龙江社会科学. 2012 年第 12 期

188. 乔瑞金、薛稷. 伊格尔顿的文本批判思想探析. 马克思主义与现实. 2013 年第 3 期

189. 阴志科. "科学"与"距离": "理论之后"的伊格尔顿研究关键词. 山东社会科学. 2013 年第 11 期

190. 陈慧平. 伊格尔顿的文化辩证法探要. 哲学动态. 2013 年第 11 期

191. 孙士聪. 文化马克思主义之后——以伊格尔顿"自发的马克思主义"为中心. 学习与探索. 2013 年第 12 期

192. 张玮. 伊格尔顿早期的马克思主义政治批评. 江西社会科学. 2014 年第 4 期

193. 乔瑞金. 英国新左派的社会主义政治至善思想, 中国社会科学.

2014 年第 9 期

194. 耿幼壮. 唯美、道德、政治——读伊格尔顿的《圣奥斯卡》. 外国文学评论. 2014 年第 11 期

195. 阴志科. 从"理论之后"到"文学事件"——新世纪伊格尔顿的文学伦理学立场. 贵州社会科学. 2014 年第 12 期

196. 李寅月. 伊格尔顿的政治哲学批判及其启示. 理论探索. 2015 年第 1 期

197. 唐世刚. 伊格尔顿的后现代主义价值观及其当代价值解读——一个马克思主义者的批判视角. 社会科学论坛. 2015 年第 3 期

198. 李永新. "葛兰西转向"与英国后马克思主义文论的诞生. 南京社会科学. 2015 年第 7 期

199. 赵光慧. 论特里·伊格尔顿的文化与文明观. 外语研究. 2016 年第 1 期

200. 薛稷. 简析伊格尔顿意识形态批判理论. 天津社会科学. 2016 年第 4 期

201. 张志峰. 伊格尔顿审美视域下意识形态领导权阐释. 贵州社会科学. 2016 年第 5 期

202. 陆涛. 伊格尔顿论启蒙. 江西社会科学. 2016 年第 6 期

203. 段吉方、肖琼. 神义论、反讽与马克思主义：特里·伊格尔顿悲剧美学的哲学逻辑与美学意义. 外国美学. 2016 年第 9 期

204. 马海良. 伊格尔顿与经验主义问题. 外国文学评论. 2016 年第 11 期

205. 阴志科. 伊格尔顿"文学事件"的三重含义——兼谈作为书名的

event. 文艺理论研究. 2016 年第 11 期

206. 赵光慧. 坚守社会职责的特里·伊格尔顿的批评理论风格. 南京师范大学文学院学报. 2016 年第 12 期

207. 王健. 伊格尔顿：意识形态的伦理维度. 道德与文明. 2017 年第 1 期

208. 徐娇娜. 美、崇高、意识形态——伊格尔顿与齐泽克审美意识形态理论比较研究. 马克思主义美学研究. 2017 年第 7 期

209. 乔国强. "公共领域"与"革命批评"话语——论伊格尔顿《批评的功能》中的政治性. 复旦学报(社会科学版). 2017 年第 9 期

210. 彭城广. 批判与解构：伊格尔顿追寻文学本质的建构策略及其当代价值. 北方论丛. 2017 年第 11 期

211. 黎庶乐. 伊格尔顿与詹姆逊：英美文化理论的当代对话. 马克思主义哲学研究. 2017 年第 12 期

212. 刘静、冯伟. 摆正文化的位置——伊格尔顿的文化观探析. 理论月刊. 2018 年第 2 期

213. 陈奇佳. 自由之病：伊格尔顿的悲剧观念. 文学评论. 2018 年第 7 期

214. 颜炼军、王诗客. 伊格尔顿：重与细论文. 文艺争鸣. 2018 年第 7 期

215. 吴之昕、袁久红. 多元文化论、"文化主义"与社会主义共同文化——伊格尔顿对后现代主义文化观念的批判反思. 南京社会科学. 2018 年第 9 期

216. 吴兴德. 伊格尔顿自然生态管及其实践意义. 世界哲学. 2018 年

第 11 期

217. 江守义. 文学事件不能只归于策略——对伊格尔顿《文学事件》的思考. 文艺研究. 2019 年第 1 期

218. 阴志科. 身体文化、身体美学、身体政治——伊格尔顿身体理论的三个层面. 人文杂志. 2019 年第 1 期

219. 姚文放. 在精神领域进行的意义生产——伊格尔顿的生产性文学批评理论. 社会科学辑刊. 2019 年第 3 期

后 记

　　结束了 T. S. 艾略特笔下"残忍的季节"的再度煎
熬，终于在李叔同出家的岁数完成了我从教以来的第
一部学术著作，回看过往，悲欣交集。

　　多年以后，我将依然行走在山西大学的校园里，
准会想起这个风沙比往年来的更早的春天。自新世纪
伊始，就一直生活在这个园子，这个埋葬了我青春的
地方，致命的错、痛彻的伤、魔幻般的现实与癔症样
的理想，甚至包括一段自打开始就注定会无疾而终的
感情。曾经天真的以为文字会不朽，思想会不灭，所
以竭尽所能来尝试着图绘青春勾勒未来，而今看来很
是荒诞诡谲。

　　沐浴着"爱智慧"的光辉，在一个所谓神圣又形而
上的文字工作者圈里，在一个阳光疲软的午后遭遇特

里·伊格尔顿，"人生的意义"是他带给我最大的精神慰藉，没有之一。

人生既不是贝克莱主教宣讲的那种"上帝的言辞"，也不是我们自身杜撰出来的东西，更不是后现代主义消解掉主体后的语词游戏，我们可以去认识去体悟它，但靠幻想钻研出来的意义是荒谬绝伦的。因为"人生没有既定的意义，这就为每个个体提供了自主创造意义的可能。如果我们的人生有意义，这个意义也是我们努力倾注进去的，而不是与生俱来的"。虽然人类个体的生命在时间维度上是有限的，每个人都要面对死亡，但正是这种不可回避式的面对，恰恰赋予人生以更丰富多彩的意义。既然死亡更能体现人生的意义，死亡使得人们意识到自身的局限从而超越自身，那么是不是就能够使人们之间产生更加和谐的关系？他将终极的解决方式归于"爱"，"爱"既是人们的自然属性，又是人们的社会属性，当这两种属性统一结合在"爱"的身上，就能够使我们更好的生活，获得幸福，从而真正实现人生的意义——人生本身。

伊格尔顿是个胖乎乎笑嘻嘻面善嘴硬的老头，一生家传信奉天主教，可是对马克思主义有着浓郁的兴趣，在他的人生履历里传奇甚多，于精英文化的象牙塔中毫无征兆地就做了制式教育的叛徒，纵横跋扈恣意至今。去职牛津剑桥曼彻斯特大学后，来到更加自由无限度的美国圣母大学，有别于旧日左派的腔调，试图通过宗教途径重新来思考"人生的意义"，明处看见的是他的嚣张和奋勇，其中隐藏颇深的意味我觉得更应是那种对人性绝望后的悲悯和失落。

他的授业恩师雷蒙德·威廉斯一生遵奉伯明翰学派"文化即生活"的教义，在我看来日常生活更多会吞噬了过往的美好，让人辞穷进而产生莫名的恐惧，这种恐惧远远超过死亡所带来的那种残酷的诗意。有时我也想象自己会成为梦枕貘笔下的阴阳师安倍晴明，用飘逸恬淡又爱戏谑人间的性格，为人鬼解忧，可内心依旧百味杂陈。二十余年的求学，十余年的从教，那些自己曾经许下的诺言被这无情无义的岁月渐渐都风干，让我逐渐在以学术为名的单行道上沦为一个单向度的人，这条单向街直接通向未知的单读世界。

嫉恶如仇的李大眼在《你是我的敌人》里无奈地说："生活就像一盘从路边淘来的盗版碟，因为剧情无聊被迫按下了快进键，没有人物，没有对话，只有雪片般的马赛克上气不接下气地匆匆跑过。……生活，真的可以变得很简单，只要你不妄图深深地去爱。"阿甘妈妈说，生活就像一盒巧克力，永远不知道下一口是什么味道。而现在的我只有在不经意间才会改变，生活已经隐隐被"缴枪不杀"平淡如水，习惯是缓慢的毒药，而忘却是迅速的解药，不如忘却那些过去的，不在记忆的苔路上踯躅蹒跚了，可是往往让我能想起美好的往往只有回忆。

回忆是一种逃遁，在每一个无地自容的黄夜里将自己流放。

我开始怀念在北纬 49 度飘零加国的日子，有天早上去空无一人的街上散步，因为对温哥华不大熟悉也不敢走太远，只到门口这条路的尽头然后循着指示绕了一个大圈回来，遍眼尽是一幢幢风格各异独家独院的二层小楼，忽然看见两个须发皆白的割草工人正兴高采烈地吹着口哨聊着天干活，仿佛对于他们来说这样才是最最快乐的事情，脚边草屑飞扬，一只白色的大狗跑来跑去，空气中弥漫着青草的味道，这才是 The Meaning of Life。那个对二十世纪西方哲学产生过相当影响的印度哲人吉杜·克里斯那穆提说过："生命并不只是一份工作和职业而已，生命是极为广阔和深奥的，它是一个伟大的谜语，在这个浩瀚的领域中，我们更有幸生为人类。如果我们活着只是谋生，我们就失去了生命的整个重点。"对，我们的人生应该是一个圆圈、围城、桎梏、藩篱、牢笼，还是包裹着柔软内心的蚌壳？它是不是如同温哥华天空上那些亦舒亦卷的云层一样绵延无期？它意味着往日、当下和晦暗不明的未来，当各种阴差阳错带来某些改变的同时，也在凝结着一种叫作情怀的东西，形神不灭。

我一直相信，生活中最值得珍惜的东西，一定应该是情怀，它实际上就是我们能摆脱苟且去远方的最佳路径。记得法国思想家帕斯卡尔曾经说过："To the time to life, rather than to life in time."（给时光以生命，而不是给生命以时光）。生活本身是需要情怀的，跟诗歌和音乐一样。我愿意做一个独处的心灵捕手，因为这样就有可能看到风的形状，听到蚂蚁的足音，知道光的深处，感受到草的生长，拥有花朵绽放的奥秘。即使并不掌握足够的财富和权力，我仍拥有情怀，拥有爱，活得自由、丰富、饱满。在通往幸福的道路上，显然会比那些望梅止渴者、画地为牢者、掩耳盗铃者、提心吊胆者、行尸走肉者、为虎作伥者，走得更远、更快也更加轻盈洒脱。

岁月像一条潺缓的小河，带走了我一十九载的山大光阴，留下的是二百二十八个月的学院式记忆。敖之在遍布机锋的《十三年和十三月》中表达到，"教育好像是一架冷冻机，接近它的时间愈久，人就变成愈冷淡"，然后投射到我个人经验中，无一不得到印证。不论是"文化唯物主义"还是"历史—地理唯物主义"，不论是"否定的辩证法"还是"三（多）元的辩证法"，一切的学理推论在现实的逼仄下显得无比的不堪一击，"武装起来的白日梦"不只是说布洛赫的"希望"更仿佛是对我踟蹰在远行航道上的无意义反讽。又一个戊戌年落幕,有悲伤有沮丧,有难过有难忘,有孤独有彷徨,有绝望有希望。一场脱困,一趟出行,一次沉思,一段独处,将灵魂封印在瓶中熔炼,就算是自我疗愈成长的 Process 吧。

突然想起那个有趣的捷克老头米兰·昆德拉几本带着唯美名字的书:《生活在别处》《笑忘录》《不能承受的生命之轻》《无知》……他依然在坚强地活着,为了等一个不知道什么时候才属于他的诺贝尔文学奖。我决定向他学习,学习他对生命的执着,对自己信念的坚守,开始尝试用那种"为了告别的华尔兹"般的洒脱来将自己的人生打个结。一千四百三十年前的万荣人王绩有首超凡脱俗的诗最能代表我当下的情怀:

百年长扰扰,万事悉悠悠。日光随意落,河水任情流。

礼乐囚姬旦,诗书缚孔丘。不如高枕枕,时取醉消愁。

最后必须要感谢导师乔瑞金教授对我无微不至的教诲和帮助,感谢南京大学张亮教授对小辈的不吝赐教,还要感谢山西大学哲学社会学学院多年来的培养,感谢曾经帮助过我的每一位老师,没有他们就不会有以上这些文字,在书稿形成过程中你们提出的中肯见解,帮我尽可能地规避了那些形形色色的毛病。感谢家人支持和一起"在路上"的兄弟姐妹们,你们的存在是我努力活着的终极缘由,让我真正体会到了"人生的意义"——我不是一个人在战斗。

不说再见,后会有期,柔弱如灯,一抹希冀。

薛稷
2019 年 12 月

图书在版编目（CIP）数据

伊格尔顿文化批判思想研究/薛稷著. —北京：北京师范大学出版社，2020.8

（英国新马克思主义哲学研究丛书）

ISBN 978-7-303-25379-1

Ⅰ.①伊…　Ⅱ.①薛…　Ⅲ.①伊格尔顿-文化思想-思想评论　Ⅳ.①G0

中国版本图书馆 CIP 数据核字（2019）第 281926 号

营　销　中　心　电　话	010-58805385
北 京 师 范 大 学 出 版 社 主题出版与重大项目策划部	http://xueda.bnup.com

YIGEERDUN WENHUA PIPAN SIXIANG YANJIU

出版发行：北京师范大学出版社　www.bnup.com
　　　　　北京市西城区新街口外大街 12-3 号
　　　　　邮政编码：100088

印　　刷：北京盛通印刷股份有限公司
经　　销：全国新华书店
开　　本：710 mm×1000 mm　1/16
印　　张：25
字　　数：280 千字
版　　次：2020 年 8 月第 1 版
印　　次：2020 年 8 月第 1 次印刷
定　　价：98.00 元

策划编辑：祁传华　郭　珍	责任编辑：祁传华　郭　珍
美术编辑：王齐云	装帧设计：王齐云
责任校对：陈　民	责任印制：陈　涛